青春期孩子的正面管教

王莉◎著

贵州出版集团
贵州人民出版社

序 言 PREFACE

妈妈如何陪孩子度过叛逆的青春期?

有个初三的女孩因为妈妈反对她和男朋友在一起,所以和男朋友"私奔"了,两人在外地的旅馆住了一个星期才回来。

有个初一的男孩因为偷看"黄片"被班主任发现而叫家长,觉得没脸见人,所以离家出走了,被找回来后,死活也不肯去学校了。

有个初二的女孩因为疯狂追星,偷钱去看偶像的演唱会,被妈妈骂了一顿,她大哭着"我死了你就开心了"进了自己的房间,接着推开窗户从三楼上跳了下去,最后落下了双腿瘫痪。

面对孩子的这些疯狂行为,妈妈们既困惑又惊恐:"我的孩子到底是怎么了?"

其实,这只是孩子的青春期到了。

青春期,是决定孩子一生的关键期,因为这是孩子从儿童走向成年的过渡时期。

青春期,也是妈妈和孩子都艰难的时期,因为妈妈仍用管教幼儿的一套方法教育孩子,而孩子努力地争取独立,结果在妈妈眼里孩子变得叛逆了,在孩子眼里妈妈变得独断了。

这是一个妈妈什么都想管、孩子什么都不服管的时期。所以,有些妈妈只要一听到青少年或青春期,就绷紧神经。

孩子上中学后,开始追星、上网交友、谈恋爱、涂指甲油、文身、抽烟、熬夜玩游戏、偷偷看色情视频,不许妈妈看他的手机,不准动他的书包，遇到挫折不再躲在妈妈怀里哭，而是去找朋友。小时候对妈妈无话不说的孩子，进入青春期后就变得无话可说了。每次妈妈想帮助孩子，都会被怼："说过多少次了，我的事情你别管。"

在妈妈看来，自己是想帮助孩子，但孩子却不这样认为。他认为这是妈妈想控制自己，因为青春期的自我意识最强烈，容易把妈妈的管教都当成是控制。有位妈妈想了解女儿的想法，所以翻看了女儿的日记本，结果被女儿说成是偷窥狂。她说是想帮助女儿才看的，"是想控制我吧，帮助别人会不尊重别人的隐私吗？"为此女儿一个多月没跟她说话，连零花钱也不要她给的。

孩子进入青春期后，到底在想什么？妈妈该如何观察孩子不寻常的变化，发现他们的压力？以及怎样才能引导孩子说出自己的心声，从而摆脱困境？面对常与孩子起的冲突，妈妈又该如何化解？

针对这些棘手的问题，本书从心理学角度，提供了简单、实用的解决和思考的方法，帮助妈妈们陪孩子一同走过孩子和妈妈都很艰难的青春期。

这本书能引导妈妈们审视青春期孩子，也重新审视自己，让妈妈明白，青春期不等于叛逆！孩子没那么难管，只是你不懂！即使表现得再叛逆、再冷漠，孩子在内心深处也渴望得到妈妈的支持。

目 录

PART 01　青春期，孩子真的变了

准备好了吗？孩子的麻烦来了 // 013
孩子变了 // 013
孩子问题最多的时期 // 015

脾气越来越大了 // 017
为什么青春期的孩子爱发脾气？// 018
孩子发脾气，妈妈该怎么办？// 019
和孩子怎样交流最有效？// 021

每天都有说不完的抱怨 // 024
为什么青春期的孩子爱抱怨？// 024
表扬孩子容易踩到的两颗地雷 // 025
引导孩子多用正面词汇 // 027

打扮，打扮，还是打扮 // 029
为什么青春期的孩子爱打扮？// 029
让孩子改变爱打扮习惯的技巧 // 032

连上厕所都玩手机 // 034
要不要给孩子买高档手机？// 035
如何才能避免手机影响孩子的学习？// 037

废寝忘食地打网络游戏 // 040
网络游戏对孩子有什么影响？// 040
怎样才能避免孩子游戏上瘾？// 041
轻微处罚更能预防孩子对游戏上瘾 // 045

喜欢"苍老师"// 048
青春期，强烈的性好奇心 // 048
如果发现孩子看色情视频 // 049

不想和妈妈说话了 // 053

CONTENTS

孩子为什么不愿和妈妈说话？// 053
妈妈怎样做，孩子才肯说？// 055

崇拜影视体育明星 // 058
孩子为何会崇拜影视明星？// 059
孩子崇拜影视明星，妈妈该怎么办？// 060

做事拖拖拉拉 // 063
孩子拖延的两大原因 // 063
要不要监督拖延的孩子？// 064
设定目标的基本原则 // 066

抽烟真的很酷 // 069
青春期的孩子为什么要抽烟？// 070
如何让孩子成功戒烟？// 072

我们班好多人在谈恋爱 // 075
听出孩子说话的弦外之音 // 075
正确对待孩子发出的早恋信号 // 076
孩子已经恋爱了怎么办？// 079
如何提防孩子给恋人发自拍裸照？// 080

把脏话当口头禅 // 082
脏话是青春期孩子的交流方式 // 082
如何引导孩子减少说脏话？// 083

忽然厌学了 // 086
孩子不愿上学的真正原因 // 086
如果孩子想转学 // 088

总是担心做不好会丢脸 // 091
先让孩子做擅长的事 // 091
如何让孩子在不擅长的领域更自信？// 093
测试：自尊量表 // 097

PART 02　青春期，妈妈恐惧的真相

青春期的孩子为什么爱犯错？// 101
青少年经常犯错的根源 // 101
不敢犯错意味着什么？// 103

谁的青春不逆反？// 106
青少年逆反，是妈妈们逼出来的 // 107
孩子意识不到自己逆反 // 109
理解孩子，先理解孩子的动机 // 110

孩子身上发生了什么？// 112
为什么孩子的青春期这么漫长？// 112
激素改变情绪 // 113

我是世界的主角 // 116
孩子的自我意识增强 // 116
青春期是孩子的，妈妈的作用是引导 // 118

孩子成了冒险王 // 121
为什么青春期爱刺激、爱冒险？// 121
风险回报让青少年甘于冒险 // 122
如何对待孩子的冒险行为？// 124

孩子为什么精力不集中？// 125
为什么青少年爱分心? // 126
适度分心是成长的需要 // 128
怎样才能使孩子学习时集中注意力？// 129

睡好，一切就会变好 // 132
因为睡得太少，所以情绪不好 // 132
为什么青少年睡得越来越晚？// 133
睡眠不足的严重后果 // 135
如何让孩子有健康睡眠？// 136
测试：教育成效自评量表 // 139

PART 03　让孩子痛苦的是妈妈

分数，不是衡量孩子的唯一标准 // 143
你是哪种妈妈？// 143

太看重分数会对孩子造成什么影响？// 144
成绩好不一定什么都好 // 145

爱，不应因成绩而变味 // 147
妈妈为什么会贬低自己的孩子？// 147
孩子怎么理解妈妈的爱？// 151

再苦不能苦孩子 // 154
孩子不会为了自尊而让妈妈受苦 // 154
超出能力地满足孩子，是害不是爱 // 156
符合实际条件培养的孩子更优秀 // 157

你是哪种类型的妈妈？// 159
独裁型妈妈和权威型妈妈 // 159
许可型妈妈，不是民主的妈妈 // 161

严格还是专制，这是个需要思考的问题 // 164
体罚和过度严格对孩子的成长好吗？// 165
青春期孩子的反抗 // 166
对孩子严格是为了什么？// 167

弄清楚放养、放任和民主 // 169
放养和放任一样吗？// 170
没有规则，是害不是爱 // 171

孩子，有妈妈替你善后 // 173
妈妈不该做孩子的清洁工 // 173
让孩子自己承担后果 // 174

善待自己的孩子 // 177
青少年的行为是反复学习的结果 // 177
不善待孩子会有什么严重后果？// 179
测试：对子女行为的态度自评量表 // 181

PART 04 思维陷阱，妈妈请绕行

我的孩子没有问题 // 185
妈妈护短是个陷阱 // 185
敢于正视孩子的问题 // 188

妈妈看看日记有什么错？// 190

不妨来次微服私访 // 191
通过电话管理孩子的行为 // 192

不可能，以前总是别人欺负我的孩子 // 195
曾经的受害者更容易成为施暴者 // 195
为什么孩子会有暴力行为？// 197
孩子被欺负了怎么办？// 199

我是你妈，所以你得听我的 // 201
挑战权威 // 201
妈妈和老师的权威是怎么丢的？// 202

听妈妈的，这样走 // 205
孩子不是妈妈实现梦想的工具 // 206
把选择权还给孩子 // 207

这十几岁的孩子，太可怕了！// 209
青春期是易冲动的时期 // 210
孩子为什么会很冲动？// 211
抓住定型效应的关键时期 // 212

孩子怎么突然就变成了怪物？// 214
孩子不会突然变成怪物 // 214
孩子青春期，妈妈可以做什么？// 216

没有梦想，以及不敢梦想 // 218
孩子的梦想被谁剥夺了？// 218
经历是梦想的源泉 // 220

我的孩子我清楚 // 223
妈妈也要跟得上发展 // 223
怎样才能听到孩子的心里话？// 224
测试：孩子对妈妈的爱的感受自评量表 // 226

PART 05　解铃还须系铃人

有问题的孩子，没问题的孩子 // 229
成绩好的孩子也可能有问题 // 229
正视好孩子的问题 // 231
尖子生更可能孤立同学 // 232

孩子有问题，妈妈怎么办？// 235
孩子有问题，妈妈先反思 // 235
如果孩子非要某种东西不可怎么办？// 236

对话，需要更多对话 // 240
妈妈愿意听，孩子才肯说 // 240
你和孩子是哪种对话模式？// 242
复述就是认可 // 243

学会倾听孩子的心声 // 246
为什么孩子不再说出心中的小秘密？// 246
倾听也有技巧 // 247
如何成为孩子信赖的妈妈？// 248

读懂孩子暴露的信息 // 252
青春期孩子的审美标准 // 252
如何引导孩子的衣着打扮？// 254

妈妈要有敌人的眼、爱人的嘴 // 257
妈妈如何才能避免亲子战争？// 257
妈妈要有爱人般的"柔情蜜语" // 259

一味地宽容即是纵容 // 262
别说你知道怎样惩罚 // 263
和孩子共同制订惩罚规则 // 265

谎言，妈妈需要克服的第一个障碍 // 267
孩子爱在哪些方面说谎？// 268
孩子为什么要说谎？// 269
最简单有效的识谎技巧 // 271
妈妈的问题越具体，孩子越不可能说谎 // 273

用情感训练战胜青春期 // 276
什么是情商？// 276
提高孩子情商，妈妈先进行情感训练 // 277

妈妈和孩子亲近的方法 // 280
控制好情绪是关键 // 280
学会倾听和提问是前提 // 281
借助家庭的力量 // 283

列出彼此的优点和自己的缺点 // 284
测试：对孩子的责任感自评量表 // 286

PART 06　非常妈妈，造就非凡孩子

赋予孩子失败的权利 // 289
孩子有失败的权利 // 289
鼓励孩子多尝试 // 290

享受孩子现在的样子 // 293
多给孩子正面鼓励 // 293
珍爱孩子现在的样子 // 295

妈妈不是超人，但可成为孩子的舵手 // 297
只给孩子指引方向 // 298
给孩子勇气的方法 // 299

帮助孩子建立正面的自我形象 // 301
关注孩子的优点 // 301
妈妈的评价决定孩子的自我形象 // 304

告诉孩子：别着急吃棉花糖 // 306
罗密欧与朱丽叶效应 // 307
一定要告诉孩子 // 309

不只教知识，也要教人生课程 // 312
什么才是更重要的？// 312
人生课程是什么？// 313
学习人际关系很重要 // 314

以努力分数衡量孩子 // 316
努力分数制度 // 316
更重视人性教育的制度 // 318

特别附录：与孩子对话 // 321

PART 01 青春期,孩子真的变了

本章主要介绍青春期孩子最常出现的问题,比如爱发脾气、爱抱怨、迷恋手机和电脑、对性好奇等,并针对这些问题从心理学的角度为妈妈们提供正面管教的办法。阅读本章之前,你可以先问自己下面这几个问题:

◇ 多数孩子首次谈恋爱是在几年级?
◇ 青春期的孩子为什么爱发脾气?
◇ 发现孩子看色情视频,你会怎么做?
◇ 孩子做事拖拉,你要不要监督他?
◇ 如何指导女儿面对男朋友的性要求?

青春的特征,乃是动不动就要背叛自己,即使身旁没有任何诱惑的力量。［莎士比亚］

准备好了吗？孩子的麻烦来了

一位妈妈在电话中非常担心地对我说："现在的孩子懂事太早了。我儿子才九岁，刚上四年级，就说班上好多同学都有老婆了。他们都背着老师亲嘴。"

这并不是个别现象，心理老师们经常接到这样的咨询电话。妈妈们都惊呼，现在孩子们的青春期来得太早了，她们完全没有心理准备。

孩子变了

一般来说，孩子进入四年级后，妈妈们开始关注孩子的学习，因为在妈妈中间流传着这样一种说法：四年级决定孩子的一生。所以妈妈们希望孩子从四年级开始好好学习，考进一所好中学，然后考上好高中、好大学。

至于一年级的适应问题，二三年级的安全问题，现在都不用操心了。孩子既懂得如何不上陌生人的当，又知道避让车辆。所以，只要孩子四年级时成绩好，妈妈们就放心了。

但是，问题的苗头正在妈妈们看不到的地方出现。男孩开始有暴力倾向，女孩开始在智力上孤立别人。

为什么现在的孩子成熟得这么早呢？

首先肯定与周围的环境变化有关。环境使得孩子的心理发育程度超过生理的发育速度。因为孩子所接触的信息量大，而且广泛，比如电视节目和互联网，使得孩子更向往得到异性的重视，或是追求明星梦。他们开始模仿成人的行为方式：男孩寻求别人的认可，女孩渴望得到男孩的爱慕。

由于妈妈们都还没有心理准备迎接孩子的心理、行为变化，所以看到孩子和异性同学亲嘴，或是关在屋里怎么喊都不答应，或是突然开始顶嘴，或是原本乖巧的孩子忽然非常生气地回答妈妈的问话，妈妈们就变得惊慌失措。是我做错了什么吗？不可能，我一直这样对待孩子，从没出过问题。但是，我的孩子是怎么了呢？有什么问题呢？

妈妈和孩子谁也没有问题，只是孩子的青春期提前来了。孩子变了，妈妈们没有变，因此很不适应孩子的变化。我经常听到妈妈们说："有时和还在上小学的孩子谈话，却有这种错觉：这是我的孩子吗？怎么感觉像是在和高中生谈话一样？"

这种情况到初中时更为明显，并在初二时达到高潮。

心理学家发现，现在的孩子上了五六年级，就开始在脑子里隐藏一些不希望妈妈知道的秘密。比如，很多妈妈想不到这个阶段的孩子有时偷偷用手机登录色情网站，看色情视频。这种情况在几年前还主要出现在初中孩子身上，而且是深夜在自己房间用电脑看。可是随着智能手机的普及，孩子对性的关注提前了，并且也越来越公开化了。

有时妈妈们也有这方面的担心。但又不好开口问孩子，因为担心这样问孩子，反而会让原本对性问题没兴趣的孩子开始关注性。事实表明，这只是因为妈妈们太不了解现在的孩子了。不少五六年级的男孩已经趁妈妈不在家时登录色情网站，或是在上下学路上和同学一起谈论色情话题。

而女孩子也有不少变化。她们变得更关注自己的长相和衣着打扮。比如五六年级的女孩，已不再满足于简单的发饰和自己在家涂抹单色指甲油，而是开始偷偷地打耳洞、买耳环,购买各种漂亮、时尚的发卡,还经常去美甲店做指甲,有些孩子甚至趁妈妈不在家偷偷用妈妈的化妆品化妆。

还有让妈妈们更头疼的早恋问题。绝大多数早恋的孩子告诉我,自己第一次谈恋爱是在六年级。如果回家妈妈看到手机上有暧昧的短信,孩子会谎称"那是男同学/女同学开的玩笑"。但就在妈妈们因此而放松警惕的时候,孩子开始和恋人在上下学的路上手拉手走路了,分开时还会吻别。

孩子问题最多的时期

所有的问题在初二达到顶峰。不少老师都感叹:"初二的孩子太难管了,抽烟、打架、旷课、早恋、骑车在街上乱窜。"一位在初中任教二十多年的朋友说,初二的孩子"才是真正的'恐怖分子'"。

我认识一个女孩,当时她正读初二,人长得很漂亮,家里也比较有钱,她的叔叔还是学校的副校长。她给自己取了个外号叫"黑玫瑰",领导着二十多个初二的男孩和女孩称霸校园。只要她看不顺眼的人,不管男生还是女生,都会让"手下"冲进教室拉出来教训一顿。她看上的男生,其他女生和他讨论学习都要挨揍。最后,她被民警发现和五个男生同睡在一张床上。她的妈妈得知后非常震惊:"我女儿这么漂亮、乖巧,怎么会做出这种事呢?"

为什么初二的孩子让人感觉很"恐怖"呢?有以下两个方面的原因:

一是五六年级有问题的孩子升入初中的第一学期会比较遵守规矩。因为他们不但不清

> 关于青春期,妈妈不知道的事:
> 1.有些孩子四年级就进入青春期了。
> 2.五年级的孩子开始对性感兴趣。
> 3.多数孩子首次谈恋爱是在六年级。
> 4.初二是孩子最难管的时期。

楚老师的底细，还要努力和新同学们搞好关系，所以不敢去胡闹。等到初二时，老师是什么脾气，同学是什么背景，孩子们都摸得一清二楚了，并且又没有升学的压力，而此时的"力比多"（支配心理活动的心理能量）又十分过剩，因此就会去打架、偷东西、谈恋爱……为过盛的精力找个发泄口。

二是初三时因为升学压力大，没有太多的精力花在学习以外的事情上。并且，这时老师比较了解孩子们的心理，有相应的策略。

但妈妈们在认识孩子的青春期时，既没必要一定按年龄段划分孩子的问题，也不能认为孩子一定有问题或没问题，因为每个孩子的心理发展不同。比如，有的孩子六年级就对爱情开窍了，而有的孩子对于爱情直到大学毕业脑袋仍像榆木疙瘩。

当孩子进入青春期后，妈妈们不能只是旁观。从这时开始，妈妈们要努力学习有关孩子方面的心理学知识，用科学的方法指导、训练孩子的行为，帮助孩子养成良好的心性和品性。

妈妈应该知道的

- ◇○随着营养的丰富、媒体的发达，孩子的青春期也提前两三年，因此以往要到初中才会出现的行为，现在四五年级的孩子就会做出来。
- ◇○初二时孩子的麻烦最多，因为这时他既熟悉了环境，又没有升学的压力，所以你再忙再累，也要用心观察孩子有没有早恋、偷东西，或是拉帮结伙地打架。

脾气越来越大了

一位单亲妈妈走进咨询室，满腹委屈地向我倾诉她的孩子最近经常冲着她吼。

"我一个人好不容易把她拉扯大，可她却完全体谅不到我这个当妈妈的难处。我知道她这是受同学们的影响。她小学时可听话了，学习成绩也很好，考入重点中学后，就变得漫不经心起来，甚至在初二时开始和男孩子约会。有时回家时很高兴，有时回家时脸上阴云密布，一言不发就跑进房间把自己关起来。经常动不动就发脾气，有时急了，还说要找她爸去。听到这话，我的心就像被刀插上了一样。"

为什么青春期的孩子爱发脾气？

由于孩子以前很少让妈妈们操心，所以现在孩子动不动就发脾气时，妈妈们就会把孩子的坏脾气"怪罪"到同学身上。我经常听到单亲妈妈抱怨孩子上初中后受到坏同学的影响，做了出格的事情。"我孩子小学时挺乖的，上初中了就被同学带坏了。"

比如男孩开始混"黑社会"，女孩和社会上的一些大龄男性谈恋爱。单亲家庭成长的孩子，更需要得到缺失的父爱或母爱，所以男孩更想寻求社会团体的认可，女孩则容易对年龄大的男人着迷。

青春期的孩子爱发脾气，一方面是因为大脑主管情绪的区域发育还不成熟，对情绪的控制力差；另一方面是因为他认为发脾气是一种很好的情感表达方式，不分青红皂白地大声喊，比好好说话更能传达自己的情绪。

这是一种普遍存在的思维错觉，心理学家将它称为宣泄的错觉。简单地说，它是指我们许多人都认为，脾气发完了，就没事了。不仅孩子们会这样认为，妈妈们也有同样的错误想法。比如妈妈们对丈夫不满时要骂丈夫，对孩子生气时要打孩子，就是宣泄的错觉在作怪。

所以，处于青春期的孩子有时难免会表现得很敏感，冲着妈妈吼叫。这时，妈妈们首先要理解一点：孩子不会无缘无故发火。因此，妈妈们不应该指责孩子不懂事，不体谅妈妈的难处，而应该告诉孩子表达不满情绪的方法。

一般来说，孩子第一次用生气的语气对妈妈们说话或大喊时，妈妈们更多的是惊讶，心想："孩子今天怎么有点怪！"或是觉得孩子也有脾气，于是一笑了之。

> **青春期的孩子爱发脾气的原因：**
> 1. 生理原因：大脑主管情绪的区域发育不成熟，对情绪的控制力差。
> 2. 思考盲点：宣泄的错觉使孩子以为脾气发完了就"雨过天晴"了。

但孩子却有完全不同的看法。如果他一次两次对妈妈发脾气，都得到了"认可"，他便会以为这种表达方式是正确的，于是以后遇到不顺心的事情时，还会采用同样的情绪表达方式。

孩子发脾气，妈妈该怎么办？

每位妈妈都想纠正孩子爱发脾气的坏习惯。有些妈妈的确很有办法，但有些妈妈却束手无策，因为每次孩子发脾气她们想纠正孩子，结果孩子的火气更大了。

妈妈们的努力为什么会适得其反呢？

这是因为妈妈们纠正孩子时的表达出了问题。心理学研究早已表明，不仅说什么很重要，而且怎么说也非常重要，甚至更重要。所以，即使是同一件事，如果表达方式不同，得到的效果也可能完全相反，心理学家将这种现象叫作"锚定效应"。

举个简单的例子，现在有两种牛肉，一种的包装上标注着"瘦肉70%"，而旁边一种的包装上写着"脂肪30%"。妈妈们觉得哪种牛肉更受欢迎呢？

大量的研究都表明，前者供不应求，而后者几乎无人问津。要知道这两种牛肉其实是一样的，只是商家的说法不同而已。前一种看上去是很健康的牛肉，而后一种脂肪太高了，对身体不好。

同样的，如果孩子发脾气时听了妈妈说的话，火气更大了，那不用说，肯定是妈妈们的表达方式出了问题。比如，不少妈妈都爱使用下面这些话来纠正孩子发脾气。殊不知这些话一说出口，孩子就会更生气，甚至达到难以收场的地步：

> ◎ 你这孩子是怎么了,动不动就发脾气?
> ◎ 这么点小事,为什么还冲着妈妈大发脾气?
> ◎ 对妈妈也是这态度,像话吗?
> ◎ 以前你从不这样,为什么今天忽然就这样了?
> ◎ 为什么你总是爱发脾气?

这些话让孩子更生气的原因,是它们会使孩子这样想:"在妈妈眼里,我天生爱发脾气;我是在无故发脾气,是在无理取闹;我的事都是小事;这说明妈妈根本不关注我。"因此,他会认为妈妈非但不关心他,反而指责他。他对妈妈发脾气,是因为他认为妈妈在干涉他。

如果妈妈们对孩子说:"你一定是遇到了什么大事,否则根本不会对妈妈发火的。"就能引导孩子反思自己的态度。

孩子发脾气时,妈妈们应遵循如下三个对话原则:

原则1:不使用疑问句,少问几个为什么

因为孩子发脾气的理由往往站不住脚,所以妈妈们使用的疑问句在孩子看来是在责备他。孩子们需要的是交流,而非指责和抱怨。

原则2：使用陈述句，承认孩子有理由

陈述句可以避免出现责备语气。同时，妈妈们要根据孩子的逆反心理，承认孩子这样做是很有理由的。这能引导孩子自己去验证这个理由。孩子问题多，是因为这个年龄段的人不习惯反思，很少站在对方的角度看待问题。如果能引导他进行反思，多数问题都能得到改善。

原则3：对话时看着孩子的眼睛

有不少妈妈自己在厨房，却和坐在客厅的孩子交谈。其实眼神交流是成功沟通的关键，因为我们都很难拒绝面对面的要求。有些初中老师很懂得这一点，所以当孩子在课堂上捣乱时，他不会发声指责，而是停止讲课，用眼睛看着那个顽皮的孩子。

和孩子怎样交流最有效？

上面那些对话原则同样可以用在平时和孩子的交流中。为了使交流更有成效，妈妈们需提前做好以下几项准备。

首先，妈妈们应该坐在孩子的右侧。坐在侧面的目的是，既能保证眼神频繁接触，同时又不至于使孩子感觉你是在审讯他。这一点心理老师做得很好。我们在观看影片《心灵捕手》时可以看到，心理学家对待叛逆的问题少年时，既不是相对而坐，也不是同坐一张沙发上侃侃而谈。而要坐在孩子右边的原因，是心理学研究发现，对着人的右耳说话更能说服对方：大脑不但会优先处理右耳听到的信息，而且还会把信息传到左脑的"顺从"区域。这就是所谓的"右耳优势"。所以，仅仅是坐在孩子的右侧，就能发挥双重的说服功效。

其次，妈妈们要关掉电视和手机。有些妈妈习惯边看电视边"教育"

孩子，或是和孩子交流的过程中手机响了就马上中断交谈去接电话。这些做法妈妈们觉得没有任何问题，但在孩子眼里就完全走样了，他会认为你根本就不在乎他，你只是在无聊时需要找个人说几句话而已。

交流只能显得重要，而不能显得严肃。因此，在交流前妈妈们可以给孩子准备一杯热饮料或一些小甜点。根据心理学上的"启动效应"，这两类东西能使孩子更愿意接受你的意见。

再次，如果在交流时指出孩子的错误，不能长篇大论。在谈自己的想法时，也要停下来询问孩子的想法。切记，你们进行的是一场对话，而不是让他"听话"。

妈妈们在谈论自己的观点前，首先要承认孩子发脾气是有原因的，即使很多时候孩子发火都是无心之举。比如，妈妈们可以这样对孩子说："妈妈能理解你发火时的心情，遇到不顺心的事时，妈妈也同样想发火。但是妈妈在发火前会想：'我说这样的话其他人听了会是怎样的心情？我的怒火会不会伤害到别人？'这种习惯使得妈妈不会把伤人的话脱口而出。"

当然，妈妈们也不能要求孩子无条件地忍住怒火。这不现实，因为青春期的孩子感情复杂且情绪不稳定。所以，妈妈们应只要求孩子克制那些无心的冲动和发脾气。告诉他，发脾气不仅得不到想要的结果，还会伤害别人的情感。

同时，妈妈们要明确告诉孩子，妈妈并不是一味要求他把怒火压抑在心中。在他心情很不好时，马上着手其他事，以中断不好的念头。比如给好朋友打个电话，或是出去打一场球。因为长期压抑个性，可能导致孩子情绪低落、变得抑郁，或突然爆发，做出过激的行为。这就如鲁迅所说的"不在沉默中爆发，就在沉默中灭亡"。

如果孩子想要发火，妈妈们也可以赶紧冲一杯糖水给他喝。糖分

和孩子谈话的技巧：

1. 坐在孩子右侧，而非对面。
2. 务必关掉电视，不碰手机。
3. 承认孩子发火是有原因的。
4. 谈话前先吃点甜食或热饮。

能给孩子提供控制负面情绪的能量,因为孩子在能量不足时,更可能冲着妈妈或同学发脾气。正因如此,很多时候发脾气都在饭前。

所以,妈妈们别在吃饭前指责孩子,那是在捅马蜂窝。妈妈们肯定都数不清自己和丈夫在饭前吵了多少架。如果将和孩子的交流时间留在晚饭后的半个小时,可能会取得意想不到的效果。这是因为孩子进食后获得了能量,面对妈妈的指责时,能较容易控制负面情绪。

妈妈应该知道的

- ◇○ 青春期的孩子爱冲你发脾气,不是被人带坏了,而是大脑的情绪控制区域不成熟,因此不能责备孩子不懂事,不体谅你。
- ◇○ 孩子发脾气时,你的对话原则是不要问他发火的理由,要用陈述句,同时用眼睛看着他。
- ◇○ 和孩子交流时不要坐在孩子对面,因为那样的场景容易使孩子产生对抗的心理暗示。坐在孩子的右侧,能减轻孩子的对抗心理,更容易说服孩子。
- ◇○ 和孩子交流时不要接打电话,更不要看电视,也不能在不同的房间冲着孩子大声喊叫,务必保持适度的目光接触。
- ◇○ 理解和接受孩子发脾气的行为,这是顺畅交流的前提条件。
- ◇○ 孩子饥饿时的情绪控制力较差,所以你在饭桌上批评孩子很可能引起孩子发脾气。

每天都有说不完的抱怨

一位妈妈拉着刚上初二的儿子走进咨询室。等妈妈出去后,孩子对心理老师说的第一句话就是:"其实我根本不想来的,我心理又没有毛病,看什么心理医生?是我那烦人的老妈,非逼我来不可。我讨厌她这种自作主张的习惯。"

孩子爱抱怨的情况非常普遍。我们都有抱怨的习惯。妻子抱怨丈夫不做家务、不管孩子的学习、爱喝酒、老抽烟;丈夫抱怨妻子话多、出门总是磨蹭。老板抱怨员工干活少、要钱多;员工则抱怨老板抠门,不把员工当人看。至于青春期的孩子,抱怨的主要内容为妈妈管得太多,不顾及他的隐私,不考虑他的感受。

为什么青春期的孩子爱抱怨?

随着青春期的来临,孩子的自我意识越来越强烈,他觉得自己不再是妈妈的附属品,所以,妈妈们的任何过度"关心",他都不愿接受,甚至养成了习惯性抱怨。正因如此,妈妈们也开始变了,变得无条件地忍受孩子的习惯性抱怨。

但是,妈妈们的这种顺从只会使孩子更爱抱怨。而抱怨是人际关系恶化的最常见原因:夫妻离婚、朋友反目,很多时候不是利益分配不公,而是受不了对方的抱怨。对于青春期的孩子来说,爱抱怨很难得到同学的认可和接纳,所以一般也缺少朋友。因此,如果孩子抱怨的理由合理,妈妈们要努力解决,而不是责骂或不管不问。如果孩子的抱怨只是习惯性行为,那妈妈们就应想办法改变他的说话习惯。

要纠正孩子的这种习惯,妈妈们首先要做好榜样,因为孩子的很多行为习惯都是在模仿父母。比如,有些妈妈的自我意识也很强,同事提出一个点子,她会说:"这么烂的想法也好意思说出口?"邻居称赞某人对待朋友热情,她会说:"那也叫热情?下次你到她家试试,冷板凳还没坐热,她就说有事得出门了。"朋友说某个人长得漂亮,她会说:"漂亮什么,跟妖怪比还差不多。"即使有人夸奖自己的孩子长得帅,她也可能来一句:"白黄瓜,好看不好吃。学习那么差,长得帅有个屁用!"

在这种妈妈的影响下,孩子看不到事情的正面,所以对很多事情都持否定态度,最终导致了接连不断的抱怨。如果孩子像诗人艾略特那样想:"四月是最残忍的月份,它让你充满希望,又无比绝望:它从荒地滋生出芬芳的丁香,混杂着回忆和欲望,又让春雨催促那些呆钝的根。"那么他无法正面看待问题。

表扬孩子容易踩到的两颗地雷

心理学研究发现,如果在半个月内不断肯定孩子的同一个方面,他的思考方式就会向正面转变。

但是,通过表扬来改变孩子的抱怨习惯时,妈妈们需要注意几个问题:

首先是不能表扬孩子聪明、漂亮等遗传所得的特质。我们经常听到妈妈和老师这样表扬孩子，但这种方式最终会适得其反。因为聪明的孩子在遇到困难时，会开始怀疑之前人们对他的评价是否公正，尤其是经常被称赞聪明的孩子，进入重点中学后的社会适应性较差，因为在同一群聪明的孩子中，他的优势彻底消失了，随之而来的是他自信的大厦迅速崩塌。

过度称赞孩子漂亮，导致的后果是孩子容易妒忌比自己更漂亮的同伴。她会抱怨好处都被更漂亮的人抢占了：对方考了高分，她抱怨考题难度太低，以致对方占了便宜；有个帅气的男孩喜欢对方，她抱怨男生都没内涵，只看重外表。

其次，妈妈们要注意，表扬孩子时不能说得太空洞，要适当具体，否则孩子会感觉妈妈的表扬不是真的，只是在哄他开心。比如绝大多数妈妈都会对孩子说的一句话："你真棒！"表扬孩子时要引导孩子进行对比思考，这样他才能真正感觉自己的确很优秀。比如将"你真厉害！"换成"很多人都没有完成这个难题，你却完成了，你真厉害。"使用对比以衬托的表扬方式时，有个问题妈妈们要特别注意：你所说的人不能太具体，尤其不要特别指出是谁，比如孩子的同学、朋友、兄弟姐妹，因为这样说，孩子的"同伴比较"意识便会自动开启："可是我还不如XX啊。"

所以，心理学家建议，妈妈们表扬孩子时应选择孩子的努力程度，先天条件是表扬孩子的雷区，并且要适度具体，既不能太空洞，也不能太具体。

> **表扬孩子的两种常见误区：**
> 1. 表扬孩子的遗传特征，如聪明和漂亮等。
> 2. 表扬时的话太空洞或太具体。

引导孩子多用正面词汇

在训练孩子的思考方式时，要引导孩子多用正面词汇。一提到训练，妈妈们可能觉得这个难度太大，自己无法胜任，需要专门的机构去完成。在这里，训练就是指反复不断地用正面的方式去表达。

比如，妈妈们可以这样训练孩子：将"我讨厌某位同学。"改为"我喜欢其他同学。""这道题太难了，没有同学指点肯定不会做。"改为"这道题有点难，但在同学的帮助下我能解答。""努力白费了，只比上次多了几分。"改为"努力没白费，又比上次提高了几分。"……

不用说，对于习惯性抱怨的孩子来说，训练正面的表达方式在开始时觉得很不自然，因为这相当于改变他惯常的思考方式。但孩子的学习能力很强，一般只要两周左右，他就能习惯用正面的方式表达自己的想法。

因为孩子所说的，在很大程度上就是他内心所想的，所以，当他的内心将正面思考方式习惯化后，他的行为也会发生逆转。

青春期是改变孩子抱怨习惯的最佳时期，因为这时他的思维模式和表达方式都还没定型。如果让那些打了几十年官腔的人改变说话方式，几乎是不可能完成的任务——他们的表达方式已经程序化，思考方式也变得僵化。

所以，如果孩子有爱抱怨的习惯，那妈妈们应从这两方面下功夫：首先要反思自己是不是也有抱怨的习惯，其次是努力引导孩子采用正面的表达，以培养正面的思考方式。

妈妈应该知道的

◇○ 青春期的孩子习惯性地抱怨你对他的管束太多，是因为他的自我意识越来越强烈。
◇○ 想让孩子减少抱怨，你要做好榜样：在孩子面前少用负面词汇。
◇○ 表扬孩子时最好避开孩子的先天条件，比如将孩子的聪明说成努力，更有利于孩子的成长。
◇○ 使用"你真棒！""你太厉害了！"这种空洞的话并不能真正鼓励孩子；鼓励要适度具体，和泛化的一类人进行比较，而不是具体某人。比如："这么难的题多数人都没做出来，而你做出来了，真厉害！"
◇○ 引导孩子多用正面词汇，有助于孩子改变抱怨的习惯。

打扮，打扮，还是打扮

经常有妈妈和老师抱怨："真搞不懂现在的孩子脑子里装的是什么，小小年纪整天就知道打扮。要是她把这些时间和精力都放在学习上，我就不信她的学习还这么差？"当一位妈妈向我如此抱怨时，我问她当时孩子是怎么回答的。

"差点儿没把我气死。周末玩疯了，睡得也比平时晚，周一就起晚了。可她还像平时一样，对着镜子梳头抹脸一通捯饬。我站在门口等得不耐烦，就这么说了她一句。谁知她头也不回地说：'你要是把化妆的时间都放在工作上，我就不信你还在那家破公司当个小会计？'就这样，引爆了我们母女之间的第一次战争。"

为什么青春期的孩子爱打扮？

这位妈妈并不知道女儿为何要说出这种让她伤心的话。她满腹委屈地说，都是自己太宠爱孩子的后果。"都怪我把她宠坏了。"

其实这和宠爱孩子关系并不大。真正的原因，是处于青春期的孩子都会过度关注自己的外貌,尤其女孩更是如此。而要改变她的这种态度,很不容易。如果用她的弱点来指责她,她就会针锋相对地说出一些令妈妈们伤心的话。

青春期的孩子为什么会如此关注自己的外貌呢?

心理学研究发现,这是因为十几岁的孩子普遍都有的错觉,认为自己就是人们关注的焦点,自己的长相、打扮都受到其他人的关注,别人甚至可能停下脚步去数自己脸上有几颗青春痘。心理学家把这种心理现象叫作"焦点效应"。

大量的研究表明,越需要从别人的评价中获得自信的人,焦点效应越明显。正因如此,保持良好的外貌,是十几岁孩子最重要的任务。而妈妈们认为孩子打扮会浪费很多学习时间,于是矛盾出现了。

妈妈们要怎样做才能化解这种矛盾、缩小这种思维差距呢?

首先,妈妈们不仅要知道孩子爱打扮与自信心不足导致的焦点效应有关,还应知道爱打扮具有一定的进化心理学理论基础。

在青春期,如果相貌平平,即使成绩再优秀,也很难让女孩获得自信。这与人类在进化中形成的刻板印象有关。毕竟整个社会很少用成绩来衡量女性,人们谈论女人时,最关注的就是她们的外貌。无论是女人爱打扮,还是男人以外貌来衡量女人,这些都不是今天独有的现象。这是人类在进化中形成的本能。

在远古时代,男人不需要女人取得很大的成就,但必须能给他养育孩子,而漂亮是女性身体健康的标志,这对延续男人的基因很有利,所以也更容易得到上层男人的青睐。而女人则必须保持漂亮,才能保持这种进化优势。

例如少女必须保持对男人的吸引力,才能获得更好的生活条件。这种进化所形

> 青春期的女孩爱打扮的原因:
> 1. 普遍存在焦点效应的思考盲区——认为自己是别人关注的焦点。
> 2. 进化形成的本能——漂亮是健康的标志,更受男人喜爱。

成的潜意识,在今天就演变成青春期的女孩从内心相信自己的脸蛋、发型、身材,都是人们关心的话题。比如大脸盘的女生、肥胖的女生一般自信心都较低。她们虽然能在学习上扳回一城,但苦恼的是男生们根本不关心这个问题。

女孩在学习时化妆并不奇怪

如果妈妈们不知道这种进化心理学方面的知识,就很难理解青春期女儿对外貌的执着。因此,从这个角度上来讲,妈妈们指责女儿爱打扮遭到反击是难以避免的。

其次,妈妈们在说服过度打扮的孩子时,一定要注意表达技巧。孩子之所以如此打扮,肯定是因为其他同龄人也这样做了,她不这样做,就可能被视为异类,这让情绪敏感的青春期孩子很焦虑。所以,下面这些妈妈们常说的话,以后就不要再说了。

◎ 脸上就非得抹 BB 霜吗?哪有学生像你这样的?
◎ 脑子里什么也没有,就爱摆花架子。
◎ 时间这么紧了,非得这么弄你的脸吗?
◎ 每天花在头上的时间比学习时间还多。学习有这么上心就好了。
◎ 就知道打扮!什么都没学到,打扮得再好看有什么用?

要改变孩子过度打扮的习惯，不能直接剥夺孩子打扮的权利。剥夺意志的后果是严重的，必然会招来强烈的反弹。比如在一个有趣的心理学实验中，心理学家要求一些人不得想起刚看过的白熊图片，而其他人则没有这样的限制。结果，这些人比其他人更频繁地想到那该死的白熊。这种心理在处于叛逆期的少男少女身上尤为明显。

让孩子改变爱打扮习惯的技巧

想改变孩子过度打扮的习惯，妈妈们可以尝试从孩子身边的人着手。比如，看到她同学中有不打扮但气质仍然不错的孩子时，问问她为什么剪个短发，或是为什么不学其他人也拉个直发。因为这个孩子之前也可能爱打扮，只是后来觉得那样的发型并不适合自己。这时妈妈们要称赞："你是个有主见、有思想的孩子。你现在这身打扮看起来很端庄、很漂亮。"

但仅仅是这样还远远不够，因为你所接触的这个孩子，可能是你孩子认为的"异类"。如果是这种情况，那你就需要改变策略了。这时带有创意的点子往往能收到奇效。虽然寻找一个有创意的点子并不容易，但所有的好点子都是从借鉴开始的。

所以，请妈妈们回想一下丈夫追求你时的策略吧。刚和你接触时，他肯定是先赞成你的看法，博得你的好感后，再采用心理学上的"登门槛效应"，逐步提出不太过分的要求。最终，你嫁给了他，并为他生了孩子——现在，你正在发愁，不知如何教育这个爱打扮的孩子。

要想孩子改变爱打扮的习惯，妈妈们也可以采用同样的策略，先认可孩子的打扮，这一步非常重要。如果一开始就批评孩子，否定他的做法，那他十有八九会拒绝你接下来的任何建议。在孩子看来，把自己打扮得漂亮一些，绝对不是该挨骂的事。孩子并不明白，妈妈指责自己爱打扮，并不是妈妈不允许自己打扮，而是担心自己把过多的精力放在了打扮外貌上。这一点妈妈们必须向孩子明确说出来，以免孩子认为你是在干涉他的生活，或是想控制他，而不明白你只是在调和两代人之间的矛盾。

最后，为了增加说服力，妈妈们还应表明自己的立场："妈妈并不是要使你远离主流。因为妈妈也知道，如果你的发型、背包或鞋子与同学不一样，你不是觉得自己很特别，而是觉得与同学中的主流不同，所以你可能感到焦虑。"

妈妈应该知道的

◇○ 孩子爱打扮，不但有进化方面的原因，还与青春期的孩子普遍觉得自己是别人关注的焦点有关。
◇○ 纠正孩子过度爱打扮的习惯时，你不要将他的行为和学习成绩挂钩，尤其不要说"要是学习有这么认真就好了！"这样的话。
◇○ 批评孩子爱打扮，孩子会认为你是想控制他，所以会认为你是在干涉他的生活。
◇○ 要想说服孩子改变爱打扮的习惯，首先要认可他的行为。

连上厕所都玩手机

手机的普及,给妈妈们带来了极大的恐惧,这恐惧的程度,比上一次个人电脑普及时要严重得多。

在个人电脑和网络普及之初,很多妈妈一度充满了幻想,认为这下孩子坐在家中也能享受到名师课堂了,教学质量的差距必将在网络时代变得微乎其微。

可是后来的发展完全超出了妈妈们的想象。自己省吃俭用为孩子买了电脑,装了网络,从此孩子的行踪就变得诡秘起来。每天都睡得很晚,但学习成绩却直线下滑。最后妈妈们才知道,电脑和网络只方便了孩子偷看色情视频和网上聊天。因此,妈妈们纷纷掐断网线,或是设置密码或是设置家长管理账户。这种现象会不会在手机非常普及的今天重现呢?

答案是肯定的。

一方面,虚拟网络世界的很多致命的诱惑通过手机更容易呈现在孩子们的眼前,比如各种让人成瘾的手机游戏。经常有报道孩子偷偷用父母的银行卡,花巨款购买大量的游戏道具,或是给自己喜欢的网络主播打赏。

另一方面,不合理地使用手机,比如长时间使用手机,可能形成网络信息依赖或网络社交依赖,这是手机网络成瘾的表现。孩子一旦手机网络成瘾,他放下手机,就会觉得无聊,拿起手机才觉得人生充实。

要不要给孩子买高档手机？

向心理老师寻求帮助的许多妈妈都谈到一个问题：要不要给孩子买高档手机？到了初中，同学们都有手机了，自己的孩子也要求买一部手机并不过分，但是又担心手机影响孩子的学习。比如下面这位妈妈和女儿的对话就非常典型：

女儿：妈妈，我都快上初三了，朋友们中就我一个人没有手机。放学后她们在路上说什么事，只有我一个人不知道，我觉得她们都在嘲笑我。所以我想要一部手机。

妈妈：放学路上会发生什么事？

女儿：每天都有很多事，你不知道。而且还要上QQ呢。在QQ里可以随时向同学请教难题。

妈妈：那你把妈妈的手机拿去用吧。

女儿：我不想用妈妈的。妈妈能给我买个新的吗？

妈妈：行。明天正好是周末，你陪妈妈去商场，妈妈去给你买一部和妈妈一样的新手机。

女儿：妈妈，同学们用的都是iPhone。

妈妈：你不知道那要多少钱吗？再说你的成绩那么差，配得上这么好的手机吗？

如果不给孩子买手机，孩子可能天天纠缠，而且甚至一度闹到再不购买手机就不去上学的地步。

在这种情况下，多数妈妈都会做出让步，但又不完全妥协，于是会提出一些条件，比如下次考试成绩上升，而且保证获得手机后不用于聊天。

为了获得奖品，孩子会变得努力起来。这让妈妈们产生一个错觉：奖励一部高档手机是值得的，因为它激起了孩子的学习热情。

孩子的要求得到满足后的一段时间内，的确变得更爱学习了，也能坚持不用手机聊天。但这种情况一般不会持续很久，因为即使购买彩票中了头奖，人的幸福感也只能持续几个月，更何况只是获得一部手机呢？

在接下来的日子里，孩子开始用这部手机上网。起初上网也可能是在查找学习资料，和同学交流学习，但很快就习惯于浏览八卦新闻和搜索偶像明星的点点滴滴。

但手机的非学习用途还远未结束。有一项更为常用的功能是和同学网上聊天，在微博、微信、QQ上互动。由于期待获得别人的关注，导致很多孩子极度依赖手机，即使复习功课时也把手机设置成振动，以提醒自己有短信传来，但手机没有振动也会时不时拿起来看看。这种状态下的学习效率可想而知。

为此，有些妈妈专门制订了手机使用规则。比如，有些妈妈会规定：手机在周一至周五由妈妈保管，周五的晚上至周日晚上孩子可自由支配。这种方法很多妈妈都在用，但效果却并不像当初设想的那么美好。这是为什么呢？

因为这相当于妈妈们给孩子买了一个非常有趣的玩具，却不许他玩。心理学研究表明，如果禁止孩子玩玩具，当他之后被允许随便玩这些玩具的时候，就会十分着迷。反而是那些开始被告诫如果玩玩具会惹人不高兴的小孩，在自由支配时间对玩具最不感兴趣。因此，我们能够预见那些在非周末期间被严禁玩手机的青春期孩子，在周末对手机的依赖程度有多大。

很多妈妈不解地抱怨："真搞不懂现在的孩子是怎么想的，平时把手机都收起来，可是一到周末，孩子就把大部分时间都浪费在了手机上。"

> **面对孩子要高档手机，妈妈们常犯的错误：**
> 1.学习进步的奖励。
> 2.以成绩差为由不给买。
> 3.以影响学习为由不给买。
> 4.以价格贵为由不给买。
> 5.指望买了后限制使用。

如何才能避免手机影响孩子的学习？

妈妈们首先要明白，给孩子购买手机却又限制使用，是最不科学的做法。这相当于妈妈们给了孩子一个冰激凌，却不断要求他不吃。这怎么可能呢？孩子就像亚当和夏娃，是经受不住考验的。所以，想避免手机影响孩子的学习，就要开动脑子，想办法说服孩子不用手机。

其次妈妈们要知道，手机就像埃博拉病毒，一经感染，就很难清除。即使妈妈们在孩子面前将他的手机摔在地上，狠狠地踩上几脚，把手机踩成碎片，仍无法消除手机对孩子的影响。

所以，要想让孩子不被手机这个病毒感染，关键是制造孩子对手机的"抗体"。如何才能使孩子自愿放弃使用手机呢？

有些妈妈告诉孩子，高档手机很贵，而且每月都要花费不少话费和上网费，这对家庭有很大的负担。但孩子不会想那么多，也体谅不到妈妈们挣钱的难处，因此这种方式最没有说服力。孩子需要一个他不必使用高档手机的理由，而妈妈们却给他一个不能购买高档手机的理由。

所以，妈妈们要站在孩子的角度，说明高档手机为何重要，但又非必要。比如妈妈们可以这样说："妈妈能理解你为何需要一部手机。因为同学们上网查资料时，你却不能上网。而且，使用普通手机你会觉得在同学面前没有面子，也不能和同学们在QQ上聊天。这可能让你感到难受。但这也让你学习时更能集中注意力，不必为回复同学们的QQ聊天而分心。"

因为孩子班上肯定有人不

让孩子交出手机是多数妈妈的做法

用手机，所以妈妈们可以从这方面着手，引导孩子认识到高档手机并非学习的必要。

> 妈妈：你们同学现在都用苹果手机了吗？
> 孩子：也不是，但只有几个人还用老式的那种。
> 妈妈：有人看不起他们吗？是不是学习太差家里不给他们买？（一般不使用高档手机的孩子学习较好，比较能控制自己的欲望。）
> 孩子：不是。因为他们的成绩都还不错，所以没有人轻视他们。
> 妈妈：那你还认为只有使用苹果手机才能提高成绩吗？是不是没有苹果手机就会被人轻视？
> 孩子：当然不是。
> 妈妈：那你现在还认为必须拥有一部苹果手机吗？

这时，孩子的答案很可能发生了变化。不再固执地坚持要苹果手机。为了联系方便，妈妈们也可以给孩子配置普通手机。这样既能方便联系孩子，又解决了孩子手机时时刻刻不离手的问题。

由此可以看出，解决这个问题的关键，是说服孩子自愿放弃手机，而不是购买后限制使用。那种通过奖励给孩子购买高档手机的方式，是最不可取的。心理学家很早就用实验证明了，即使是原本爱好学习的孩子，一旦有奖品，就会变成为了奖品而学习。如果最后没有奖品了，孩子也会失去学习的兴趣。

在说服孩子的策略中，妈妈们要站在孩子的角度来表明手机的重要性，同时又要引导孩子意识到它对学习的非必要性。前者是为了表明妈妈们能感受到他的情感需要，后者则是为了让他在思考后做出正确的选择。

还有的妈妈说："即使这样，我的孩子还是不放弃手机。我又该怎么办？如果不和孩子达成非周末的保管制度，孩子过度使用手机又该怎么办？"

没能说服孩子，主要问题不是出在孩子身上，而是做妈妈的缺少耐心和策略。这也说明妈妈对青春期孩子的了解还远远不够。心理学研究表明，青春期的孩子需要某种东西，不是为了使自己过得舒服，而是想努力融入一个圈子，让别人接纳他。和大家一样拥有高档手机，只是一种很便捷的方式而已。

妈妈应该知道的

◇○ 孩子想要高档手机，不是为了学习，而是为了融入其他同学群体，因为他不想被视为异类。

◇○ 妈妈们经常陷入这样的误区：告诉孩子苹果手机很贵，而且每月都要花费不少话费和上网费，家庭有很大的负担。孩子不会想那么多，体谅不到你挣钱的难处。孩子需要一个他不必使用苹果手机的理由，你却给他一个不能购买苹果手机的理由。所以这种方式最没有说服力。

◇○ 避免智能手机影响孩子学习的最好方式，就是说服孩子不使用手机，而不是给孩子买了手机却限制使用；当你无法监督时，越限制孩子玩手机，孩子越可能对手机着迷。

◇○ 用学习成绩奖励的方式给孩子购买高档手机，可能会降低孩子的学习兴趣，因为这会将他的学习动机从获得知识转变为获得手机。一旦手机到手后，他学习的动机将不复存在。

废寝忘食地打网络游戏

一位妈妈带着一个男孩走进咨询室。孩子一直低着头，脸上的手指印隐约可见，胳膊上也有一些伤痕。妈妈说这些伤是孩子爸爸打的，没办法，因为孩子对网络游戏上瘾了。孩子上初二，小学升初中时成绩很好，考上了重点中学，但自从迷上网络游戏后，成绩一落千丈。

"我们知道打骂孩子是不对的，但还有什么办法呢？"妈妈说，"只要能帮助孩子戒掉网络游戏，花多少钱我们都愿意。"

网络游戏对孩子有什么影响？

网络游戏是令妈妈们非常非常头疼的问题，因为青春期的孩子很容易对它着迷。网吧刚兴起那几年，只要在放学时间走进网吧一看，绝大部分是穿着校服的初中生。他们都只干一件事：打网络游戏。今天这种情景很少见了，是因为现在网吧不允许未成年人进入，而不是现在的孩子们都不爱玩网络游戏了。

有心理学家曾在新加坡调查了大量的 3~8 年级学生，发现 9% 的孩子对游戏上瘾。游戏上瘾是指平均每周有 30 小时以上的时间在玩游戏。

这种情况绝非新加坡一国独有。事实上，我国比新加坡更为严重，迷恋游戏的中小学生大约占 10.3%，仅次于全球迷恋游戏比例最高的德国，后者将近 12% 的中小学生对游戏上瘾。

孩子一旦沉迷于视频游戏，就更容易出现焦虑、抑郁、社交恐惧等问题，学习成绩也会下滑。或许有妈妈认为，是因为孩子焦虑、抑郁、不敢和人打交道才转而迷恋游戏的，而不是对游戏上瘾导致了焦虑、抑郁。可是心理学家发现，当孩子不再对游戏上瘾后，他们的抑郁、焦虑和社交恐惧等症状会减轻，甚至完全消失。

小孩长时间玩视频游戏，当然还有看电视，还可能造成多动症，原因是闪烁的灯光、变换角度的声音和不同的图像不断刺激大脑，会使孩子在课堂上很难集中精力吸收老师乏味的知识讲解。

怎样才能避免孩子游戏上瘾？

要避免孩子游戏上瘾，妈妈们首先自然是不允许孩子长时间接触游戏。由于网吧限制未成年人进入，所以孩子玩游戏只能在家中，时间主要集中在放学回家后、妈妈回来之前。

孩子的放学时间普遍比妈妈们的下班时间早一两个小时，这个时间差就可以偷偷玩游戏。可能开始能玩一个小时，但孩子着迷时很容易被妈妈们抓个现行。这时，聪明的孩子便在妈妈到家前半小时关掉电脑，让电脑主机凉下来。因为设有密码，而且一摸电脑是凉的，所以当妈妈们问起时，孩子说没有玩游戏，妈妈们也比较相信。

但妈妈们设置的密码，孩子并不难破解，因为这种密码一般以孩子的生日、丈夫的生日等重要日子为主。有个六年级的孩子说，妈妈怕他玩网络游戏，所以给家里的电脑设置了复杂的密码。但他花了半天时间，从网上学习了简单的黑客教程，轻易就破解了妈妈的密码。现在他天天玩，妈妈根本不知道，因为妈妈想不到他会去破解密码。

如果孩子已经沉迷于游戏了，妈妈们就要逐步让他远离游戏。比如孩子放学后直接接回家，不给他去网吧的机会，同时让他做以前很想做的事情，或是鼓动他加入某个非常难进入的社团。

为什么要加入不容易进的社团呢？这是因为越难进入的社团，孩子越觉得有意思。这些事情能转移孩子对网络游戏的迷恋。

上班族的妈妈一定要想办法缩小与孩子放学后的时间差。如果孩子独自一人在家的时间超过一小时，那他玩网络游戏的可能性就会大增。所以这段时间最好让其他成年人和孩子在一起。要让成年人和孩子一起度过放学后的时间，直到进入初三。

这是物理隔离。主要用于孩子对电脑游戏还十分着迷的阶段，这时孩子的自我控制力较差。过了这个阶段，就要开始培养孩子的自我控制力了。这个时候，妈妈们容易放松警惕，认为只要孩子成绩不下滑，就可以玩电脑游戏。但这就像戒毒后的人偶尔吸毒一样，毒瘾很容易复发。因此妈妈们应像下面的实例那样引导孩子反思对电脑游戏着迷的危害。

妈妈：玩游戏之后心情很好吗？释放压力了吧！
孩子：感觉好多了，没有压力了。
妈妈：现在能认真学习了吧？

孩子：忽然又有压力了，心情又不好了。

妈妈：刚才不是说打游戏释放你的压力了吗，怎么回事？

孩子：我也不知道。

妈妈：看来打游戏不能改善心情，也不能释放压力。

孩子：妈妈说的没错。

接着妈妈们可以这样告诉孩子："玩游戏时的确可以缓解焦虑，因为当你集中精力在游戏上时，会暂时忘记烦恼和学习任务。这能让你感觉很好。但是，游戏结束后，你回到现实中才发现，该完成的作业、该学习的内容，一点都没有因为玩游戏而变少。相反，因为玩游戏花费了一些时间，这时留给你的时间更少了。所以你会觉得压力比之前更大了。这就是你在游戏时玩得挺开心的，但结束后一提到学习心情就马上变糟的根源。"

另外，妈妈们也别忘了提醒孩子，现在流行的暴力游戏，会使人不由自主地变得暴力。

美国心理学家班杜拉曾做过一个经典的实验：让一群小孩看别人对着一个充气塑料娃娃又是踢，又是踩，还用锤子砸。结果，这些看了暴力场面的孩子轮到自己有机会打这些玩具娃娃时，也非常暴力，甚至还想出一些新花招虐待玩具娃娃。仅仅是看别人施加暴力，孩子就会变得如此暴力，如果孩子亲自参与施暴，比如打暴力游戏，那以后在现实生活中施暴的程度会强烈得多。所以，在网络游戏中用刀刺人、向人开枪这些行为，会使孩子觉得用同样的行为对待身边的人也没有任何问题。这就是为什么有些人会在游戏结束后用刀伤害他人的缘故。

可能孩子会担心，同学们都在玩某个游戏，如果自己一无所知，就可能被同学们疏远。一些孩子咨询心理医生时也说，并不是自己觉得某个游戏很有意思，而是同学们都玩，自己不玩就缺少共同话题，至少在他们谈起某个场景时自己要知道。如果一无所知，就会被嘲笑。

解开孩子这个心结的办法，是告诉孩子，这种想法只是因为我们太关注自己导致的。试着让他回答一个问题："如果你穿了一件漂亮的衣服，你估计在进教室时有多少人会注意到你的衣服。"

孩子的估计一般都在一半以上。告诉他，心理学研究表明，在一个 30 人的教室中，能注意到他打扮变化的不会超过 7 个人，甚至是这件衣服穿了几天后，很多和他一起玩的人都不记得他穿过什么衣服。所以即使回答不了朋友们所说的游戏，也只有极少刻薄的人会记得，其他人当天就忘得一干二净了。

培养孩子的自我控制力，绝不是他一个人就能做到的。所以，在训练孩子的自我控制力的时候，规定游戏时间和学习任务非常重要，同时还要有妈妈在一旁监督。当设定的游戏时间结束时，闹钟一响，无论游戏进行得多么精彩，都要求孩子立刻起身离开电脑、放下手机。无数次中途离开，会降低玩游戏的成就感。这会使孩子逐渐对游戏不感兴趣。

在这里，我向妈妈们推荐一款很不错的时间限制软件：Stay Focused。这款软件是免费的，时间一到，设定的网页就会自动关闭，无论如何都打不开。我为了避免把过多时间花在网页资讯上，所以将自己爱浏览的网址添加到黑名单，十分钟后这些网页将全部无法打开。所以，妈妈们将孩子所玩网络游戏的网址加入这款软件的黑名单后，就不用担心孩子长时间去玩游戏了。

等到孩子的自我控制力得到很好的训练后，如果妈妈们不想再监督孩子，有一个办法也能提高孩子的自我控制力。那就是在电脑显示器上方的墙壁上挂上自己的照片，越大效果越好。心理学家发现，在"随你付"的饮料贩卖机上方挂张放大的眼睛图片，消费者更愿主动付钱，这是因为照片上的眼睛，会使人感觉被人注视，行为被监督，所以不好的行为就会有所收敛。

轻微处罚更能预防孩子对游戏上瘾

通常,要说服小孩不要经常玩游戏,是非常困难的事情。因为给青春期的孩子讲大道理基本没有用,所以为了让孩子不迷恋游戏,妈妈们一般都是采取惩罚的方式:从相当温和的处罚如严厉地注视,到非常严厉的处罚如狠狠地打一顿、剥夺孩子一周玩游戏的权利等。

的确,妈妈们发出处罚的威胁越严厉,有妈妈们在场时,孩子就越可能不去碰手机或电脑。可只要远离妈妈们的视线,他可能就会拿起手机玩游戏。因为他没有失去玩游戏的兴趣,只是学会了妈妈在场时不要去这样做,以免受到严厉的处罚。

要让孩子自觉不去玩游戏,最好的办法就是想办法让孩子自己觉得游戏没什么意思。下面这项心理学研究说明了妈妈们可以利用"理由不足效应"来减少孩子玩游戏。

一位著名的心理学家首先给八九岁的孩子们看一些玩具。这些玩具包括一个电动机器人、一艘廉价的塑料潜水艇、一把不能上子弹的玩具枪,一辆拖拉机,以及一只没有球的儿童棒球手套。然后他问孩子们最喜欢眼前的哪个玩具。接着,他用两种方式说这个玩具不能再玩了。

一半的孩子被警告:"玩机器人是不对的,要是我不在时你玩了它,我会非常生气,并且有你的好果子吃。"也就是说,如果他们不服从,将受到严厉的处罚。

而另一半的孩子则被告知:"不要在我离开后玩机器人,因为那样做是不对的。"也就是说,如果他们不服从,将受到轻微的处罚。然后就离开房间,让孩子们有时间和机会玩别的玩具,以及抵御被禁玩具的诱惑。的确没有小孩再去玩那个被禁止玩的玩具。

一个半月后,这位心理学家派了一名年轻的女助手来到这所学校,孩子们不知道她和之前那个人有什么关系。她只是陪孩子们回到之前那间玩具室,说是要给他们做个测验。她告诉孩子们可以随便玩房间里的任何玩具。结果,出现了令人吃惊的一幕:之前被告知不服从将受到轻微处罚的孩子,竟然选择了其他玩具,而受到严厉威胁的孩子,对之前喜欢的玩具更着迷了。

为什么短短时间内孩子们的喜好就发生了变化呢?

当被禁止玩最爱的玩具时,孩子们都会感到不舒服,也就是认知失调。受到严厉处罚威胁的孩子,对所受到的限制有充分的理由,很清楚为什么不能碰自己最爱的玩具,所以他们不会改变对玩具的态度。

而受到轻微处罚警告的孩子,因为处罚力度不足以成为不碰最爱玩具的理由,所以他们会出现"理由不足效应":对自己不玩最爱的玩具找不到一个充分的外部理由,只得寻找一个内部理由,也就是必须改变自己的态度,才能解释为什么不碰自己喜欢的玩具。唯一的办法是,他们要使自己相信,不玩那个玩具,是因为自己不怎么喜欢了。结果导致了这些孩子很长时间都不愿去玩那个玩具。

妈妈们可能关心这两个问题:是不

> 避免孩子游戏成瘾的办法:
>
> 1. 物理隔离:适合对游戏十分着迷且年龄小的孩子。
> 2. 训练自我控制力:适合有一定自制力的孩子。
> 3. 轻微处罚:适合自我意识强烈的孩子。

是对任何行为采取轻微处罚的威胁，都比严厉处罚的威胁更能减少这种行为发生的可能性呢？另外，所谓的轻微惩罚，程度是多大呢？

对于多数孩子来说是的，尤其是自尊越强的孩子，比如青春期孩子，轻微处罚导致的理由不足效应越明显，也就是改变的可能性越大。至于轻微惩罚的强度，一般只要能改变孩子的行为就可以了。

妈妈应该知道的

◇○ 孩子迷恋游戏，一方面可能导致情绪抑郁，另一方面可能是抑郁才导致了迷恋游戏，因为适度玩游戏可以缓解孩子的焦虑情绪。所以你一定要弄清楚原因。

◇○ 孩子玩游戏时，你要说服孩子少玩暴力游戏，因为暴力游戏可能使孩子变得暴力。

◇○ 孩子独自一人在家超过一小时，就极可能玩电脑游戏。所以上班族妈妈要想办法缩小与孩子放学后的时间差。

◇○ 可在电脑上方贴一张你的大眼睛特写照片，因为当他坐在电脑前看到你的照片，就会启动被你监视的潜意识，从而放弃玩游戏。

喜欢"苍老师"

一位初中老师讲了一个小笑话。在他担任初二班主任的那段时间，经常有学生家长发短信来问，学校的"苍老师"是教什么的，几个孩子在一起时常提到"苍老师"，好像孩子们都非常喜欢这位老师。在他的印象中，学校没有姓苍的老师。后来他无意中得知，这群正处于青春期的孩子口中的"苍老师"，其实是个日本艺人。这时他才猛然意识到，孩子竟然如此关注色情了。在咨询过程中，多数学生承认，他们知道"苍老师"大概都是在初一第二学期或上初二的时候。

青春期，强烈的性好奇心

由于性激素的大量分泌，青春期的孩子开始过度关注性的问题。他们偷偷用手机看色情视频，专门登录那种"18岁以下禁止进入"的成人网站。孩子关注性的问题，很多妈妈束手无策。首先，这个问题妈妈们不方便直接询问孩子。其次，如果抓了个现行，只会导致孩子产生很深重的罪恶感。

许多少男少女对性问题有强烈的矛盾心理：既好奇，又有罪恶感。

正是这种心理，导致了他们偷偷涉猎。如果被妈妈发现，孩子会觉得无法在妈妈面前抬起头来。

有一位妈妈向心理老师诉苦，说处于青春期的儿子让她伤透了脑筋。起因是她偶然看到刚上初三的儿子用手机访问色情网站。手机平时由自己关机保管，周末两天由儿子自己支配。有一天给儿子手机充电，无意中开了机，于是扫了几眼，有名同学发给他一个奇怪的网址，于是她点击了这个网址。她大吃了一惊：一张连内裤都没穿的女人分开腿的照片在页面上飘来飘去。15岁的儿子竟然上色情网站！她又惊又气，担心儿子学坏了。

这位妈妈的担心非常普遍。智能手机在中小学生中的普及，导致了越来越多的孩子偷看色情视频。很多妈妈都认为，别人家孩子看不看色情视频不敢说，但自己的孩子不可能去看这些淫秽的东西。事实上有些孩子甚至在上下学的路上，都在用手机接触淫秽视频或图片。只要妈妈们不在场，孩子便可以无所顾忌地大胆地谈论"苍老师"和她的"作品"。

如果发现孩子看色情视频

有位妈妈发现儿子半夜在房间里用手机偷看色情视频，于是某天"人赃俱获"时大骂儿子不学好，成天就知道看那些下流的东西。她以保密为条件，要求儿子从此以后努力学习，不然就告诉他爸爸。儿子是变得更努力了，但每天放学都不想回家，回家也是吃了饭就锁在自己的房间不出来。他在求助心理老师时说："现在我最怕看到妈妈，尤其怕看到她的目光。因为在她心里，我就是个流氓。"

而另一位妈妈发现孩子看色情视频时，则假装没看到，她的理由是，这种事情说出来，孩子肯定很难堪的。青春期的孩子对性有强烈的好奇心，只是阶段性问题，过了这个年龄段，孩子自然就会变好了，所以假装没看见是最好的处理办法。

和上面情况类似的一位妈妈在心理老师的指导下，和儿子进行了如下对话，很好地处理了儿子偷看色情网站的问题。

妈妈：妈妈给你手机充电时不小心开了机，无心地看了一下。很抱歉没有事先征得你的允许。

儿子：没关系的。

妈妈：妈妈可以问你一个问题吗？

儿子：当然可以。

妈妈：妈妈无意中看到你手机里有个奇怪的网站，点击后吓了一跳。你看了这个网站吗？

儿子：没有。

妈妈：但记录上显示你登录过这个网站。

儿子：我是无意中打开的。当时同学发过来，我不知道是什么东西，所以就点了一下。

妈妈：妈妈相信你是无意的。你能和妈妈谈一谈这个问题吗？如果想和爸爸说也可以。这种事情和爸爸说要方便一些。

儿子：说这种事干吗？我又没看。

妈妈：妈妈不是说你做了什么坏事。

儿子：都说了没看，干吗还总是这样？

妈妈：你现在十几岁了，可以和妈妈说这样的事了。十几岁的孩子对异性的身体好奇，既不是错误，更不是罪恶。这是谁都会经历的自然变化。

但是不控制这些冲动和好奇心，可能会导致你犯错。这就是妈妈今天和你一起讨论这个问题的原因。你能理解妈妈的话吧？

儿子：妈妈干吗总是说这些？我讨厌这个话题。都说了不是故意的。

妈妈：妈妈只是不希望我的儿子和朋友一起看那些东西，希望你学会克制冲动。

儿子：知道了。

妈妈：妈妈很高兴能和你聊聊。

发现孩子接触色情视频时，妈妈们不能像审问犯人一样威逼，不可以动不动就骂"小流氓""不好好学习，就知道看这些下流的东西"。在气愤之下说出这些话，会使孩子产生强烈的负罪感和羞耻心，接下来会严重影响交流，因为他会觉得，在你面前，他就是个坏人。这种想法会使孩子感到自卑，不愿和你交流。

> **发现孩子看色情视频，妈妈们常犯的错误：**
> 1.像审犯人一样骂孩子不学好。
> 2.假装没看见，以免孩子难堪。

所以，妈妈们最好相信他没看过，或者只看过一次的说法，因为这些都不重要，重要的是如何防止他过度关注色情的东西。

在现实中，妈妈们不可能让孩子完全与淫秽的东西隔绝，所以要引导孩子疏导这些性好奇心和性冲动。将精力转移到学习上是不错的主意，但并不是长久有效的方式。

因此，妈妈们要经常提醒孩子不能越过的底线：不能看淫秽的东西，不和朋友们把淫秽内容作为话题，更不能将性好奇心或性冲动表现为实际行动。

妈妈应该知道的

◇○青春期的孩子都对性感到好奇，同时又有罪恶感，所以你发现孩子登录色情网站时不要骂孩子"不学好""像个小流氓"。告诉孩子这虽然是青春期孩子都会有的好奇心，但要学会控制自己。

◇○ 不要以为看色情视频只有其他孩子可能会做，自己的孩子绝对不可能。由于性激素的大量分泌，青春期的孩子都可能对性过度关注。

◇○ 如果孩子拒不承认看色情视频，说明他有强烈的羞耻心，这时你不能以审讯犯人的姿态威逼孩子，而要表达你是担心而非干涉。

不想和妈妈说话了

一位孩子上初二的妈妈打算和孩子谈谈话。她准备好了即将谈论的内容，但她刚一开口，平时脾气温顺的儿子却甩出一句："这有什么好说的。我又不是小孩子了。"她当场就懵了。她原本以为这将是一次轻松愉快的母子对话，结果却完全出乎意料。

孩子为什么不愿和妈妈说话？

孩子处于青春期时，很多妈妈苦恼地说："我儿子和同学一起时可能说了。比如在放学路上他本来和同学说得很开心的，可是一看到我就没话了。""我女儿以前就像只小鸟，整天叽叽喳喳说个不停，现在回到家就把自己关在小屋里，吃饭都要喊好几次才肯出来。""以前女儿经常找我谈心、谈学习。现在我找她谈谈，她一句'有什么好谈的？'就回绝了。"

遇到这种情况，妈妈们首先要明白一点：孩子不愿说，肯定是有原因的，并且孩子认为不是他的原因，而是你的原因。最常见的原因，是他听到的回答都是妈妈们以学习的功利性衡量过的。

妈妈们喜欢粗暴地将孩子说的话分为两类：与学习有关的，与学习无关的。可是，在青春期这个特殊阶段，孩子所说的话，很多都与学习无关，因此我们经常可以听到妈妈这样指责孩子："整天就知道说这些没用的。"或是"你说的这些和学习有什么关系？""你脑子里全都是这些废话吗？把这些精力放在学习上会累死你呀。"这些话都是孩子最不爱听到的。

所以，妈妈们平时和孩子交流，不能以与学习的关系为标准来衡量他所说内容的重要性。即使是我们成年人，每天说的话，也至少有95%是废话，这是因为说话的主要目的，是为了增进感情。如果一个男人用是不是废话来衡量伴侣，那结局十有八九是分手。为什么废话连篇的妈妈们却不允许孩子说一些与学习无关的话呢？

由此可见，孩子不是真的没话可说，他只是不愿意跟妈妈说而已。比如，有些青春期的孩子顶撞妈妈时说："想知道我为什么不想和你说话吗？我就告诉你，因为除了责备，我什么都听不到。"

一般来说，下面这些妈妈们常说的话，会使孩子在家里感觉无话可说：

> ◎ 就知道说些与学习无关的废话。
> » （孩子会想：除了学习，妈妈眼里还有什么？）
> ◎ 难道妈妈没有说过那样不行吗？非不听妈妈的，现在满意了？
> » （孩子会想：我就知道妈妈会这样。）
> ◎ 事先怎么不告诉妈妈？难道你连妈妈都不相信？
> » （孩子会想：如果我说了，妈妈肯定会像上次那样责备我。）

其次，妈妈们要明确一点：孩子需要一个倾听者。哪怕是很无聊的笑话，如果妈妈觉得很没意思，那孩子就会觉得这种交流没有必要再进行下去了。长期下去，孩子便真的跟你没话可说了。

为此，我提醒各位妈妈，孩子不仅需要一个问题的解决者，更需要一个倾听者。他不希望你介入他的生活，只希望你知道有这么回事。如果只有他出事了你才肯倾听，那他就不会向你透露他的任何想法。

你只有平时认真倾听孩子的话，了解孩子的想法、和孩子一起聊天，孩子发生什么事情时才会找你倾诉，而不是找朋友或同学。他必须确保说出心中的愤怒、担忧、孤独，能得到妈妈的安慰而不是指责。只有孩子心里认为"妈妈能理解我，妈妈能给我答案"，他才会主动向妈妈寻求帮助，也不会有离家出走或跳楼、割腕、服安眠药的念头。

> 孩子不愿和妈妈说话的原因：
> 1. 平时妈妈完全以学习来衡量孩子的话。觉得与学习无关的话就是废话。
> 2. 平时妈妈不倾听孩子说话。

妈妈怎样做，孩子才肯说？

要想和孩子顺畅交流，妈妈们必须从孩子最关心的事情说起。对妈妈来说，最关心的是孩子的学习。但对孩子来说，这个问题可能是他最不关心的，至少是最不愿妈妈时时刻刻都提及的。孩子对爱情、组织认同的期待要远远大于学业期待。

比如一位初一的女孩说，她们班上有不少人在谈恋爱，但都是相当隐秘的，因为一旦被老师发现，入团就无望了。我问她，入团就那么重要吗？她的答案出乎我的意料：别人都入团了，自己不是团员，会很没面子的。

这对于成年人很难理解：入团有什么意思。现在请我都不加入呢！但回想一下当年你的想法，是不是也与今天孩子们的想法一样呢。社团的吸引力不在于它的功用，而在于被人认可的感觉。没有得到组织认可，心里会很失落。

心理学家发现，青少年是通过加入各种社团来确定自己的角色的。如果得不到同龄人的认可，就会出现角色混乱，一辈子都很迷茫，比如不停换工作、多次离婚等。

事实上，很多团体组织都相当无聊。但越无聊且难以加入的组织，人们越会觉得它有意思。这就是心理学上的"认知失调理论"。这种心理现象在情侣闹分手、夫妻想离婚和买昂贵但华而不实的商品时最容易出现。

由于青春期的孩子更期待妈妈跟自己谈谈爱情方面的话题，而不是只谈如何提高成绩。所以妈妈们要顺应孩子的期待，否则孩子便会感觉"跟你没话可说"。

在谈论这些问题时，孩子也非常在意妈妈的评价，他期待得到妈妈肯定的回答。如果孩子提出看法，得到的答案都是否定的，那么他就会开始寻找能支持自己观点的人。

妈妈们应记住一点：孩子一回家就闭上嘴、不肯跟你说话的原因，是你每次都根本不听他在说什么。只要他说的与学习无关，你就会明着暗着说他一通，这让他觉得最好是什么都不跟妈妈说，免得被批评、责骂。要打开孩子这种"跟你没话可说"的心结，最好的办法是以聊天的方式，从孩子关心的话题开始。

妈妈应该知道的

◇○ 孩子认为他不愿意跟你说话，不是他的原因，而是你的原因。因为你经常以学习来衡量他的价值，所以他觉得跟你无话可说。

◇○ 孩子不仅需要一个问题的解决者，更需要一个倾听者。因此，不要等孩子出事了才听他说什么，平时就要学会倾听孩子的话，否则真正出事了，孩子是不会告诉你实情的。

◇○ 青春期的孩子关心爱情、组织认可的程度要远大于学业，所以，你和孩子交流时要少提学习情况，多听孩子讲校园生活。

◇○ 不要将孩子的话划分为"与学习有关的""与学习无关的"，因为孩子的话多数都是与学习无关的"废话"，这种分类很容易责备他。

崇拜影视体育明星

有位妈妈在电话中向心理老师求援,说她女儿省吃俭用,将大部分零花钱都用在了购买某个歌星的形象商品上,还借了同学的钱去看她的演唱会。由于没得到偶像的亲笔签名,回家大哭了一场。

这位妈妈担心女儿受到的打击太大,希望心理老师能提供一些建议。她只要回想一下自己的青春期,就会明白孩子为明星哭,为明星笑,都不是很值得担心的事。她更应该做的是,如果女儿对某个歌星过分痴迷,那就不能放任不管了。

另一位中学教师则遇到了两个孩子因为偶像而大打出手的事。在自习课上,两个孩子突然打了起来,原因是争论足球明星梅西和C罗谁更厉害。一个孩子是C罗的忠实粉丝,另一个孩子是梅西的粉丝。梅西的粉丝说C罗就是伪巨星,每次参加世界杯都是"打酱油的";C罗的粉丝则说梅西就是球霸,根本不给队友机会,有他在,阿根廷就不可能再夺冠。

"他说我喜欢的C罗球技很烂,江郎才尽了。我说不是的,但是他还继续骂他没劲。"

"他本来就踢得不好,过气了。和梅西比,他什么都不是。还崇拜?"另一个孩子不服气地说。

"这就是你们上课时间打起来的原因吗?"

"老师您不知道这个家伙说得有多坏。不打他真的不解恨。真是太讨厌了!"

孩子为何会崇拜影视明星?

崇拜一直是人类的重要活动,比如原始社会人们就开始拜神、拜物。在今天崇拜对象变成了名人。对于青春期的孩子而言,主要崇拜影视、体育明星,有的甚至达到了病态的程度。

心理学家认定,观看和收集偶像的消息,属于低崇拜的娱乐社交水平,崇拜某个明星主要出于娱乐。这部分人以高中生为主。而那种对偶像的强烈依恋,则属于中崇拜的强烈个人感觉水平。

至于将偶像的成功和失败等同于自己的成败,沉迷于偶像的生活细节,则属于高崇拜的病理边缘水平。这部分人以初中生居多,并且一般男生比女生更普遍。

青少年偶像崇拜水平及特征

崇拜水平	表现特征
低	◇ 收集偶像的照片、图片、新闻、书籍、海报等。
中	◇ 渴望和偶像当面交流,与人交流时以偶像为主要话题。
高	◇ 视偶像的成败为自己的成败。

处于青春期的孩子为何会以影视明星为崇拜对象呢?首先,这是青少年追寻自我的主要表现方式,同时也是青少年融入某个团体的手段。追星

是为了让自己有所归属，是为了让别人知道他属于哪个团体。

但还有一个更重要的原因，是影视明星在商业化的包装下显得富有、受人关注，这对成长在娱乐化和物质化社会的青少年很有诱惑力。当前的社会风气导致了青少年视名利双收、一夜成名的影视歌坛明星为主要崇拜对象。尤其是家庭收入不高的孩子，更可能成为偶像的忠实粉丝。因为他们认为，一旦像偶像那样成名，生活和地位都会得到巨大的改善。

心理学研究发现，绝大部分家庭收入较低的少男少女，都热衷于购买偶像的商品，尤其会收藏以他形象或表演代言的商品，相当多的孩子在偶像商品上的开销占了零用钱的60%。

妈妈们可以从孩子崇拜的影视明星类型，看出当前孩子的心理状态。比如说，如果女儿更喜欢男性化的影视明星，则表明她可能已经恋爱或准备恋爱了。如果她崇拜的明星女性化，表明她可能对性有负面评价。如果她喜欢影视明星的女性化特征，则意味着她目前还不打算谈一场恋爱。

孩子崇拜影视明星，妈妈该怎么办？

有个初二的女孩，非常喜欢韩国的EXO组合，每天都在网上看这个组合的视频，并且管理着这个组合的粉丝后援团，天天忙着组织粉丝活动。她把零用钱都用于买这个组合的唱片专辑、海报，甚至花几千元钱买门票去看这个组合的演唱会。她的爸爸警告她不许再崇拜歌星，说歌星有什么好的。

"歌星比你好。"女儿说。

爸爸在气头上，所以打了女儿一耳光。但这一巴掌引起了更大的争执。爸爸教训女儿："你不要只知道追星，明星再好也没有父母好，这样影响学习，你知道吗？"

"我就爱明星，他们比父母强，明星就是比你们好。"女儿说。

爸爸想起一年来女儿追星所造成的不快，于是冲进厨房拿了把菜刀，拍在客厅的桌子上。他原本是吓唬女儿，没想到女儿上来就用拳头狠狠地捶了他几下，并再一次强调："明星就是比你们做父母的好！"

爸爸再也无法抑制心中的怒火，心想不如一起死了算了。于是拿起菜刀疯狂地向女儿砍去。

这个案件很极端，多数孩子崇拜明星都没有到这种程度。

只要孩子崇拜明星没有达到高等程度，妈妈们就不用担心。因为对有些人来说，会经历这三个阶段：儿童时期崇拜父母和老师，少年时期崇拜歌星和影星，青年时期崇拜社会成功人士。虽然大多数青春期的孩子都崇拜明星，但通常都只属于娱乐社交水平的低崇拜。而且，孩子对明星的崇拜在15岁左右达到顶峰之后，会随着年龄增长而逐渐冷却。

青少年崇拜偶像的方式主要有寻求交流、模仿行为和评价，其中收集和分享偶像资料是青少年中比较流行的"偶像崇拜"方式，比如收集明星的照片、签名、书籍，直接给偶像写过信的人很少。但有一半的青少年渴望与偶像交流，或以谈论自己偶像的方式与他人交流；如果他们在现实生活环境中找不到条件，他们就可能借助网络的"虚拟社区"来实现自己的需求。

从这里可以看出，纠正孩子过度崇拜明星的途径，是妈妈们在现实中给出建议和充满爱的关心。有一个初三的女生，也因为过度崇拜明星而让妈妈大伤脑筋。

这个女孩是某个组合的忠实歌迷，她连早餐都舍不得吃，所有的零用钱全用来买这个组合发行的唱片了。妈妈告诫过她，也批评过她，但是根本没有用，于是只好求助心理老师。这位心理老师先是让她谈谈自己的偶像，因为这是孩子感兴趣的话题；只有孩子愿意开口，谈话才可能进行下去。接着，心理老师让她谈自己的妈妈，然后问她：假如她在学校忽然病倒了，偶像和妈妈谁会去医院看护她。这个问题能引导孩子反思自己崇拜明星到底值不值得。

心理老师的这套方法，能给妈妈们这样的启发：和崇拜明星的孩子对话时，指责只会让孩子感到伤心，进而激起逆反心理。只有引导孩子思考崇拜明星并没有他所想象的那种好处时，他才能做出正确的决定。

当孩子意识到他的行为不妥时，妈妈们也不要指望他当场就砸了偶像的照片，烧掉明星的海报。这不太可能，因为这些耗费了他大量的时间和金钱，他无法一下子处理好认知失调的问题。所以，他只能在接下来的生活中努力克制自己少给妈妈制造麻烦。而妈妈们也最好适时送给他喜欢的与明星有关小礼物，这是让孩子感动的机会。当孩子感受到妈妈的伟大时，便会自动割断对明星的崇拜之情。

妈妈应该知道的

- ◇○ 青春期的孩子普遍崇拜影视、体育明星，有的甚至达到了病态的程度，并且初中生最多，而且一般男生比女生更普遍。
- ◇○ 孩子崇拜明星在15岁左右达到顶峰之后，会随着年龄增长而逐渐冷却。所以只要孩子不是高度崇拜明星，你就不必过度担忧。
- ◇○ 从孩子崇拜的影视明星类型，可以看出孩子当前的心理状态。如果女儿更喜欢男性化的影视明星，表明她可能已经恋爱或准备恋爱了。如果她崇拜的明星女性化，表明她可能对性有负面评价。如果她喜欢影视明星的女性化特征，则意味着她目前还不打算谈一场恋爱。

做事拖拖拉拉

"我儿子做事总是磨磨蹭蹭的。他有个坏习惯,说了马上去做,但就是一直不动手。"一位妈妈咨询心理老师时说,"我都快头疼死了。学校布置的作业,他总要拖到睡觉前的最后一刻,并且要我反复催促才极不情愿地完成。周末让他打扫自己的房间,拖到天黑也不见动静。我和他爸爸都是急性子,不知他这脾气从哪里学来的?"

心理学家把这种不按时完成任务的心理称为"消极的拖延",这种现象在青春期的孩子身上相当普遍。有75%的孩子表示自己有过拖延行为,其中的40%有拖延习惯。所以,这位妈妈的担心很具有典型性。

孩子拖延的两大原因

是什么原因导致孩子做事拖拖拉拉呢?妈妈们可能认为这是因为孩子懒,或是不想做。事实真是如此吗?

心理学研究发现,孩子拖延的原因主要有两个:首先是害怕失败,其次是决心不强。前者的拖延习惯属于逃避型。这种孩子非常在意别人对自己的看法，所以很害怕失败。这种现象在不擅长写作文的孩子身上最普遍，往往是提起笔想了很久，却一个字也没有写，于是会放下笔（等灵感），拖到最后再来完成。

总的来说，害怕失败是中小学生拖延的重要因素。如果孩子对自己的能力不自信，他就会尽力逃避，即使是必须完成的任务，也尽量拖延。害怕犯错，担心不能满足他人的期望，过度在意别人的评价，所以拖延或逃避任务，以便为自己辩解："不是我能力不行，而是时间太紧，或是安排不当。"

逃避型拖延者往往是完美主义者。

决心因素导致的拖延习惯，属于决心型。我们成年人拖延时经常会说："我一直就打算抽时间来做这件事，但总是在最后关头才发现还有更重要的事得做。"这种想法孩子也有。每次接受任务时，孩子都觉得时间很充裕，所以不肯下定决心马上去做。妈妈提醒该做作业了，孩子总是那么几种回应方式："知道了，马上去做。""我会做的。""我自己会处理的。"

要不要监督拖延的孩子？

给青春期的孩子学习的自主权，让孩子自我主导学习的方式看上去很美好。但是这个阶段的孩子自我控制力差，如果给了他太多玩的机会，他就会把作业拖到最后。

如果他一拖再拖，妈妈问他是不是不愿做，他会马上否定："啊，我忘了。"如果妈妈在一旁监督，他会字迹潦草、粗心大意地完成，因为时间紧迫。如果妈妈不监督，他就会："啊，还有那道题没做。来不及了，不做也没关系的。"这种情况在孩子写假期作业时最为常见。由于妈妈们只要求做，但没有具体要求做多少，结果孩子每天都完不成，一直拖到开学前一两天。这时，妈妈们可以这样和孩子沟通。

妈妈：你说自己会学习的，所以妈妈也挺相信你的。但是好几个老师都说你经常不交作业。他们说你看起来挺听话的，但不明白你为什么不写作业。他们觉得你好像是想通过故意不交作业来表示你根本就没把他们放在眼里。

孩子：当然不是啦。

妈妈：那看来是你写作业时很需要妈妈和你一起了。

孩子：我都说了自己能完成的。

妈妈：那你不写作业是时间没安排好，还是作业太难了？你能给妈妈说说是为什么吗？

孩子：其实也没有什么。时间早的时候说等一会儿写，谁知道后来又有其他事情要做，到了晚上玩一下就困了，所以就去睡了，完全忘记了作业还没写。第二天老师收作业时才想起来，可是没时间了。

妈妈：那从现在开始，妈妈给你制订一个学习计划表，并且每天晚上8点你都把作业先给妈妈看一下。妈妈看你的作业，你的心情可能不好，但也总比老师们误会你好吧。

拖延习惯会导致孩子认知失调。他不想完成作业，但完不成作业时他又相当后悔当初没有及时采取行动。"我真不该在学习时间玩游戏，不然我现在早就写完作业了。"虽然孩子也为自己的拖延习惯痛苦不已，但是无法改变。因为拖延习惯使孩子在遭受内疚折磨的同时，又享受着莫名的快感。

我经常听到一些妈妈说，要纠正孩子的拖延习惯，妈妈的监督非常重要，因为心理学研究证实，孩子自律的效果远不如有妈妈监督。所以，如果孩子做事拖拖拉拉，妈妈就应该在一旁督促他。妈妈在旁边陪着，孩子就能集中精力专心做事。通过这种方式，孩子能体会到，只要专心写作业，在很短的时间内就能完成拖了几天的作业。

这种观点对不对呢？其实监督只对那些决心型拖延的孩子有效；对于

逃避型拖延的孩子，妈妈在一旁监督反而会加重拖延程度，因为孩子拖延不是意志不坚定，而是自信心不足。如果任务太难，他怕失败；任务简单，他又要追求完美。这时，妈妈们要努力说服孩子，一点错误都不犯是不可能的。

如果任务实在太难，妈妈们要引导孩子将其分割成许多小目标，并为每个小目标设定期限。每天完成一点，切不可一天拖一天。每天完成一点内容，既降低了任务的难度，又可以在取得进展的同时获得自信。

> 孩子做事拖拉，妈妈要不要监督他？
> 1.决心型拖延：妈妈可以在旁边监督。
> 2.逃避型拖延：监督只会加重拖延。

培养孩子做事设定目标的习惯。对多数孩子而言，拖延并非时间不够，或是计划不当，而是根本就没有具体的计划。目标会引导孩子专注于任务。如果没有设定目标，孩子的注意力就可能转移，或者不断地拖延。

设定目标的基本原则

根据心理学家的建议，妈妈们在指导孩子设定改变拖延习惯的目标时，应遵循如下基本原则：

原则1：目标有针对性

妈妈们很容易将孩子改掉拖延习惯的目标换成提高学习成绩，结果导致孩子的成绩有所提高，但拖延现象并没有得到改变。因此在设定目标时，一定要注意不能将提高成绩等同于改掉了拖延习惯。

原则2：目标的难度为中等

很多妈妈急于求成，希望孩子几天就改掉拖延习惯，如果孩子达不到，马上把目标降到最低，最后不了了之。只有中等难度的目标，孩子才能看到克服坏习惯的希望，从而有信心坚持下去。

原则3：长期目标和短期目标相结合

相对于长期目标，短期目标更能有效改变拖延习惯。短期目标的指令要明确具体，比如"从现在开始30分钟不能玩，专心做完语文作业""这40分钟内只能复习这一课的英语单词，记住后才能去做其他事情"。但改变拖延习惯，需要一个漫长的过程。

原则4：拟定达到目标的策略

比如要求孩子必须完成作业后才能玩，在写语文作业时，不能在查询资料时看到另一件有趣的事情，就跑去一看究竟。觉得那件事很有意思，可以用笔记下来，等完成该做的事情后再去看。

原则5：记录、评估和反馈执行情况

妈妈们不但每天和每周都要记录孩子拖延的情况，以拖延次数和时间长短为衡量标准，并且还要预估第二天和第二周，以及当月的拖延情况。反馈不要使用这周拖延了多少次，一次拖了多久等概念，要以直观的图表展示出来，曲线或对比柱形图表也是不错的选择。这样孩子更容易看到自己的进步，因此会更有信心。

原则6：强化孩子对目标的承诺

青春期的孩子责任心较弱，所以妈妈们最好和孩子有书面协议，口头协议的效果很差，因为孩子对于无形的东西很容易忽略。再次提醒，物质奖励是种非常有害的方式，衷心地称赞和肯定才是孩子更需要的。

另外，妈妈们也要指导孩子进行时间管理。可重点关注这几个问题：孩子起床、睡觉的时间是不是固定的？从学校到家的时间是不是固定的？周末是不是也和平时一样？因为拖延不是独立事件，它会蔓延到生活的各个方面。

妈妈应该知道的

◇○ 孩子有拖延习惯，的确可能是决心不强，但这在儿童期的孩子身上较为明显。对于青春期的孩子而言，尤其是有完美主义倾向的孩子，害怕失败也是拖延的重要原因。

◇○ 监督并不适合于所有有拖延习惯的孩子，它只对决心不强的拖延有效。对于逃避型拖延习惯，监督反而会加重拖延程度，原因是这种拖延不是决心不强导致的，而是信心不足。

◇○ 帮助孩子设定切实可行并且可随时评估的目标很重要，这种方法无论是对于逃避型拖延，还是决心型拖延都有效。同时还要指导孩子进行时间管理，因为拖延习惯会从一个领域蔓延到其他领域。

抽烟真的很酷

下面这个场景,很多妈妈都非常熟悉,因为很可能在收拾孩子的房间时,偶然间看到书桌上有个打火机。等到孩子放学回家后,妈妈便开始问儿子:

妈妈:你是不是在抽烟?
儿子:不知道妈妈在说什么。
妈妈:你拿打火机做什么?
儿子:什么打火机?
妈妈:这个,妈妈给你收拾房间时从你的书桌上拿的。
儿子:这个啊,朋友的。他过生日,让我给他点蜡烛。点完蜡烛,随手就把它放在口袋里带回来了,忘了还给他。
妈妈:真的?妈妈还以为你在抽烟。现在总算放心了。
儿子:知道了。

似乎一切都风平浪静了。没想到几天后又在给儿子洗衣服时忽然闻到了一股烟味。孩子放学回到家,妈妈一把将他拉过来。知道孩子抽烟时,妈妈们都很生气。

妈妈：你骗妈妈，说打火机是朋友的。你在抽烟。

儿子：妈妈就是不肯相信我。

妈妈：今天妈妈洗你的校服时，闻到一股烟味。

儿子：妈妈弄错了吧，估计是因为和爸爸的衣服放在一起才有味的。

妈妈：今天根本就没洗你爸爸的衣服。

儿子：想起来了，昨天遇到朋友的爸爸开车接他，所以搭了顺风车。你不知道，他爸爸是个老烟民，车里总是一股难闻的烟味。

妈妈：还不肯承认？

儿子：妈妈，你还在怀疑我？你看看你儿子，像抽烟的那种人吗？

青春期的孩子为什么要抽烟？

妈妈们发现孩子抽烟需要一段时间，因为孩子会想出很多办法来隐瞒抽烟这件事。记得当年我上初中时不少男生都抽烟，尤其喜欢在课间休息时跑到厕所去抽。如果在教室里抽，就会站在窗边，边抽边用作业本扇。因为被老师抓住的后果很严重，轻则警告处分，重则留校察看。在青少年看来，被处分是非常没面子的事情。所以，只要当时自己手里没有烟，一般都是不会承认抽烟的。

这种情况到今天也没有改变多少。今天的孩子们抽烟，即使被抓了现行，也会先否认。这时，很多妈妈都开始指责孩子不学好，而不思考孩子为什么要抽烟。

我询问过很多抽烟的中学生，他们都说开始抽烟时非常难受，要是没有抽烟同学的怂恿，肯定不会再抽一口的，更别说能坚持下来了。我问他们现在抽烟的感觉怎么样，他们说没感觉，只是觉得抽烟在别人眼里应该是件很酷的事情。青少年抽烟的这种心理与大学生酗酒如出一辙。

在普林斯顿大学这个古老庄严的校园里，有一个特别的传统：许多由年轻学子组成的社团中，酒占有非常重要的地位。这些高智商的学子并不觉得喝酒本身很酷，他们也觉得喝酒非常难受，并且也目睹其他学生因为狂饮导致成绩一落千丈、行为怪异，但他们都认为其他人觉得酗酒很酷。所以，虽然有这些惨痛的经验，但他们仍然会去参加豪饮聚会。

同样的，孩子偷偷地抽烟，并不是他觉得抽烟很舒服，而是他认为别人觉得抽烟很酷。孩子们为什么会这样想呢？

这是因为心理学研究已证实：我们的自我意识并不是别人实际上如何评价我们，而是我们觉得他们如何评价我们。但这只是一种错觉。部分人可能觉得抽烟很酷，但多数人非但不觉得酷，相反，觉得抽烟是种令人讨厌的行为。

爸爸和老师的影响也不容小视。在儿童时期，爸爸和老师是孩子的崇拜对象，如果这时孩子觉得爸爸或老师抽烟很酷，很有个性，那他进入青春期后就可能模仿。为了表现得有个性，有些孩子甚至不惜伤害自己的身体。比如有一位妈妈说，她儿子不但抽烟，还用烟头在胳膊上烙下一个品字形疤痕，并以此为联络其他中学生烟民的信号。

同伴的影响甚至可能超过家庭的影响。根据心理学上的"社会传染理论"：行为或情绪会以类似于"多米诺效应"的方式在某个群体中传播。所以，无论是离婚、结婚、性行为，还是抽烟，只要最好的朋友经历了，其他人很快就会受到影响。

正因如此，如果你的孩子所处的朋友圈子中流行抽烟，那他抽烟只是迟早的事。尤其是你的孩子还小但他的朋友都比他大时，他抽烟的可能性就更大。因为团体意识会迫使年幼的学生抽烟：想得到同伴的认可，最简单的办法就是模仿他的行为，而这时的孩子非常需要

孩子抽烟的几种原因：

1. 觉得别人认为抽烟很酷。
2. 爸爸或老师的示范作用。
3. 寻求同龄人的认同。
4. 受身边朋友抽烟的影响。
5. 情绪抑郁。

同伴认同。所以,五六年级是青少年吸烟的第一个高峰期。

还有一种情况是,青春期性发育提前或延后,都会使孩子承受很大的心理压力,这时往往通过吸烟来缓解压力。心理学研究发现,人类具有用尼古丁来缓和抑郁情绪的本能。这就是说,越忧郁的人,对香烟的依赖程度越深。另外,妈妈们还应知道一个重要的事实:烟瘾越大的人,越可能患上抑郁症。所以,妈妈们帮助孩子戒掉烟瘾是非常有必要的。

如何让孩子成功戒烟?

妈妈们在帮助孩子戒烟时,不能使用暴力。有些妈妈知道孩子抽烟后,就暴打孩子一顿。这只能使孩子暂时戒烟,或者抽烟时更隐蔽。采用完全不给孩子零用钱的办法,也不可取。孩子没钱买烟时,可能采取盗窃或抢劫等犯罪手段。

帮助孩子成功戒烟的关键,是根据孩子吸烟的原因制订相应的策略。相较于成年人戒烟,孩子更容易戒掉,因为多数孩子并没有对尼古丁形成依赖,而且吸烟的时间不长,戒烟不会导致认知失调。成年人戒烟难的主

要原因，是无法处理好认知失调心理。（吸烟真的那么有害吗？我都吸了几十年了，难道我是个笨蛋，连这都不知道？所以，吸烟的害处并不大。）

帮助孩子戒烟时，首先妈妈们要告诉孩子，抽烟并不酷，而且还令人讨厌，尤其是最令异性同学讨厌。青春期的性意识萌芽，使得孩子尤其重视异性同学的评价。

其次，父母要起到示范作用。有些父母自己吸烟却要求孩子戒烟。这相当于嘴里叼着烟，却大谈香烟对健康的危害。如果爸爸吸烟，妈妈可以制订一个父子戒烟计划。心理学研究表明，结伴戒烟的效果比独自戒烟的效果好得多，因为这能使他们相互监督，相互比较。美国的戒酒互助协会之所以有巨大的影响力，就是因为结伴戒瘾效果奇佳。

再次，妈妈们要帮助这个圈子的孩子一起戒烟，或是努力帮助孩子建立新的社交圈。只有孩子的同伴不吸烟了，你的孩子才可能彻底戒烟。比如可以和孩子同伴的妈妈们联合起来，采用交叉监督方式：向孩子们宣布，每个吸烟的孩子都要写出自己最讨厌的同学。如果被发现抽一次烟，妈妈们必须将他的一半零花钱支付给监督人，这笔钱将由他最讨厌的那位同学自由支配。把自己的钱给"敌人"会让人非常痛苦。

这种方法已经在减肥行动上取得了极大的成功，现在也有心理学家用它来帮助人们戒烟。

如果孩子的戒烟取得成效，妈妈们要加强鼓励。即使一时没有效果，妈妈们也不能放弃，不能经常批评孩子，毕竟有些孩子吸烟可能是为了缓解抑郁症状。如果是这种情况，妈妈们应想办法减轻孩子的压力，而不是不断给他施加戒烟的压力。

> 妈妈帮助孩子戒烟的策略：
> 1. 认知失调法：告诉孩子抽烟并不酷，异性最讨厌抽烟的人。
> 2. 父子互助法：如果孩子的爸爸抽烟，则制订一个父子戒烟计划，两人结伴戒烟。
> 3. 捐钱法：让孩子写出最讨厌的人，每抽一次烟，就得把自己的钱给对方随意花。

妈妈应该知道的

- ◇ ○ 孩子抽烟不是因为喜欢抽烟，而是他以为同龄人觉得抽烟很酷。所以，你要明确告诉孩子，其实异性同学都非常讨厌抽烟的人，这有助于处于青春期的孩子主动戒烟。
- ◇ ○ 五六年级是青少年吸烟的第一个高峰期，如果孩子的玩伴都比他大，那么他吸烟的可能会更大，因为想得到同伴的认可，最简单的办法就是模仿同伴的行为，而这个年龄段的孩子非常需要同伴认同。
- ◇ ○ 帮助孩子戒烟时不能使用暴力。打孩子只能使孩子暂时戒烟，或者抽烟时更隐蔽。而不给零用钱，孩子可能会去盗窃或抢劫。
- ◇ ○ 想让孩子成功戒烟，你不但要起到示范作用，相互监督戒烟，还要帮助孩子建立一个没人吸烟的新朋友圈子。和孩子约定，他每吸一次，就将原本属于他的零用钱给他最讨厌的同学自由支配，也能增强孩子戒烟的决心。

我们班好多人在谈恋爱

一个刚上六年级的女孩告诉正在厨房切菜的妈妈:"妈妈,我们班好多人在谈恋爱。"这位妈妈好像被马蜂蛰了一下,神经一紧,条件反射式地问:"你没谈吧?"孩子赶紧采取攻击性的方式进行否认:"妈妈你为什么不相信自己的女儿?"

"不是妈妈不相信你,是妈妈担心你。"妈妈开始为自己辩解,然后夸奖了孩子一番。

这些答案是孩子需要的吗?

她为什么突然要告诉妈妈这个问题呢?这是母女之间的正常对话,还是孩子投石问路的一种策略?

听出孩子说话的弦外之音

很多妈妈承认,孩子说出"我们班好多人在谈恋爱"这句话时,没有触动自己这方面的神经。现在回想起来,孩子的目的非常明显:投石问路,看看妈妈对早恋的态度,以便做出相应的策略。如果妈妈很警觉,孩子以后就更谨慎，妈妈比较开明呢，那孩子大可放心地和妈妈交流这方面的心里话。

这让我想起了一次去国家博物馆看意大利文艺复兴时期的名画展览。大家都拿着手机偷偷拍照时，站在我身边的一个八九岁的女孩大声说："真搞不懂，这么烂的画有什么好拍的？"她的妈妈很难堪，赶紧说："不能这样评价世界名画。"

孩子为什么会贬低一幅名画呢？是她真的不懂绘画艺术吗？

当然不是。这不过是她投石问路的一种策略而已。心理学家把它叫作"投射"，是一种常见的心理防御机制。它最典型的表现形式是：将自己的内心想法说成是别人做的事，以保护自己不受到伤害。比如贬低名画的小女孩，由于她很担心如果自己画的画很难看，别人会怎么评价，于是故意贬低一幅名画。现在她得到的答案是，人们不能贬低好画，但如果自己画得很糟，那待遇就不同了。所以，这个女孩以后很可能不会再对绘画感兴趣了。

同样的，孩子说班上很多同学都在谈恋爱，其真实意图是想知道，如果自己谈恋爱，妈妈知道了会不会责备自己。孩子为什么会这样做呢？她说这话的弦外之音是什么呢？肯定是班上有她喜欢的男孩。妈妈们想听出孩子话语的弦外之音最关键的一点是：青春期的孩子不会只陈述事实，通常是为了表达情感。

正确对待孩子发出的早恋信号

进入青春期后，孩子们都希望获得异性关注，所以孩子想和异性交往完全是正常的。小学生中流传着这样一首打油诗："一年级的小偷二年级的贼，三年级的美女没人追，四年级的帅哥一大堆，五年级的情书满天飞，六年级的恋人一对对。"

心理学家认为,孩子过早恋爱,本身并没有什么问题,是妈妈没处理好这种关系,从而引发了一系列的问题。通常,妈妈认为孩子过早恋爱完全是孩子的问题。但是,早恋的孩子大多缺乏家庭关爱。比如单亲家庭、父母关系不和谐、忙于工作对孩子关注少,孩子过早恋爱的可能性就越大。在家庭中得不到温暖,孩子就会从家庭外寻找心理需求。所以,中小学生恋爱的目的,不是寻找人生伴侣,而是寻找知心朋友。如果妈妈能成为孩子的知心朋友,那他不必通过恋爱来缓解压力、倾吐心声了。

孩子向妈妈们投石问路,说明他还是相信你的,认为你能成为他的知心朋友。但如果妈妈们没能处理好这个问题,那么孩子将在你们之间竖起一道坚固的心墙。他曾想把通往他内心的钥匙给你,但被你拒绝了,而后当你再想获得这把钥匙时,孩子会明确地告诉你已经不可能了。所以,把握第一次机会非常重要。不过很多妈妈并不知道该怎么做。比如一名高三女生回忆初二时她和妈妈关于这个问题的第一次对话:

女儿:妈妈,我们班好多同学谈恋爱了。

妈妈:你是不是也有这种想法?千万别去做。看看你表姐,就因为早恋,没考上重点中学,结果呢,大学也没考上,现在找份工作也难。她还在后悔当年不该谈恋爱。喜欢她的那个男生早就离开她了。

这番话让这个女孩对恋爱产生了恐惧心理。她担心有男生喜欢她,所以几年来一直把自己打扮得很普通。她觉得自己越土气,男生便越不可能喜欢她。她甚至不敢看男生,走在路上都不敢回头,因为担心会与某个男生目光接触,让男生误以为她在看他,害怕男生喜欢她、追求她,因此而影响学习、葬送前途。

可是现在她心里很凌乱,因为班上有个她很喜欢的男生主动发给她一条短信,还想约她出去散步。她非常希望和他去散步,但又担心和男生交往就是早恋,这样会荒废学业。妈妈的话,让这个单纯的女孩患上了早恋恐惧症。所以高考在即，她的内心却异常焦虑，最后只得向心理医生求助。

还有一位妈妈则采用更过激的手段，将男孩的家长告上法庭，理由是他们没有管好自己的儿子，使得她女儿的成绩直线下滑。结果，由于双方父母的强烈反对，这对小恋人相约离家出走。

相对于这两种不妥的处理方式，有一位妈妈的方法值得借鉴：

儿子：我们班好多同学都在谈恋爱。

妈妈：你肯定有喜欢的女孩了，只是你担心谈恋爱妈妈会不高兴，会像其他同学的妈妈那样骂你，甚至打你一顿。妈妈向你保证，妈妈不会那样做的。妈妈只是有点好奇，她是如何博得你的好感的。

儿子：其实我也不知道她喜不喜欢我。

妈妈：你肯定为这件事很烦恼。以后有什么烦恼，都可以告诉妈妈。

儿子很满意。妈妈既没有批评儿子，也没有鼓励儿子，她只是维持了儿子对她的信任，保证了儿子以后愿意把心里话告诉她。这非常重要。如果孩子不肯跟你谈心，你时刻都处于担心状态。看到别人家的孩子早恋怀孕，或是离家出走，你就担心自己的孩子会不会也那样，因为你对自己孩子的内心想法一无所知。

孩子已经恋爱了怎么办？

发现孩子已经早恋了，妈妈们通常都会采取这些措施：不许孩子接电话，接送孩子上下学，请老师出面干预，要求对方家长管好自己的孩子，向心理老师求助，总之，凡是能阻止小恋人来往的办法，都可能用上。

但是，心理老师并不会协助她们，使孩子马上断绝与对方来往。他们一般会指导妈妈们，如果发现孩子已经恋爱了，不要想着去指责或拆散他们，那只会把事情弄得没法收拾。公开反对孩子早恋，只会把妈妈与孩子的关系推向对立。

这时妈妈们要反思自己平时对孩子的态度，问自己："是什么原因导致孩子非得去家庭外寻找温暖？"这样能让妈妈们更理智地意识到，自己最应该做的，是努力修复与孩子的关系，重新赢得他的信任。只有这样，孩子遇到困难时才会向你吐露真话。

妈妈们同时要告诉孩子，尤其是女孩，恋爱并不是到了一定程度就只有性了。过早发生性关系，反而会阻碍你们进一步的相恋。如果在这个问题上与男朋友的意见冲突时，要记住一点：一个值得去爱的男孩，首先他会爱你胜于爱他自己，如果你的选择是慢慢来，那他一定会等你。如果他说不同意发生性关系，就表明不爱他；既然不爱他，那还不如分手算了。这时你要记住，这是一种情感勒索，他是想控制你。所以，坚持你预设的底线，不仅能拒绝他的不合理要求，还能摆脱他对你的控制。

> **妈妈如何指导女儿面对男朋友的性要求？**
> 1. 坚持预设的底线：无论如何都不发生婚前性行为。
> 2. 勇敢面对分手压力：男朋友的性要求没有得到满足就提分手，是一种情感勒索，而不是他真的要分手。
> 3. 坚定地拒绝：让男朋友明白，无论他怎样说，都不可能答应和他发生性关系。

如何提防孩子给恋人发自拍裸照？

随着感情的升温和智能手机的普及，恋人之间难免会发一些私密的文字信息和暴露隐私部位的照片。妈妈们可能认为，发这种信息的只会是别人的孩子，自家的孩子不可能做这种事情。

但心理学研究表明，七成青少年都发送过性消息，八成收到过色情短信，而且这些短信中超过一半的内容包含全裸或半裸照片。因为青少年认为，发送性消息对求爱阶段和保持恋爱关系非常重要。并且，用智能手机发送这些短信和裸照，自己又不必和对方面对面，别人也不会知道，所以他们就更放心大胆地发送色情短信和图片，同时还觉得自己很酷。

因此，妈妈们务必告诉恋爱中的孩子，不要给男朋友或认为值得依赖的异性朋友发送自拍的裸照。

对妈妈来说，女儿给男生发送自拍的裸照是最可怕的噩梦。光是想想女儿拍下一张着装暴露的照片，然后发送给恋人，就感到害怕。例如，有个女孩为了表示自己爱男朋友，多次自拍裸照发给男朋友。但好炫耀的男朋友随手就转发给他的铁哥们。很快，这些照片便像病毒一样散播开来，一时整个学校都在议论她的行为。甚至还有人将她的照片上传到学校网站的论坛上，这样全校师生都看到了这些照片。最后，她选择了跳楼。

孩子在发送裸照时暗暗以为这只是属于他们的小秘密。少男少女只会给信任的人发送裸照，所以认为这些照片不会被泄露出去。可两人的关系一旦恶化，照片就会被发布到网上，如同病毒般散播开来。只要半天工夫，他的朋友、家人、老师甚至是陌生人都会看到这些私密的照片。

如果妈妈们禁止孩子发送裸体照片和视频，有没有效果呢？结果令人失望，因为发送色情短信已经成为一种常见行为，而青少年非常渴望和同伴保持一致，如果他的朋友们都在发送性消息，他便很难洁身自好。

那么，妈妈该如何与青春期的孩子讨论恋爱关系和社交媒体呢？

心理学家建议，妈妈应把精力放在鼓励孩子以尊重和自尊的态度对待恋人，应该爱惜自己的身体和名声。妈妈不但要提醒孩子发送不当图片会导致怎样的后果，而且还要让他意识到：性消息既不代表恋爱关系的确定，也不代表承诺，只会让别人抓住你的把柄。

但是，提醒孩子色情短信的危害并不总是起作用。所以，妈妈一定要和孩子保持交流，一旦出现问题，孩子可以向妈妈求助，而不会做出像割腕或跳楼等极端不理智的行为。

妈妈应该知道的

◇○ 孩子告诉你"我们班好多人在谈恋爱"，他的真实目的是投石问路，试探你对早恋的态度。如果你批评这种行为，可能让他对恋爱感到恐惧。

◇○ 孩子早恋是因为缺乏家庭关爱。在家庭中得不到温暖，孩子就会到家庭外去寻找。所以，中小学生恋爱的目的，是寻找知心朋友而不是人生伴侣。

◇○ 强行拆散早恋的孩子，可能引发"罗密欧与朱丽叶效应"——越反对，两人在一起的决心越强烈，最终把事情弄得没法收拾。

◇○ 孩子早恋时，努力保持孩子对你的信任，只有这样孩子遇到麻烦时才会跟你讲真话。

把脏话当口头禅

"我儿子说,如果不说脏话,同学们都排斥他,不和他玩。他想和同学们打成一片,所以不得不说脏话。"一位妈妈在电话那头对我说道,"我儿子小学时非常有礼貌,从不带脏字。但上初中后就开始出口成'脏'了,而且很粗俗。真担心别人以为我儿子是缺少教养。"

当孩子说脏话时,多数妈妈的反应是:"你不能说脏话。"殊不知,这种横加阻止的方式,意味着将孩子推向孤立。没有朋友的孩子内心非常痛苦。但放任孩子出口成"脏",又肯定是不行的。做妈妈的肯定为这种事情苦恼。

脏话是青春期孩子的交流方式

孩子进入青春期后,开口闭口都喜欢带些毫无意义的脏字,妈妈们可以在《麦田里的守望者》中感受到这一点。小说的主人公霍尔顿是个16岁的中学生,他所说的每一句话,都夹杂着一个毫无意义的"他妈的",或是动不动"那个杂种"。

这本书之所以深受青少年推崇，关键的一点是主人公的说话风格符合青少年爱说脏话的习惯。

青春期的孩子说脏话的现象很普遍，正如上面那位妈妈所说的，脏话已经成了孩子们的"生存语言"。无论是高兴、失望、郁闷或是无话可说，他们都习惯性地加上几个脏字。这些字眼不针对任何人，同龄人也不觉得有何不妥。比如我大学快毕业那年寒假回家过年，一个刚上初中的堂弟陪着我逛街，这时一个人从后来跑过来使劲在他肩上拍了一下："混蛋，你不是说今天不能来吗？骗老子。"我扭头一看，竟然是个和他年龄差不多的女生。

那女孩的妈妈在一旁吼道："说多少次了，不许说脏话。"

成年人很难想象，一个文文静静的女孩说话竟然如此粗俗。这种场面，如果把那个女生换成男生，说不定成年人以为这是一对仇人，马上就要打起来呢。但对青春期的孩子来说，这是一种友好的表达方式。当迅哥儿听到闰土毕恭毕敬地叫他"老爷"时，就明白他们的友谊已经结束了。

妈妈们肯定也有这种感觉，如果关系亲密，就不用在语言上有所拘束。因此，无论是青少年之间的交谈，或是战友之间的对话，都喜欢出口成"脏"。因为这两类人很少受到社会礼仪的约束，也比较能真实地表达情感。

如何引导孩子减少说脏话？

并不是说因为脏话是青少年的交流方式，妈妈们就应该任由孩子说脏话。当孩子说出某些脏话时，妈妈们要及时而明确地告诉他，这种话只适合很要好的同学，其他人未必喜欢，因为在许多人看来，这是脏话。所以，不能不分场合、不看对象地说出这样的话。

当有个男孩说了一句同龄孩子挂在嘴边的脏话后，他的妈妈立即做出了反应，引导儿子减少说脏话。

> 妈妈：怎么能随便说脏话呢？这种场合不能说那种话。
>
> 儿子：我哪有说脏话啊。
>
> 妈妈：妈妈刚才听到的那句话就是脏话。
>
> 儿子：那是你自己觉得吧，同学们都那样说。
>
> 妈妈：在好朋友中偶尔说是可以的，但这种场合不能说。我想你是不知道它的意思才这么用的吧。
>
> 儿子：说习惯了，没想过它是什么意思。
>
> 妈妈：现在妈妈告诉你它是什么意思。我想你知道后肯定不会乱用了……
>
> 儿子：啊，真没想过它还有这种含义，以后不说了。

为什么这样告诉孩子很有必要呢？这是因为孩子的想法和我们成年人有很大的差别。孩子并不知道说这种话有何不妥，同学们流行这么说，肯定是错不了的。他也不会去想这样的话本来是什么意思，觉得它们只是信手拈来的口头禅，没别的含义。

如果孩子喜欢说脏话，妈妈们应当场纠正。如果孩子声称同学们都这样说时，妈妈们要明确地告诉他为什么不能这样说，详细地讲解人们会怎样理解这句脏话。比如我刚上初中时，正值沿海城市开放，村里有很多人去广东打工，这些人钱没赚到，但带来了一个非常时髦的词：nice。由于发音不准，没人想到这是英文单词，还以为是广东方言，并且带性色彩，于是我们经常用它来嘲讽同学。后来知道它的真正意思后，同学们都不再说了，因为它根本就不是我们想要表达的意思。孩子说脏话也一样，知道它的真正含义后，也会自然而然地减少使用。

同时，妈妈们也要告诉孩子，脏话对人的伤害有多大。用刀划的伤口，随着时间流逝愈合了便会忘却，但脏话侮辱人格，会给人的心灵留下永久的伤痛。人们可能忘记谁打过他，但很难忘记谁侮辱过他的人格。

在引导孩子说正确的话时，妈妈们要注意自己的言行。有些妈妈教育孩子时理论一套又一套的，但和别人，甚至自己的丈夫、婆婆发生口角时，不但会带出生理器官，而且还会利用对方的生理缺陷进行人身攻击。这种行为对孩子的负面影响非常大，因为孩子的语气、语言习惯也像父母。妈妈们只要稍加留心就会发现，孩子经常说你曾反复使用的语言。

所以，妈妈们不仅要在孩子面前做好示范，少争吵，不辱骂，而且在批评孩子说脏话前，也要多想想自己平常是不是带着火气对孩子说过脏话。

> 妈妈可这样引导孩子少说脏话：
> 1. 孩子说脏话要当场纠正，并告诉他所讲脏话的具体含义。
> 2. 告诉孩子脏话对人格的伤害有多大。
> 3. 妈妈自己要注意言行，不在孩子面前骂街或骂人。

妈妈应该知道的

◇○ 青春期的孩子之所以爱说脏话，是因为这是他寻求同龄人认可的方式，所以不管原因地强制孩子不说脏话，可能使孩子被孤立。

◇○ 引导孩子少说脏话时，你的示范十分重要，尤其不可带着脏话批评孩子说脏话。另外，公开场合的争吵、夫妻之间的对骂，都会给孩子带来负面影响。

◇○ 孩子说脏话可能是觉得时髦，并不针对任何人，也没有任何意义，这时，告诉孩子注意说话的场合，能减少孩子说脏话的次数。

◇○ 孩子说某些脏话，是因为不清楚它们的真正含义。所以，让孩子知道脏话的意思很有必要。

忽然厌学了

一个初二的男孩有一天忽然总是说不想上学了,老师也打电话说他最近好几次都早退了,而且毫无原因,有一天甚至在上课时假都没请拎着书包就走了。妈妈问他,他只说是不爱学习,讨厌学校生活,即使考上大学,人生也不会有所变化。显然,这不是孩子的真实情况。

而另一位妈妈也遇到了类似的问题。刚放完五一假,她那上初一的女儿就嚷着要退学,死活不肯去学校。"为什么不想去学校了?"妈妈气愤地问,"是不是这几天玩得心都收不回来了?"妈妈又是骂,又是劝,孩子还是不肯去。她不去学校的理由明显不成立,而且前后矛盾:一会儿说学校不好,一会儿又说上学没意思。

孩子不愿上学的真正原因

孩子为什么突然就不想上学了呢?我询问了许多妈妈,答案主要有学习压力大、失恋、感觉在学校不自由、受人欺负、没完成作业怕老师批评、做了丢脸的事或是成绩差而认为无论如何都考不上好大学等。

这些理由成立吗？表面上看是这样的。但妈妈们想一下，学校有更多吸引孩子的东西，比如他的社交圈子在学校，如果离开学校，就意味着没有朋友了。青春期是孩子最需要得到同龄人接纳的阶段，所以，只要朋友这条联络线没有断开，孩子是不会主动离开学校的。虽然他可能讨厌学校的某个同学或某位老师，但不至于想离开那里。

因此，当孩子不想去学校时，妈妈们一定要注意孩子的社交圈子。比如新入学的孩子没几天就想退学，可能是他的朋友都不在这所学校，而新同学又不肯接纳他。

如果孩子是在中途才想退学，而且态度很坚决，那很可能是受到重大的感情创伤，比如失恋，比如自己喜欢的人被好朋友"抢走"了。如果妈妈们说退学不行，他说那就转学，则可能是他经常被人欺负，或是对老师和同学感到失望。当初我的侄子说"五小"比他们"四小"更好时，我问他是不是想转到"五小"去，他马上说不想去"五小"，因为他的朋友都在"四小"。这表明孩子不会轻易离开自己的学校。

至于前途问题，青春期的孩子考虑得不多。所以像"成绩差，再读下去是浪费时间""讨厌学校，不爱学习"之类的话，都不是真正的理由，很可能遇到了一些比较伤自尊的麻烦，比如被某个孩子刁难，这种事情讲出来很丢脸，所以他就把焦点转移到别的事情上去。

再如孩子所说的没完成作业，怕老师批评。表面上看这个理由好像是成立的，但其实这也不可能发展到讨厌学校的地步，最多是讨厌某位老师，这种情况可能导致孩子某天突然不想上学。但同时也说明，他在同学中间并不太受欢迎。如果他无话不说的朋友在学校，那他肯定比谁都跑得快。这种情况在谈恋爱的青春期孩子身上可以看到。如果你的儿子有女朋友，或女儿有男朋友，孩子一定是"去得早，来得晚"，都恨不得一直在学校呢。

所以，当孩子说他讨厌学校时，妈妈们要着手帮助他改善社交圈子。是朋友的原因，让孩子讨厌学校。这时妈妈们要见见班主任，因为班主任最了解孩子在学校的情况。

妈妈们询问孩子的班主任时，要具体询问孩子的校园生活是不是有什么困难。比如自己的孩子最近有没有和别的孩子打架，或是某位任课老师最近说起过自己的孩子，或是自己的孩子这几天是不是一个人玩。这样问得越具体，班主任才越可能回忆起你的孩子有没有异常情况，因为孩子那么多，不可能孩子们的每件事情都能引起班主任的注意。

> 孩子不愿上学的真正原因：
> 1.在学校没有真正的朋友。
> 2.在班上受到同学们排挤。

如果班主任不知道这些情况，妈妈可以看看孩子不愿去学校的时间，比如都在每周的同一天，或是一周有相同科目时不愿去学校，那说明孩子很可能是和某位任课老师有矛盾，这种情况孩子一般以装病来达到逃课的目的。如果孩子说不出不去学校的原因，可能是对异性比较担忧，比如我们前面所说的"早恋恐惧症"。

如果孩子想转学

青春期的孩子主动提出转学，释放出一个明显的信号：我在目前这所学校不大受欢迎，所以我想换个环境重新开始。

妈妈们想通过询问孩子的方式了解情况时，说话一定要充分考虑孩子的感受，站在孩子的角度看待这个问题。孩子坚持要转学，妈妈们直接否定只会激发矛盾。但按照孩子的意愿转学几乎不太可能。暂且不说这需要花费大量的时间和钱财，关键是费尽力气成功转学后，孩子也很难适应新环境。对于这个问题，妈妈们该怎么办呢？

妈妈们最不能说的话是："转学？怎么可能！你以为学校是妈妈开的，你想去就去啊。你就不能替妈妈考虑一下。转学是要花很多钱的，你想过了吗？还要托人找关系。"这种话一出，很可能招来孩子的强烈反弹："在你们眼里，就是钱重要，我什么都不是……"

所以，妈妈们只有先同意孩子转学的要求有其合理性，比如说："妈妈知道你提这样的要求肯定是有理由的。"因为这能让孩子觉得："妈妈是理解我的。"目的是缓和孩子的情绪。接着和孩子讨论转学和留下来的利弊，让孩子分条写出来。通过这个方式，孩子会不经意地说出讨厌学校的真正原因。这是因为列出新学校的好处太难，而坏处太容易。

	好处	坏处
转学	◇ 可以离开讨厌的学校	◇ 没有熟人 ◇ 不一定被同学们接纳 ◇ 老师们的水平不确定 ◇ 离家太远
不转学	◇ 好朋友们都在这里 ◇ 熟人多 ◇ 老师们的水平都清楚 ◇ 离家很近	◇ 孩子最先提出转学的理由 ◇ 为了说服妈妈而说真话

这样一列出来，孩子很容易看到留下来比转学更好，而且妈妈们要根据孩子所说的真话，采取相应的改善办法。事实上，孩子增加的转学理由，多数都是最初他不愿说的，因为他觉得让妈妈知道了很丢脸。

孩子说出真心话后，妈妈们不能说："哦，搞了半天你是因为这个原因想转学啊。"

这时妈妈们要告诉孩子，自己能帮助他解决这个问题。只要孩子说出了真实原因，接下来的事情就好办了，找班主任帮忙基本上能解决孩子遇到的所有问题。不过对于失恋这种极端事件，妈妈们还需要有更大的耐心逐渐开导，原则是不否定孩子的想法，不指责孩子，引导孩子理性看待分手问题。

妈妈应该知道的

◇○ 孩子经常不想去学校，表面上看是因为学习压力大、没完成作业、天气原因，或是想睡懒觉等，但真正的原因是孩子在学校缺少真正的好朋友，不被同学接纳。

◇○ 如果孩子说成绩差，再上下去也考不上好大学，所以想退学，你不要轻信。因为青春期的孩子一般不会以前途来衡量当前所做事情的价值。他想退学的原因，很可能是被人排挤。

◇○ 孩子经常在一周的固定时间逃课，表明他很可能是和某位老师关系不好，这时你要通过班主任和同学了解情况。

◇○ 当孩子坚持转学时，你不能向孩子诉苦转学的难度有多大，那根本不能说服孩子。他会认为你根本不爱他，不关心他的痛苦。让孩子将转学的利弊一一列出来，然后进行对比，这种方法能发现孩子想转学的真实原因。

总是担心做不好会丢脸

每逢学校有什么演讲比赛,有些孩子总是积极报名,而有些孩子却极力回避,甚至不敢与老师目光接触,因为担心如果老师误以为这是渴求的眼神,那就惨了。这种感觉我太熟悉不过了。

我初中时因为学习较好,所以有一次班主任要求我给大家讲讲学习经验。能在全年级师生面前露脸,换了有的孩子,会高兴得到处宣扬,唯恐有人不知道,但这对我绝对是个折磨。或许我真的能讲几句,但非常担心万一搞砸了,我的脸放在哪里?

这种心态一直持续到我读了心理学专业才得以改善。因为我得知,这是自我意识太强导致的错觉,在别人眼里,我没有自己想象的那么重要。

先让孩子做擅长的事

正处于青春期的孩子,总认为自己是世界的中心,是人们关注的焦点,自己的一举一动都受人关注。所以觉得绝对不能丢脸。前面说过,这是焦点效应在作怪。无论是自信的孩子,还是不太自信的孩子,都有这种思考错觉，只是不太自信的孩子会更严重，使得他们不敢在公众面前说话。

为了纠正孩子的这种错觉，妈妈不可这样告诉孩子："孩子，放心去讲吧，没有人在乎你讲得好不好，因为你没有自己想象的那么重要。"这会传递给孩子这样一个信息：你没有多大的价值。

否定价值会给孩子的自信带来巨大的灾难，因为孩子的自信完全建立在对自身价值的评估上。

那么，妈妈们要怎样才能帮助孩子克服在公共场合露面的恐惧心理呢？或者更深层地说，要如何才能让孩子变得更自信呢？尤其是孩子的性格本身就很内向时，这个问题更棘手。

内向的孩子在公众面前会不知所措，但对自己喜欢的事情，或是必须完成的任务，都能非常尽力地做好。所以，培养孩子的自信心，妈妈们可以先从孩子擅长的事开始。

孩子没有自信，与得到权威人物的肯定太少有关。比如，在儿童时期父母是孩子心中的权威。孩子虽然自信、勇敢地去做了，但因为方法不当或是其他原因最终失败了，父母不是安慰，而是打击："连这点事都做不好，你还能干什么？"或是"你这个笨蛋，真丢人。"

本来，不太自信的孩子，自我形象也是负面的。他经常会想："我是什么都做不好的孩子""我不如某某"。现在父母一次次不经意的打击，只会将孩子的自信心撕得粉碎。进入青春期后，因为变得更在意别人的评价，所以更没有信心勇敢去尝试了。正因如此，自我监控能力强的孩子，最缺乏尝试的自信。这种孩子成年后取得的成就也很少，缺乏创意，通常喜欢选择安稳无聊的生活。

而让孩子从擅长的事情着手，孩子顺利完成后容易获得别人的肯定。只有得到别人的肯定，孩子才能消除负面的自我形象。所以，当孩子顺利完成时，妈妈们需要反复表扬。要鼓励再鼓励，让孩子承认自己的优点，认为自己"我真的很特别""原来我也是很不错的孩子"。

我高中的一位同学英语很差，但数学很好，是班上的"数学王子"，所以在英语课犯困的他,一到数学课就活跃得很。因为他在英语课上只会受到老师的打击和同学们无心的嘲笑,而数学是他的拿手戏,不但老师会称赞他,同学们也会投来钦佩的目光。

如何让孩子在不擅长的领域更自信?

当孩子获得相当的肯定后,妈妈们要开始将训练过程转移到孩子不擅长的领域,否则不能帮助孩子突破自信的限制。这时,妈妈们要注意些什么呢?

首先是消除孩子的刻板印象带来的压力。

因刻板印象产生的压力,心理学上叫作"刻板印象威胁"。比如老师通常认为女生的数学、物理、化学能力不及男生,而男生的语文、英语能力比女生差,因此在训练儿子对语文、英语的自信心时,不能将他与女生进行比较。同样的道理,开始培养女儿对数学等理科的自信心时,不要拿男生来比较。

心理学家早已证实,如果考数学前老师告诉女生,考试是为了和男生比较数学能力,那通常女生都会发挥得很差。如果女生不知道考数学是和男生比较,而只是在女生间进行,那女生一般都能正常发挥。男生也有同样的现象。这种现象甚至在黑人和白人的智力测验上也存在,因为很多人都认为黑人的智力不及白人。但事实上这个结果可能是刻板印象产生的额外压力造成的。

其次,孩子在做不擅长的事情时,应单独进行练习。

这是我从外甥身上得到的启发。

我注意到,只要我一坐在外甥身边,看着他写作业,他就非常紧张,半天不肯下笔。而如果我不监督他，假装出去转一圈后回来，发现他已经把作业都写完了，而且还比较认真。

于是有一次我故意坐在他身边不走，他妈妈看他不肯写作业，问他为什么。孩子说我在看他。类似这样的话，可能你的孩子也说过，但并没有引起你的注意，说不定还招来你的一顿批评："看着又不妨碍你学习。不认真学习也不找个好点的理由。快写！"

或许妈妈们还记得，当年自己在数学考试中，如果监考老师站在自己身边，即使他并没有看自己，你也会非常紧张，总觉得可能是某道题做错了。这是因为我们在做不擅长的事情时，本身自信心就不足，而且又在意别人的评价，所以最后搞砸了。

其实，关于这个问题，很早以前美国著名心理学家扎荣茨就做过一个有趣的实验。他先让一只蟑螂在其他蟑螂看着的状态下走简单的暗室迷宫。这是蟑螂们经常干的事，所以蟑螂很快就走出了迷宫。接着，他把暗室迷宫设计得复杂，结果这只在其他伙伴眼皮下寻找出路的蟑螂费了半天劲才找到出口。

不擅长的事，习惯单独练习

这说明，同类在场会促进简单的、熟练的反应，阻碍复杂的、陌生的反应。后来有心理学家证实了人类也普遍存在这个现象：有别人在场，并且个人的表现将会得到评估的情况下，我们能在简单任务上表现得更好，而在复杂任务上表现得更差。

心理学家把这一现象叫作"社会促进效应"。这是因为别人的出现会让我们变得特别警觉和警惕，使我们对正在受到评价而感到焦虑，并使我们从眼前的任务中分心。这些心理都会消耗宝贵的认知资源，结果就导致了不能很好地处理自己不擅长的任务。

妈妈们也可以验证一下"社会促进效应"的威力。妈妈们可以这样试一下，你现在要写一篇作文，你写了一段后，孩子的爸爸走过来站在你旁边开始读，这时你写不下去了。奇怪的是，当他走开后，你又能动笔了。有些妈妈也许觉得是丈夫读的时候干扰了自己思考。但真正的原因，是你的底气不足，潜意识里害怕被丈夫嘲笑。当然，如果你本身是个作家，有个门外汉看着，你可能更是思如泉涌。

孩子写他不擅长的科目作业时也有和妈妈们一样的心理反应。因此，这时妈妈们要离开他的视线。聪明的妈妈们还可以从这个例子得到额外的收获：如果孩子成绩不太好，那么晚上就让他在家自习；如果孩子成绩好，就让他去学校自习，最好是参加学习兴趣小组。这种想法已经被很多心理学家用实验证明了是正确的。

"社会促进效应"也提醒了妈妈们在为孩子制定奋斗目标时，不能太高。有些孩子抱怨："妈妈当年没能实现的心愿，现在却要我去帮她实现，这太不公平了。她都办不到，为什么要求

> **孩子练习不擅长的事时，妈妈必须知道的心理学原理：**
>
> 1. 刻板印象威胁：不拿人们的一般印象评价孩子不擅长的领域，比如不说女儿天生数学差，或儿子的英语不好。
> 2. 社会促进效应：让孩子单独训练，孩子练习时不站在旁边看，不要求孩子参加学习小组。

我做到。我做不到。"

　　如果孩子每次都不能满足妈妈的期待，那他就会觉得妈妈会对他失去信心。所以，妈妈们给孩子定的目标既不能过高，也不能太低，关键是要与其他孩子的有不同之处，并不断真诚地称赞他；提升孩子的自信心，没有什么比赞扬更有效了。因为我们所有人都想得到别人的认可，觉得自己有价值，十几岁的孩子更是这样。如果某人真正关心他、认可他，那么他可以为了这个人改变自己，或是克服巨大的困难。

妈妈应该知道的

◇○ 孩子在公开场合或不擅长的领域不自信，是因为青春期强烈的自我意识让孩子觉得自己是别人关注的焦点，所以格外担心出错而丢脸。
◇○ 培养孩子的自信时，首先让孩子做擅长的事，因为孩子顺利完成后容易获得别人的肯定。只有得到别人的肯定，孩子才能消除负面的自我形象。
◇○ 要帮助孩子突破自信的限制，就必须引导孩子进入不擅长的领域。在这个过程中，首先要消除孩子的刻板印象威胁，其次要单独进行训练，因为孩子在做不擅长的事情时自信心本就不足，而且又在意别人的评价，所以旁观者会给他造成很大的心理压力。
◇○ 如果孩子的学习成绩一般，就不要逼他晚上必须去学校上自习，也不要求他必须参加学习兴趣小组。如果孩子学习好，那就鼓励他多参加学习兴趣小组，要他去教室上自习。这两种方式都能提高孩子的学习效率。

测试：自尊量表

本量由美国著名心理学家 Rosenberg 设计，适用于青春期的孩子自测。

以下有这些句子形容你对自己的感受，请勾选出最符合自己的选项，其中，1 = 很符合，2 = 符合，3 = 不符，4 = 很不符。

条目	1	2	3	4
整体而言，我对自己满意。				
*有时我会觉得自己一无是处。				
我觉得自己有不少优点。				
*我觉得自己值得自豪的地方很少。				
我能像大多数人一样把事情做好。				
*我常常觉得自己确实毫无用处。				
我觉得自己是个有价值的人，至少与其他人有一样的价值。				
我希望自己能够得到更多的尊重。				
*整体而言，我倾向觉得自己是个失败者。				
我倾向用肯定的态度看自己。				

评分及结果分析：

1. 所选数字表示该条目的得分；标有 * 条目反向计分：选 1 计 4 分，选 2 计 3 分，选 3 计 2 分，选 4 计 1 分；

2. 所有条目得分相加即为总分，范围是 10~40 分，分值越低，表示自尊程度越低，越可能让妈妈觉得叛逆。

PART 02 青春期，妈妈恐惧的真相

本章主要分析了青春期孩子逆反、精力不集中、冲动、情绪化等行为的根源，并为妈妈们提出了解决这些问题的具体方案。阅读本章之前，你可以先问自己下面这几个问题：

◇ 为什么妈妈觉得青春期的孩子叛逆？
◇ 为什么不要经常提醒孩子多学习？
◇ 你认为避免亲子战争的关键是什么？
◇ 为什么青春期的孩子爱冒险？
◇ 训练孩子的注意力时要注意些什么？

用殴打来教育孩子,不过和类人猿教养它的后代相类似。［马卡连柯］

青春期的孩子为什么爱犯错？

一位处于更年期的妈妈冲着高一的儿子大喊："要我说多少次，你才肯改掉毛手毛脚的坏习惯？"

"妈妈，别吼了行不行，我都说知道了。"儿子有点生气地回答，"你以为我愿意这样啊。"

当更年期撞上青春期，一个什么都要管，一个不想被管，所以上面这种场面不断在很多家庭上演。

青少年经常犯错的根源

妈妈们都有这种感觉，孩子进入青春期后，个头都快超过自己了，但是心理很不成熟，做事冲动，并且屡教不改。于是妈妈们指责孩子不听话，或是怀疑自己的方法不当。

首先，妈妈们应该明白，孩子经常犯同样的错误，主要原因并不是你的教育方法不当，也不是孩子非要和你对着干。妈妈们可能有点困惑了：既不是我的错，也不是孩子的错，那究竟是谁的问题？答案是孩子的认知判断力较弱。

孩子喜欢冒险或是模仿冒险活动,并不是他喜欢这些活动,而是这些活动能吸引别人的注意。但因为他的认知判断力弱,所以他们意识不到这样做的危险性。比如,在我家乡有条一百多米宽的大河,每年都会淹死几个中学生。

很早的时候,老人们说这是河神水怪的原因。小时候,一到秋天,父母就会告诉我们:秋天了,不能再下河洗澡了,因为有水鬼扯脚。当孩子们到了不肯相信有水鬼的年龄后,出了事故则怪罪学校的老师们管教不严。虽然一到夏天老师和家长都会禁止孩子们下河游泳,但仍改变不了每年都有学生淹死的事实。从20多米高的桥上跳入河中,能吸引大量的目光,尤其是同龄女生的尖叫声让处于青春期的男孩很亢奋,心理得到满足。

如此危险的举动,为什么这些中学生就意识不到呢?再说他们还有好多目睹的灾难作为鲜活的教训呢。

要解释这个问题,我们还得说说孩子对自己能力的判断问题。

心理学研究表明,青春期的孩子普遍会高估自己的能力。在单词记忆实验中,心理学家让父母和青春期的孩子分别看显示屏上的50个单词,然后估计自己在5秒内能记住多少。这个实验的目的,不是比较两者的记忆力,而是评估青少年对自己能力判断的准确度。

结果,父母们的预测比较准确,有近一半的父母能一个不差地写出自己估计的单词数目,另外一半人相差一个单词。而孩子们则不同,大约只有20%正确地判断了自己的记忆能力,其他孩子都大大高估了自己的能力。

类似地,青春期的孩子也会高估自己的水性。比如,当我们询问那些穿着短裤站在桥栏上准备往下跳的青少年,他们的水性如何时,大多数孩子都说自己能游两公里,但在当年的全城游泳健身大赛中,只有极少数人能达到这一目标,很多孩子还没游到五百米就体力不支了。

心理学家认为,如果对自己的能力预测与实际情况相差很大,就可以认为这个人缺乏对自己能力的判断力。为了准确衡量孩子的判断能力,妈妈们可以采用"同伴比较"的方法。心理学研究表明，如果孩子在"同伴比较"中表现得过分自信，那么他很可能高估自己的能力。

之所以限于与孩子的同伴进行比较，是因为他比较了解同伴们的能力。而和陌生人比较，孩子容易出现过度自信，或者完全不自信这两种极端情况。所以，妈妈们可以让孩子预测在即将进行的班级考试中的成绩排名位置，然后对照实际排名：如果孩子预测的排名明显低于实际排名，说明他不太自信；如果预测的排名明显高于实际排名，则表明他过度自信。

大量的心理学研究表明，多数青少年的判断力都较差，并且中等能力的孩子最可能高估自己的能力，因此也最容易犯错误。一般只有15岁以上的孩子，才会花更多的时间考虑危险举动的后果。

由于青春期孩子有热情和力量但是没有"刹车"，所以妈妈们一定要指导孩子正确评估自己的能力。

不敢犯错意味着什么？

因为判断能力不强，所以青少年对于比较擅长的事容易高估，并因此经常犯错，而对于不擅长的领域，往往又会低估自己的能力。这种情况下，青少年表现出不敢犯错。比如成绩中下等的孩子，可能在考试前感到很紧张，因为他觉得自己没有能力取得好成绩，所以每完成一道题，都会非常谨慎地一遍又一遍地检查，结果浪费了很多时间。

这种保守的行为会逐渐蔓延到其他领域，比如不敢尝试新的工作，害怕新的校园生活，不愿和陌生人交往。这样的性格显然不利于孩子的成长，也不利于孩子成年后的发展。

为了纠正孩子的这种行为，妈妈们可以先让孩子做些容易的事情，等孩子建立起自信之后，再鼓励他涉足不擅长的领域。在这个过程中，妈妈们应告诉孩子犯错是正常的,不敢犯错意味着不会获得突破。因为妈妈们这样说了之后,孩子尝试失败时不会产生太大的压力。

在巨大的压力面前,孩子不仅会变得不愿尝试,而且还会严重影响学习效果。有心理学家做过一个实验,让青少年解答难度非常大的字谜,然后告诉一部分孩子:失败是正常的,只要多练习,就能取得好成绩。而另一部分孩子没有得到这样的提醒。结果,在接下来测验孩子们的学习能力和智力时,得到提醒的孩子明显比其他孩子的表现好。

另外,当孩子表现得缺乏耐性时,比如要求孩子每天背半小时单词,坚持一个月,很多孩子都坚持不了。这时妈妈们应该理解孩子,这不是孩子的错,而是因为孩子和我们成年人的心理时间差别很大。

心理学家发现一个非常有趣的现象:孩子对时间的感觉,要比成年人慢3~6倍。妈妈们都有过这种感觉,小时候时间过得很慢,自己总是长不大,一旦过了30岁,就明显感觉到时间过得太快,有时什么都没做好,一年的时间就过去了。还有,食物刚下锅,年幼的孩子就会问妈妈"熟了没",因为他觉得已经过很久了。这种现象在青春期的孩子身上同样存在。例如,仅仅十天的时间,青少年就觉得有一两个月那么长。

学习就犯困,不学习就满血复活

上面这些问题都会导致孩子在成长过程中遇到很多麻烦。所以，对于成绩中等的孩子，妈妈们应经常提醒他，不能过高估计自己的能力，尤其是填报考试志愿或是设定学习目标，不能太好高骛远。如果孩子的成绩较差，妈妈们则要提高他的自信心，以免他陷入"低分，所以低能"的自我实现预言的恶性循环。

妈妈应该知道的

◇○ 青春期的孩子经常犯同样的错误，既不是因为你的教育方法不当，也不是孩子非要和你对着干，最主要的原因是他的判断力较弱。
◇○ 孩子爱模仿冒险活动，并不是他真正喜欢这些活动，而是因为这样做能吸引别人的注意，同时自己又意识不到这样做的危险性。
◇○ 成绩中等的孩子最可能过度高估自己的能力。判断孩子认知能力的方法是"同伴比较"：在同伴比较中表现得过分自信的孩子，最可能高估自己的能力。
◇○ 如果孩子的成绩较差，那么他可能会低估自己的能力，从而表现得自信心不足。这种孩子不容易犯错，因为不敢冒险，但也意味着他难以突破自己。

谁的青春不逆反？

"谁同意你把头发弄成这样的？还有你的指甲？"我的姑姑冲着她的女儿大叫。我这个表妹马上就要升入初三了。在暑假的一个周末，她和好朋友去美容店把头发染成了金色，还做了美甲。用她的话来说，终于可以趁着假期时尚一把了。

"赶快去把头发给我弄好，指甲油洗干净。谁说中学生能这样打扮？"

表妹一脸生气的样子。"现在又没开学。同学们都弄成这样，为什么就我不行？"她说完，哐一声把自己锁在房间里。

姑姑对着我叹了一口气："你说说现在的女孩子啊，哪像我们当年那样。真让人操心。还不敢说，一说她就生气，十天半个月都不跟你说话，除非是零用钱没有了。"

我问表妹为什么不肯听妈妈的话，她说："平时都是我无条件地听妈妈的话。我也有自己的想法，可是她根本不在乎我的想法。她一直把我当小孩，这让我在朋友面前很丢脸。"

"妈妈很多时候也做得很好吧。"

她的回答绝对超出妈妈们的想象："哪有啊！一年就一两次吧。我觉得她完全不用对我费心。"

孩子的话毫无顾忌，说不定妈妈们听了很伤心。但这就是孩子的真实想法。不要怪孩子心理逆反，谁没有经历过青春期？谁的青春期不都是这样吗？

青少年逆反，是妈妈们逼出来的

我到姑姑家观察表妹的行为表现时，发现表妹喜欢一个韩国的明星组合有两年了，尤其喜欢主唱的发型和所涂指甲油的颜色，所以利用暑假去了美容店。在她妈妈看来，如果用这种态度对待学习该有多好。但女儿不理会妈妈的心情，只关心自己的外貌。

表妹的梦想是当一名演员，而姑姑则期望女儿能主动地认真学习，考上重点高中，最后考上好大学。所以她看到女儿这身打扮，自然很生气。而女儿呢，则因为被妈妈唠叨，心情也很不好，完全不能集中精力学习。她心情不好时，就在笔记本上胡乱地画黑线。

这对母女的矛盾开始激化，是源于妈妈的一次失误。当时，妈妈把女儿的明星海报当垃圾扔掉了，女儿大哭大叫，要妈妈给找回来，甚至发展到绝食的地步。自此以后，妈妈意识到女儿进入了青春期，所以也想温和地对待她，但是在孩子面前音调就提高了，没能按预想的那样做。结果，妈妈和女儿之间的距离非但没有缩小，反而越来越大了。

妈妈们和儿子之间也有同样的问题。青春期的男孩抱怨最多的话是："妈妈总是让我学习、学习，我一碰手机、电脑，妈妈就说成绩这么差，还想玩？真的很来气啊。"

妈妈们也非常苦恼，为什么孩子就非得要经历这讨厌的青春期呢？

遇到这类妈妈，我会明确地告诉她，不但人类会经历青春期，灵长类动物也一样，比如红毛猩猩也有青春期。红毛猩猩是母系氏族社会，家庭的中心是妈妈。雌性红毛猩猩终生不离开家族群体，而雄性猩猩到了一定的年纪就必须离开群体，自己去寻找新的群体。发生这一变化的时期就是红毛猩猩的青春期。

红毛猩猩有严格的社会等级。比如，有食物的时候，都是地位最高的先吃，任何猩猩都不能随意加塞，所以社会地位高的猩猩进食前，其他猩猩不管多么饿，都得安静地等着。但是也有挑战这一秩序的家伙，那就是青春期的雄性猩猩。

进入青春期后，雄性猩猩就有来自家庭的压力。心理学家曾观察到一只小家伙离家出走，独自游到附近的岛上向渔夫讨要三明治。过了一周，当它再次游回家时被抓进了研究所。这只富有叛逆精神的猩猩在新的环境中很不适应，受到其他猩猩的打压，因为它在青春期时没有学到必要的社交能力。

事实上，那些在青春期结束之前就被逐出家庭，不得不加入"单身俱乐部"的猩猩，有一半不能被接纳，会在一年内病死或被杀。

所以，妈妈们既要认识到青春期对孩子的重要性，又要意识到青春期的必然性。妈妈们只知道学习对孩子的重要，但忽略了孩子的心理需求，所以孩子写完作业后就想玩游戏、听音乐或上网，结果妈妈又让孩子去写别的作业，因此他写作业时就故意慢慢吞吞的。但妈妈看到了又觉得他精力不集中，于是苦口婆心地督促。

这些过度的关心，会让孩子觉得妈妈剥夺了他的自由，干涉了他的生活，因此亲子关系越来越差。有很多青春期的孩子表示，被妈妈责骂时自己非常生气，甚至想离家出走，有些孩子甚至冒出自杀的念头。

孩子意识不到自己逆反

妈妈们可能想不明白，青春期的孩子为什么会有逆反心理呢？

逆反心理这种说法是针对妈妈们说的，孩子并不觉得自己的某些行为是不妥的。孩子也想不明白："为什么我好端端的，妈妈和老师却总说我逆反？"因此他会觉得这是成年人的眼光有问题。

为什么青春期的孩子会有这种想法呢？原因出在他们对情绪的细化能力上。比如，妈妈们现在可以让孩子和丈夫写出如下几种情况下的感受，最好是念给他们听，不要写在纸上让他们自己读。

一、下雨天站在公交站等车，开得飞快的汽车把泥水溅到衣服上了。

二、熬夜写了一篇好文章，结果被人拿走以他的名义发表并获奖了。

三、有人骑自行车撞倒老人后逃逸，你将其送到医院，却被老人咬定是肇事者。

四、拿着实名购买的高铁票顺利上了车，出站时车票不见了，虽然有短信证明自己买了票的，但必须补票才能出站，并且从起点站计价。

妈妈们会发现，丈夫可能反复让你读几遍问题，然后再写下他的答案，而孩子会在你念完问题后立即写出答案。表面上看，青少年和成年人没有多大差别，甚至你还可能认为这是因为孩子头脑反应快，理解能力强。

但产生这种差别的真正原因，是成年人会考虑自己的情绪表达是不是有点过分，而孩子不会想那么多，并且坏心情的程度也比成年人要大得多。心理学研究发现，同一件事对情绪的影响强度，青少年大概是成年人的两倍。

所以，在妈妈看来，孩子的

> **为什么妈妈觉得青春期的孩子叛逆？**
> 1.以为孩子是故意跟自己对着干。
> 2.以为孩子知道自己的行为叛逆。
> 3.以为孩子表达情绪时能考虑到别人的感受。

情绪表达是很极端的。如果妈妈这时说："你又生气了？"或"你性格真奇怪！"孩子就会更委屈，做出的举动更让妈妈们觉得是在反抗。

为了和孩子顺利沟通，妈妈们要用青少年的眼光看待问题，减少自己情绪的刻度，否则你和孩子沟通就非常困难，因为你们采用的情绪标准不同。孩子会觉得你根本不在乎他的感受，而你却觉得孩子小题大做。最终，你每次尝试和孩子沟通，都不过是以争吵或其他对抗方式结束。你会感到孩子越来越叛逆，而孩子则认为你提前进入了更年期，怎么看他都不顺眼。

理解孩子，先理解孩子的动机

孩子的情绪和行为与动机有关，所以，妈妈们正确理解孩子的情绪，首先要知道孩子是哪种动机。

心理学家将孩子的动机分为两种：接近动机和回避动机。比如说，某个孩子学习非常用功，可能是接近动机：努力是为了得到父母的表扬、为了得到零用钱，或是为了考上好的大学。但也有可能是回避动机：努力学习是不想被妈妈训斥。这两种动机又各自产生两种情绪。

如果孩子因接近动机而努力学习提高了成绩，那他就会感到快乐；如果没能实现目标，那他就感到悲伤。相反，因回避动机努力学习，如果成绩没有提高就会焦虑，成绩上升了会感到安心。

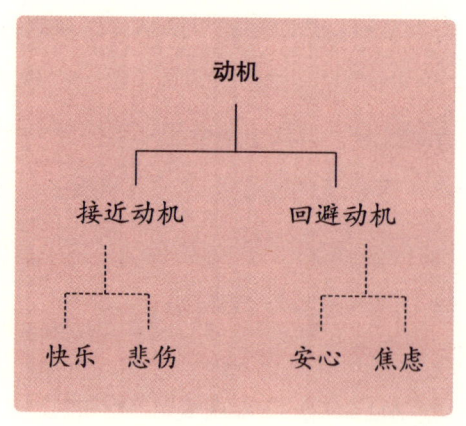

妈妈们都希望孩子学习的动机是接近动机。可是孩子也有自己的想法，并且不总是符合妈妈们的期望。结果就出现了不协调。

更有趣的是，有些孩子努力学习的动机是接近动机，但妈妈却经常干涉孩子，动不动就提醒孩子："你学了多少了？"强行向孩子灌输回避动机。结果是孩子越爱学习，妈妈却越认为孩子叛逆。

因此，愉快地迎接孩子的反抗吧，因为这是他迈向成年人的第一步。这个阶段妈妈们要做的，是为孩子设定行为的界限。

妈妈应该知道的

◇○ 孩子必须经历青春期，这是人类进化的产物。青春期是从依赖走向独立的过渡阶段，所以你不能只知道学习对孩子的重要，而忽略了孩子的心理需求。

◇○ 孩子并不觉得自己逆反，他反而觉得是你的眼光有问题。孩子有这种想法的原因，是青春期的孩子对情绪的细化能力较弱。因此，你要用孩子的眼光来看待问题，否则就无法和孩子顺利沟通。很多亲子矛盾，都是由于父母用成年人的眼光来看待孩子的问题引起的。

◇○ 孩子的行为动机和你的动机往往相反。多数妈妈希望孩子的学习动机是接近动机，而孩子的学习动机倾向于回避动机。也就是说，孩子学习是为了自己感到安心，而不是得到快乐；当他不学习时是感到焦虑，而不是感到悲伤。

◇○ 你的责任是为孩子的行为划定红线，而不是事事都管。青春期的孩子反抗你，是因为这是他迈向成年人的第一步。所以，愉快地接受孩子的逆反吧。

孩子身上发生了什么？

孩子进入青春期后，妈妈们的第一反应是："孩子怎么了？事事都和我对着干。是我的教育方法不对，还是他跟其他孩子学坏了？"妈妈们发现孩子开始做出一些奇怪的行为，变得像个陌生人了。

妈妈们有时很烦恼，不知孩子心里在想些什么。有时又害怕，感觉孩子和自己越来越疏远，但又不知如何改善亲子关系。

孩子也同样很困惑。我们在一所中学进行的匿名调查发现，不少学生说自己有时想揍某个同学一顿，会因一点小事和朋友吵架，有时很想骂人。"不知为什么有时忽然就觉得郁闷了。妈妈总是为我的事操心，她就不能让我自由一点吗？"

这些孩子身上发生了什么呢？

为什么孩子的青春期这么漫长？

我们这些已经经历过青春期的成年人，回忆起自己的青春期，感觉那个时期很短，一下子就过去了。可为什么妈妈们会觉得孩子的青春期很漫长呢？

首先，无处不在的信息传媒及丰富的营养，使得孩子的青春期比过去提前了，而晚婚现状又使孩子显得不成熟，感觉成年的孩子还处于青春期。

其次，因为妈妈们担心孩子，所以感觉这段时间特别漫长。由于错误的记忆，妈妈们总是担心孩子的观念——很多成年人都担心下一代的价值观，这是因为他们把现在的经历当成了过去自己的价值观。事实上，孩子今天的这些想法和做法，妈妈们自己当年也同样有过，只是忘了而已。

而且，很多妈妈甚至不记得当年自己的青春期是怎么过来的，所以现在面对孩子的青春期难免感觉无从下手。这些问题也是你的妈妈当年遇到的。如果你去问问她当年是如何处理的，多数情况下，她会说是自己管教有方。对此，你肯定有不同的看法。

另外，妈妈们一直都关注孩子的教育，从幼儿园到小学，都非常用心。但对于青春期孩子的心理，却知之甚少，而且也不想去了解。

但妈妈们要清楚一点，孩子遭到排挤、发生校园暴力，都和妈妈们对孩子的心理缺乏了解有关。由于不了解孩子，所以不知道怎么帮助和指导孩子。

激素改变情绪

青春期的孩子身上究竟发生了什么呢？是什么让他对前途感到恐惧、焦虑和忧郁？心理学家发现，孩子发生这些心理变化，与他分泌的大量激素有关。神经生物学家认为，孩子的情绪变化受各种激素调控。

在青春期前后，人体会快速分泌生长激素。生长激素主要有睾酮、雌激素、黄体酮。睾酮不仅对男孩的身体发育意义重大，而且也会影响大脑的活动，比如在大量分泌睾酮时，男孩会变得愤怒、更具攻击性，更关注性问题，也更想控制别人。而雌激素和黄体酮，不但会促使女孩的身体更成熟，同时也会影响她大脑的化学物质。

正是大脑中化学物质的变化，导致了孩子昨天像小孩子，今天却像成年人；刚才还心平气和的，转眼就为鸡毛蒜皮的小事大发脾气、火气冲天。孩子的情绪，就像 6 月的天，真的是说变就变。

大脑的化学物质本身并不直接影响人的情绪，主要是它们能控制神经递质的传导。影响青少年情绪的神经递质有 5- 羟色胺、多巴胺、降肾上腺素。如果 5- 羟色胺不足，人就容易感到忧郁、冲动和具有攻击性。由于女性合成 5- 羟色胺的速度比男性慢一半，老年人的 5- 羟色胺受体大幅减少，所以这两类人更容易患抑郁症。心理学研究表明，人在饥饿时会变得好斗，就是因为 5- 羟色胺不足——人体制造 5- 羟色胺所需的关键氨基酸只能通过饮食获得。

而多巴胺也具有类似的功能。许多心理学家将多巴胺称为"幸福因子"，因为它的水平越高，人们就越觉得幸福。但是，如果多巴胺水平过高，则会导致严重的问题：精神分裂症。

精神分裂症患者的妄想意念与所处环境有关，比如青少年的学习压力、社交障碍和性困惑。这种严重的精神疾病发作的时间比较早，男性在 18

岁左右，女性在 20 多岁。

因此，当孩子表现得情绪多变时，妈妈们不应责备他，而要意识到这时孩子更需要帮助和关心。通过对话消除孩子的焦虑，让孩子冷静下来，以弥补神经递质的合成不足或过多。只有加强对话，孩子才可能努力去接受管教。

知道青春期的孩子身上发生的这些变化，有助于妈妈们遇到孩子情绪多变时理智地做出让步，而不是和孩子对抗。妈妈们维持权威固然重要，但这一切都在赢得孩子的认可后才有价值。

妈妈应该知道的

- ◇○ 你感觉孩子的青春期漫长，是因为现在的孩子青春期来得早但结婚晚。这种普遍现状使你产生了错觉。
- ◇○ 过度担心孩子的价值观，意味着你将自己的观念强加在孩子身上。你误以为当年你的价值观和现在一样，其实你只不过是把现在的经历当成了过去的回忆。你在青春期时父母也担心过你的价值观。所以，只有适应性差的人才会过度指责现在孩子们的行为。
- ◇○ 孩子变得易怒、有攻击性、关注性问题、想控制别人，都是大量激素分泌的结果。当孩子情绪多变时你不应责备孩子，而要意识到孩子更需要帮助和关心。不要问孩子怎么了，因为孩子自己也不知道。你要做的，是去寻找孩子情绪化的原因。

我是世界的主角

孩子进入青春期后，妈妈会觉得孩子多数时候都在谈论他自己的事。妈妈想关心他，却被认为是干涉，"我的事你别管"。这让妈妈很苦恼。

每位妈妈都记得孩子刚出生的幸福时刻，从十月怀胎到看着孩子降临人间，妈妈们都幸福得忘记了怀孕的艰辛和分娩的痛苦。看到孩子出生后，妈妈们都认为孩子会永远和自己一起幸福地生活。

孩子的自我意识增强

每位妈妈在教孩子学走路时，肯定从没有想到孩子有一天正是用自己教的步伐离开自己；教孩子说话时，也没有想过有一天这个孩子会顶撞自己。但是这一天一定会如期而至的，这个时间就是孩子的青春期。

在这个妈妈和孩子都很困难的时期，以前特别可爱的孩子，瞬间就变得没有规矩了，总是做出让妈妈生气的无礼行为。妈妈的压力指数噌噌地上升。

有些妈妈会想："难道之前和孩子亲密无间的幸福生活，只是我的错觉吗？"或是："还能回到以前那样幸福的时光吗？"

而孩子也过得很不开心。他把自己锁在房间里生气："妈妈为什么就不能理解我呢？整天都唠叨。"

妈妈们和孩子之间的壁垒似乎越来越厚，也越来越高。有些妈妈无助地对心理老师说："我是真心想帮助孩子，谁知最后是这样的结果。"

这并不是最终的结果，这只是孩子自我意识发展中的一段插曲。心理学家用镜子实验表明，孩子在两岁左右时，便开始形成了自我概念。这个时候的孩子，首次看镜子会跑到镜子后面去找"和自己一样的孩子"，但很快就会发现镜子中的人就是自己。比如，在他额头上点一个红点，他对着镜子时便会去摸自己额头上的红点，而不是镜子中的红点，这说明孩子已经有了自我意识。

青少年都希望成为人们关注的焦点，别人围着自己转

到了青春期，孩子的自我意识会变得更强烈。但由于家庭教育方式使得孩子的同理心并没有保持同步发展。培养同理心，即培养孩子站在对方

立场思考问题的方式。多数妈妈在教育孩子时，都没有引导孩子进行换位思考，除非希望孩子理解妈妈的难处，结果孩子就形成了"我的地盘，我做主"的强烈意识。由于孩子的同理心被自我意识所掩盖，所以孩子会将妈妈们的过分关心视为干涉，会为争取独立自主而抗争。

而妈妈们又不了解孩子的真实想法。因此，当孩子表现出异常行为时，总是加以约束和控制，这导致了对抗不断升级。结果，妈妈们认为孩子越来越叛逆，而孩子则觉得妈妈越来越想控制自己。如果妈妈们知道青春期是孩子自我意识不断发展的时期，那很多亲子矛盾都能化解，甚至根本就不会发生。

青春期是孩子的，妈妈的作用是引导

由于自我意识不断增强，孩子的独立欲望也日益强烈，这使得孩子不再需要妈妈把他当"孩子"看待。所以，妈妈的保护、支配，都会招致孩子反抗。

妈妈们不能忘了，孩子才是青春期的主人，自己只能给他提供生活的建议，不可主宰他的生活。心理学研究发现，要想别人采纳你的建议，建议的正确与否并不重要，重要的是当事人觉得你这个建议是否有用，但更重要的是，当事人不觉得你企图推翻他的主张。所以，让孩子采纳建议的有效方式，是妈妈们声明自己提供的建议只是一个有用的参考，只起辅助作用。

但我们东方人往往有将自己的想法强加于人的习惯，这一点在围观别人下象棋时表现得非常明显。在公园或路边下象棋时，围观的人甚至会动手去移动棋子。这本来是一种好意，但当事人却认为这是别人嫌他的棋术太差，于是会心生反感。所以形成了一条不成文的规定：观棋不语真君子。

当妈妈们想帮助孩子"移动棋子"时,孩子也有同样的想法。

所以,如果孩子做了某件无伤大雅的事情,妈妈们不必太多指责,更不要认为自己的方法更科学,能让孩子更少吃苦,而把自己的做法强加在孩子身上。那样做孩子是不会领情的,因为他有自己的生活方式。妈妈们应始终明白一点:自己的主要职责,是明确孩子的行为范围,而不是具体操作行事方式。

为了更好地理解这个道理,妈妈们不妨想想自己的处境。如果婆婆事事都干涉你,你又有何感想?要知道,婆婆那样做也同样是为了你们生活得更好。为什么妈妈们就不能将这种思考方式迁移到孩子身上去呢?

孩子在这最困难的时期,虽然又哭又笑,有时自信满满,有时又悲观失望,连他自己都无法理解自己的心情,但他最终总能和这种状态告别。所以在漫长人生中,那些智慧地帮助孩子克服了青春期困扰的妈妈,总能赢得孩子更强烈的依恋。

孩子的青春期不是妈妈的。它只是妈妈慢慢了解自己,了解孩子的一个阶段。它使妈妈去探索孩子复杂的心灵,知道孩子对父母的期望,同时也让妈妈意识到,自己以往那些想法和行为,在想改变孩子的时候不要去做,因为孩子会认为这是干涉,而不是帮助。在这个阶段,孩子会觉得自己就是世界的主角。只有等到同理心发展成熟后,孩子才会明白妈妈的这番良苦用心。

所以,妈妈们的作用是引导,而不是主导。当孩子犯了小错误时,要给孩子辨明的机会,不是一味地指责。孩子最先可以信任、可以诉说苦恼的对象就是妈妈。这要求妈妈们必须忘记自己经历的那个时代,正视现在的这段时间,以牧羊人的姿态观望孩子的青春期。

妈妈避免亲子战争的三个关键:

1. 在孩子两岁时就开始培养孩子的同理心。
2. 理解孩子在青春期反抗妈妈是自我意识发展的结果。
3. 明白自己的作用是引导,而非主导。

妈妈应该知道的

◇○ 孩子进入青春期后，自我意识变得更为强烈，很容易把你的关心看作干涉。而你的意识还没有转变，往往会越帮越忙，结果你和孩子之间的隔膜越来越深。

◇○ 青春期是孩子自己的，不是你的，所以你的作用只是引导、帮助孩子。智慧地帮助孩子顺利度过青春期的妈妈，往往能得到孩子更多的依恋和信任。

◇○ 给孩子提供建议时，首先应该明确自己提建议不是为了推翻孩子的想法，其次要知道你的建议只是一种参考，是起辅助作用的。

◇○ 你应明确的是孩子的行为范围，而不是具体的行事方式。给孩子自主的空间，让他自由地成长。

孩子成了冒险王

一位妈妈找到我,说她的儿子今年15岁了,暑假期间和几个同学骑自行车去游玩,结果打来电话说,因为惹上了点小麻烦,被抓到了交通队。

她赶到交通队才知道,他并没有骑自行车,而是偷偷开着同学父亲的跑车和另外七八个青少年在高速公路上狂飙、竞赛。这么严重的问题,在他眼里只是点小麻烦。而且,孩子不同意她所说的:"在高速公路上无证超速驾车是完全不顾别人死活的行为。"

"什么叫不顾别人的死活。我们当时看到路上没车,而且光线又好,视野开阔才开快车的。"

无证驾车已是大问题了,而且还在高速公路上飙车。可这么严重的问题在他们看来却是小事一桩。为什么在成年人看来危险的行为,青春期的孩子却觉得自己并没做错什么呢?这些孩子到底怎么了?

为什么青春期爱刺激、爱冒险?

有些妈妈可能认为,当孩子追求刺激和冒险时,根本就没用脑子,所以他们才觉得顶撞父母、闯过红灯的路口时低头发短信或玩手机游戏并没有什么不妥。

事实真是如此吗？如果真是这样，那么青春期就是个大问题，它早就在自然选择中被淘汰掉了。试想一下，一个集中了轻率、冲动、焦虑和不顾别人死活的特征怎么能在每个青少年身上重演呢？这肯定有它存在的深层原因。

将青春期看作孩子的问题期，只是妈妈们看待问题的方式有偏差。比如，在成年人眼中，青少年飙车属于冲动，但在青少年看来，这完全不是冲动，而是经过思考后才做出的行为，只是一种寻找刺激的举动而已，甚至连冒险都算不上。

冒险和寻求刺激都在青春期达到顶峰，并且是在寻求刺激达到顶峰后，才进一步开始冒险活动。心理学家斯腾伯格指出，14~17岁的青少年最爱冒险活动。他们并不是做事不经过脑子，他们使用的认知策略和成年人一样，也像成年人那样思考问题、解决问题。青少年之所以敢去冒险，一方面是因为他们高估了自己的能力，或是低估了风险；另一方面，是他们太在意风险下获得的回报。比如我家乡的中学生们同样会认为从桥上跳进河里很危险，但他们觉得能获得同学，尤其是异性同学的称赞，冒点儿险是值得的。

风险回报让青少年甘于冒险

斯腾伯格用一款电子游戏证明，是风险回报让青春期的孩子愿意做出冒险行为。游戏规则很简单：游戏者要用最短的时间驾车穿过小镇。路上有几处交通灯。在生活中，如果开车接近路口时交通灯由绿灯变为黄灯，你就得快速决定是停车还是马上冲过去。在游戏中，如果黄灯时顺利通过路口，自然是节省了时间，游戏分数也更高。但如果闯红灯，就会被扣掉比停下来等灯更多的时间。

游戏中，当青少年独自驾车穿过小镇时较少冒险，和成年人差不多。但是，如果增加他们在意的条件，比如将他的朋友带进屋里坐在他旁边，原本冷静的孩子现在冒险的次数突然就增加了一倍，经常试图闯过之前会停车等交通灯的路口。

而成年人即使有朋友在旁边，也不会有所变化。这说明，青少年采取冒险举动不是因为他们的思考能力差，不在意风险，而是他们更看重高风险下所获得的回报。

正是这种思考方式，决定了青少年的行事原则：不是无视风险而是风险下的回报太诱人。这也造成了青少年冒险行为的特征：一个人时不会做危险的挑战或冒险，身边有同龄人时爱冒险。

在斯腾伯格的实验中，原本遵守交通规则的青少年，仅仅身边多了一个同龄朋友，他就做出忽视交通灯的冒险行为，结果造成事故翻倍。

为什么青少年如此在意回报呢？斯腾伯格通过观察游戏者的大脑成像发现，当朋友看着自己玩时，青少年的大脑奖赏中枢十分活跃，而成年人没有变化。这说明青春期的孩子更在乎得到快乐。

事实也表明，青少年的冒险行为主要发生在和同龄朋友在一起时。青少年独自一人滑滑板会戴头盔，并且不会模仿"飞车党"的危险动作。而即使是平时非常遵守秩序的孩子，和朋友们在一起时也甘愿冒风险。因为没有刹车的青少年大脑一遇到朋友这个加速装置，就更容易做出冒险行为。

为什么朋友的存在使得青少年更愿意冒险呢？

这是因为他认为冒险更能得到朋友的认可，这有助于提高自己在社交圈的地位。普林斯顿大学的学子酗酒是这个原因，青少年狂饮和冒险也是同样的原因。

> **为什么青春期的孩子爱冒险？**
> 1. 过于高估自己的能力。
> 2. 太在意回报，而不太计较风险。
> 3. 进化所形成的适应社会的习性。

如何对待孩子的冒险行为？

虽然青少年追求冒险可能造成意外伤害，但妈妈们并不能因此完全否定青春期。因为这个时期孩子需要学习的东西很多：学习成为成年人的方法，决定一生要做什么。愿冒一定风险的倾向，对正在成长的青少年非常重要。

因此，对于孩子的行为，妈妈们只需适度限制，而不是过度操纵，因为非常严重的控制和隔绝，只会更刺激孩子追求冒险行为。妈妈们应让孩子认识到适度的界限，这样就能引导孩子做出正确的决定。

同时，让孩子感觉到妈妈的爱，有助于孩子的心理成熟。但妈妈们要对此有耐心，因为成熟需要时间。让青春期的孩子一夜之间长大成人，就像期待还没学会爬的孩子站起来跑一样，是很不现实的。

妈妈应该知道的

- ◇○ 冒险和寻求刺激的行为在青春期达到顶峰，而且14~17岁的孩子最爱冒险。
- ◇○ 孩子爱冒险是因为他太在乎高风险下的高回报，比如同学们的称赞和佩服，尤其是异性同学赞许的目光。
- ◇○ 有朋友在身边时，孩子做出冒险行为的可能性更大，因为这能让他得到朋友们的认可，以及提升自己在朋友圈中的地位。
- ◇○ 对孩子的行为进行适度的限制，并给予更多的关爱，可以帮助孩子心理成熟，做出正确的决定。

孩子为什么精力不集中？

"安静"，正在黑板上板书的老师突然转过身来，大声吼道。刚才说话的几个顽皮的男生吓了一跳。教室里寂静无声，老师又开始板书，但不久又传来叽叽喳喳的说话声和孩子们轻轻的笑声。老师无奈地说："你们就不能安静点吗？小祖宗们，你们都快要上初三了，怎么还能这样，我求求你们，不要吵闹，行不行？"但这只招来更多的偷笑声。

青春期课堂上的这一幕，也经常在各个家庭中上演。只要妈妈们要求孩子写作业，孩子便开始吵闹。妈妈们也像老师一样，先是威吓、警告，然后是无助地请求。

殊不知，这只会让孩子更不愿集中精力学习，因为在日复一日的"对决"中，每次他都能赢。他也不怕挨打，虽然疼，但心里却在想，除了打，你还能有什么办法？

妈妈们的确没有办法。有些妈妈咨询时经常担忧地说："我的孩子是不是有多动症啊，做什么都不专心，三五分钟时间，不是做这样，就是做那样。不但让他学习是这样，就连起床后他都到处乱转。"

孩子进入初中后注意力就开始不集中了。写作业时听到大人们说话，他要接茬。手机一响，马上拿起来看是谁发的短信，哪怕是在车来车往的十字路口、马路中间。窗外路过的车按喇叭，他要站起来看看。如果没有这些干扰,他就会到处挠挠,腿在书桌下一直摇晃个不停。周末有同学打电话来叫他去踢球,马上就放下书换衣服跑出门了。

为什么青少年爱分心?

为什么这个时候的孩子散漫、容易分心呢?

心理学家的看法是,青春期的孩子好奇心强,难以抗拒外界的诱惑。美国一位心理学家用一个简单的电子游戏来验证这种观点。她按年龄将参与者分成三组:10岁儿童组、15岁青少年组和20岁左右的青年组。

游戏的规则是,必须盯着屏幕中心的红色十字线。但在十字线消失的同时,屏幕上闪现亮点。不能去看那个亮点,必须看亮点的背景。这项任务很难,因为闪现的光点自然会吸引我们的注意力。要想通过测试,就得压制住对新信息的正常冲动,以及对被禁止接触事物的好奇心。

游戏结果显示,10岁左右的儿童表现最差,45%的时间里都因不能集中注意力而无法完成任务。青少年比儿童的表现略好一点,如果受到鼓励,则和青年组一样,70%~80%的游戏时间都能抵挡住诱惑。

观察游戏时记录下来的大脑扫描影像发现,青年人的大脑在行为监测、错误确定以及保持注意力时能自动执行任务,而青少年很少用到这些大脑区域,所以不能很好地抵御诱惑,容易受冲动影响去看闪现的亮点。

韩国人也做过类似的实验,目的是了解孩子不能集中精力的倾向有多严重,以及为什么会这样。根据以往的研究结论,西方人很容易忽视背景,而东方人的"整体意识"使得人们容易将注意力放在背景上。香港中文大学的一位心理学教授认为,美国的很多雷达兵都是亚裔,正是东方人的这种思维模式决定的。

韩国人的实验是分别向青少年和成年人展示20张动物照片,然后要求他们从后面呈现的60张照片中选出之前见过的照片。其中一组呈现的照片背景没处理，而另一组照片的背景经过了处理。简单地说，只是动物相同，不管背景如何，只要整体意识强或环境敏感度高的人，识别照片的准确率就低。

结果，成年人的准确率是青少年的三倍左右。对于变了背景的照片，青少年的错误率很高。这说明周围背景分散了青少年的注意。而成年人并未受到背景的较大影响。眼动仪显示，青少年分散了一些视线在背景上，而成年人的视线更集中在重点事物上。

有心理学家做了一个非常有趣的实验。他要求青少年和成年人看着电脑屏幕，当屏幕上出现一个词时，要立刻说出这个词的颜色。有时，显示的词其含义和颜色一致，比如用红色写"红色"，用绿色写"绿色"；有时显示的词其含义和颜色不一致，比如用红色写"绿色"，用绿色写"黄色"。

**妈妈们可以用下面这个表来验证一下自家孩子的注意力：
让孩子快速说出下面这50个词的颜色，而不是它们的含义。**

蓝色	橙色	黄色	红色	黑色
粉色	蓝色	黑色	橙色	绿色
橙色	黑色	白色	绿色	粉色
蓝色	粉色	橙色	黑色	绿色
黄色	红色	粉色	蓝色	黑色
绿色	黄色	黑色	黑色	红色
蓝色	红色	绿色	橙色	粉色
黑色	绿色	红色	橙色	黑色
粉色	黑色	绿色	蓝色	黄色
蓝色	绿色	白色	橙色	红色

结果，当词的含义和颜色不一致时，虽然成年人和青少都会犯错，但青少年的错误率明显高于成年人。究其原因，青少年比成年人将更多的注意力分散到了任务以外的事物上。心理学家把这种现象叫作"斯特鲁普效应"（Stroop Effect），它在青少年身上尤为突出。

孩子出现这种心理现象，本质上是进化的结果。

青春期是孩子和父母分离的时期，他开始依靠自己，并且开始定义独立的自我。青春期也是孩子走向成年人的准备时期。从儿童依附父母，到长大独立生活，孩子需要与同龄人或社会建立新的关系，这使得他需要随时注意新的信息。这种行为表现在学习中，就成了妈妈们眼中的注意力不集中。

适度分心是成长的需要

妈妈们要知道，青春期的孩子有时注意力不集中，或是妈妈们刚说过他就忘了，并不是他不努力，而是由于他正在努力使自己变化以适应自己所属的世界，所以无法将注意力完全放在学习上。学习就像实验照片中的动物和斯特鲁普测试中词的颜色，虽然孩子会把主要注意力放在上面，但他同样会将部分注意力放在背景上。

由于我们东方人交往时非常讲究出身背景，官场、职场，甚至情场都是如此，所以孩子必须随时保持对背景警觉的状态。正是这个原因，孩子虽然努力了，但仍难将所有的注意力都集中在学习上。

如果妈妈们不知道孩子分心的原因，不知道适度分心也是必要的，孩子学习时偶尔被外界影响，就批评他，阻止他看别的地方，并不能培养孩子精力集中的能力。这种不一致只会让孩子感受到更大的压力。过分强调集中注意力，会使孩子丧失保持信息均衡的能力。

当然，这个时期妈妈们需要适度控制孩子的分心程度。从美国心理学家的游戏可以得到启发：孩子注意力不集中时，妈妈应鼓励孩子将心收回来，而不是让他忽视外界变化。

心理学家韦格纳的实验表明，越是不许人们回想看到过的白熊，人们想起它的次数就越多。越是不许玩的玩具，孩子越会对它着迷，这就像人们对禁书的痴迷追求一样。

所以，当孩子表现出注意力不集中时，妈妈们应该多点耐心，花更多的时间引导孩子，而不是粗暴地禁止。人类的所有活动都已证明，禁止无法使人养成习惯，只会招致更大的反弹。

怎样才能使孩子学习时集中注意力？

要改善孩子学习时爱吵闹、不专心的习惯，可以先从培养孩子坐在书桌前的习惯开始。青春期已经过了多动症呈现的阶段，但不能排除个别孩子仍可能受小时候多动症的影响。心理学研究表明，早产儿、童年看电视过多、经常玩视频游戏或父母管教太严格等几类儿童患多动症的可能性较大，其他孩子都是正常的。

孩子进入青春期后不能集中注意力，主要原因是儿童阶段没训练好。比如进入小学后就很散漫，以前从来没有安下心来好好学习过，现在要他长时间坐在书桌前学习，肯定很难。

妈妈们训练孩子的"坐力"时，不能一开始就要求孩子安静地坐上三五十分钟，而且也最好不要让他坐在书桌边写作业，要让他做喜欢做的事情。在合理的选择范围内，妈妈们可以让他自由选择一个项目，可以是玩玩具，也可以是听听歌，甚至是玩某个小游戏。

在孩子选择时，妈妈们应明确告诉孩子，他要为自己的决定负责，一旦选定后，接下来的 20 分钟不能更换，也不许停止。然后要有计划地逐渐延长训练时间。

训练过程要变得有竞争性和游戏性：竞争能激发孩子的自我控制力，游戏让孩子不觉得太累人。比如，由孩子动手设定闹钟铃声，妈妈坐在孩子旁边，和孩子做同样的事情。如果妈妈忙于其他事，孩子可能会觉得训练是一种惩罚，所以会不停地看时间，在闹钟响起的那一刻大声欢呼"解放了"。

在比赛时，妈妈应该偶尔也赢一次孩子，如果每次都是孩子更能安静地坐着，那他就会怀疑是妈妈让着他。这会摧毁他好不容易建立起来的自信大厦，也不会再有兴趣训练了。

训练时，要求孩子端正地坐在书桌旁。如果孩子坐在书桌前不安分，比如摇晃腿或扭转身体，或是转笔，这些都是孩子注意力开始转移的表现，妈妈们不要直接说穿，而要问他是不是有什么问题。比如下面这位妈妈的办法就比较可取。

妈妈：有哪里不舒服吗？
孩子：没有。
妈妈：你扭来扭去的，妈妈以为你有哪里不舒服呢。好了，现在坐好吧。

如果孩子表现不错，妈妈们要及时鼓励，而不是趁机批评他之前的行为，或者将他的努力归功于自己的监督，比如有些妈妈爱这样说："我真以为你坐不住，为什么你以前不安分点？"或是，"看来得给你点颜色，你才会老实坐下来。"这些话只会让孩子产生这样的想法：我很努力地按你的要求做了，但你却视而不见，最后还是要被责备，那我还不如按自己的想法做。

> **训练孩子注意力的注意事项：**
> 1. 首次训练不能超过20分钟。
> 2. 训练内容要有趣、有挑战性。
> 3. 妈妈必须和孩子一起训练。
> 4. 孩子表现好时要归因于他的努力而非妈妈的监督。

如果妈妈们这样说:"今天你的表现非常好,真是个为自己选择负责任的人。妈妈想知道,明天我们的训练项目换成你喜欢的科目作业,情况是不是会更好。"在我们成年人看来,这种话根本没有用处,但孩子会相信这种称赞。

妈妈应该知道的

- ◇○青春期的孩子普遍爱吵闹,学习时注意力容易分散,这是人类进化的产物。青春期是孩子走向独立的过渡时期,所以孩子必须将精力分散到各个领域,以熟悉将来生活的环境。如果"一心只读圣贤书",可能会影响孩子成年后的社会适应能力。
- ◇○注意力是可以训练的。可以从训练孩子的"坐力"开始。和孩子一起坐在书桌前,让孩子自己选定某项任务,并为自己的选择负责,比如玩玩具,也可以是听听歌,甚至是玩某个小游戏,接下来20分钟不能更换,也不许停止。
- ◇○开始训练时不要期望孩子安静地坐上三五十分钟,训练时间要有计划地逐渐延长。训练时让孩子坐在书桌前写作业也是不可取的。
- ◇○训练项目要有竞争性和游戏性:竞争能激发孩子的自我控制力,游戏让孩子不觉得训练太累人。
- ◇○训练孩子的注意力时,你要坐在孩子旁边和他做同样的事情。如果让孩子坐在书桌前,你却忙于其他事,孩子会觉得训练是一种惩罚,所以会不停地看时间,焦急地等待"解放"的时刻,这样反而不利于培养孩子的注意力。
- ◇○孩子表现很好时,要将训练成果归功于孩子的努力,而不是你的监督。所以不要说:"给你点颜色看看,你就老实了。""为什么你非要尝到苦头才听话?"之类的话。

睡好，一切就会变好

有一位妈妈向心理老师请教如何才能改正孩子爱发脾气的习惯。"我女儿今年上初三，很爱发脾气，经常冲我吼。这种事经常发生在早晨，因为她睡得很晚，而第二天又得早起上学。叫她起床后催促她快点，不然会迟到。这时，她就开始大吼。如果第二天晚上催她早点睡觉，她说自己很清醒，上床也睡不着，所以还要和同学在手机上聊一会儿。催她多次了，她的脾气就变得不好了。还有，她情绪很不稳定，前一分钟还有说有笑的，后一分钟就把自己锁在屋里偷偷哭。"

心理老师告诉她，要教会孩子睡觉。只要睡好了，一切都好了。

因为睡得太少，所以情绪不好

青少年的情绪多变，除了受激素分泌旺盛影响外，另一个重要原因就是睡眠不足，导致自我控制力减弱。心理学研究表明，自我控制力受能量控制，如果能量不足，自我控制力就较弱。青少年的自我控制力本来就不强，因为调节自我控制力的大脑部位成熟的时间较晚，大概要在青春期后期，甚至成年初期才能完全成熟。

睡眠虽然不能补充能量，但它是节省能量的重要手段。由于青春期正处于求知和向成年人过渡的重要阶段，所以孩子不但要耗费大量的能量在学习功课上，还要学习和探索成年人的世界，这也是相当消耗能量的。

当孩子的能量被大量消耗后，面对外界可玩的东西，便难以抵御诱惑。而现在可玩的东西实在太多，结果使得本来就缺乏能量的孩子睡得更晚了。但起床时间是不变的。因此，睡眠不足的孩子起床后便开始抱怨，动作也很迟缓。

有些妈妈就想："是你自己晚睡的，能怪谁？"于是就开始责备孩子。而此时孩子的能量正处于耗尽状态，自我控制力最弱，所以会马上冲着妈妈发火。

因此，妈妈们普遍有这种感觉：孩子睡眠不足，不但学习时会变得很焦虑，而且情绪反应也会变大。如果本来心情很差，睡不好会加剧这种情绪反应。这是因为睡不好，产生自我控制力的能量没有节省下来，所以孩子既不能掌握学习内容，又无法控制自己的情绪。

第二天，孩子仍然会晚睡，他会说睡不着。这是事实，现在很多青少年上床后都难以入睡。

为什么青少年上床后迟迟睡不着呢？主要的原因是青少年的生物钟一到晚上"走"慢了，这使得孩子在该睡觉的时间仍觉得还早。

为什么青少年睡得越来越晚？

我们想睡觉，是因为褪黑素的分泌使我们感到困倦，而褪黑素只有在人体感知到夜晚时才会分泌。这种现象一般从13岁左右开始出现，随后渐渐变晚。总体来说，青少年的睡意比儿童和成年人要晚两小时左右，所以青少年不想早睡。褪黑素在孩子体内停留到很晚,所以早晨醒来的时间自然也推后了。

有位睡眠研究专家遇到过这样一个有趣又不快的事情。一个青少年初中时上的是一所私立中学,后来考入另一所学校念高中。他所在初中的上课时间是 8:25,但从高中开始,他必须在 7:20 之前赶到教室。忽然有了一个多小时的时间差,这个青少年能很好地适应吗?

答案是否定的。他并没有像睡眠研究专家预想的那样,早晨天很亮了,孩子的生物钟就自动提前了。上高一的第一个学期,他的生物钟非但没有"走"得快一点,反而"走"得更慢了,这导致他一个学期都没能适应提前上课的作息时间。

青少年的生物钟会"走"慢,还与大量的人造光源和社交活动有关,因为人类在几百万年的进化过程中,形成了大脑中的松果体只有在感知到黑暗时才开始分泌褪黑素。所以人造光源会误导大脑,让松果体以为天还没黑,不到分泌褪黑素的时间。大脑迟迟不分泌褪黑素,我们的生物钟自然就慢了下来。而社会性接触会使人清醒,所以我们和好友聚会时熬通宵也不觉得很困。

孩子睡得越来越晚的另一个重要原因,是手机的普及。手机不但可以玩游戏、用 QQ 聊天、在微博上互动,而且还能上网获取信息,因此对手机就更加依赖了。孩子没有手机就会坐立不安,把手机拿在手中就会不停地翻看网页或是查阅短信。

上面这些原因导致了青少年在本该睡觉时却异常清

醒。结果,由于睡眠不足,第二天起床时缺乏控制负面情绪的心理能量,所以面对妈妈的催促时会发脾气。

睡眠不足的严重后果

睡眠不足会导致孩子上课时想睡觉,而该睡觉的时候却睡不着,这一点妈妈们都知道。但对于睡眠不足会产生什么后果,妈妈们未必清楚。

睡眠不足的直接后果,就是白天消耗的心理能量得不到补充。心理能量就像肌肉力量,通过休息可以得到恢复。这就是睡个好觉之后感觉精力充沛的根源,也是在本节开始时那位心理老师告诉求助的妈妈"只要睡好了,一切都好了"的科学依据。

我们的情绪由心理能量控制,所以睡眠不足时就不能控制负面情绪。

有心理学家做过实验：如果让人先做几分钟斯特鲁普测试，那这个人接下来就会不遵守社会习俗或道德规范，比如变得爱攻击别人、欺骗别人。这是因为做斯特鲁普测试时，必须压抑自己快速本能地回答，努力说出经过意识思考的那个答案，否则就会出错，而压抑本能是非常消耗心理能量的。这和缺少睡眠的结果是一样的。

更严重的是，如果长期睡眠不足，不仅仅会导致自我控制力较弱，爱发脾气，而且还可能导致抑郁症。无论成年人还是孩子，睡眠不足都会出现抑郁症状，尤其是青少年的抑郁症状最为严重，甚至会引发自杀的冲动。

心理学研究表明，有抑郁症的青少年中接近一半曾有自杀冲动，这一比例在没经历过抑郁症的青少年中仅为一成。而制订的就寝时间在10点之前的青少年，比妈妈们不要求就寝时间的孩子患抑郁症的风险低四分之一，因为任由孩子自觉上床睡觉，通常都会选择在12点以后。看看周末孩子睡觉的时间，就知道妈妈规定睡觉时间是多么的有必要。

因此，妈妈们不仅要为孩子制订就寝时间，并且还要让孩子就寝的时间越早越好，因为这样孩子发生抑郁症和自杀冲动的风险就越低。大部分青少年会按妈妈规定的就寝时间做，即使稍有拖延，也不会晚很多。

相反，自己决定睡觉时间的青少年多数睡眠不足，所以不仅爱冲妈妈发火、爱哭，而且经历抑郁症的风险也很高。

如何让孩子有健康睡眠？

青春期的孩子要睡多久才够呢？我们知道的8小时睡眠只不过是平均数罢了，每个孩子需要的睡眠时间都不同。优质的睡眠至少要保证0点到凌晨5点在睡眠中，而且是深睡眠。因此晚上10~11点上床，根据个人的状态，早上7点以后起床是比较合适的。大部分专家建议青少年的睡眠量为 9 小时。比如教育部就规定，必须保证小学生每天 10 小时睡眠、初中生 9 小时睡眠。

除了制订孩子的睡眠时间表，妈妈们还有什么办法可帮助孩子尽快入睡呢？

首先，妈妈们要给孩子早睡早起的动机，让孩子明白，睡眠不仅对身体健康很重要，而且对实现他的目标也非常重要，同时还对外貌、控制情绪和学习有影响。

其次，妈妈们从调整孩子的生物钟入手。我们人类的生物钟是经过数百万年进化形成的，符合太阳升起时起床、落山后上床的规律。现代社会由于发明了电力，晚上周围也很亮。实际上天早就黑了，但因为外面很亮，孩子的大脑会无意识地认为还是白天，所以不会给松果体发送"现在到晚上了，该分泌褪黑素了"的信号。因此，关灯、少看电视或缩短使用手机和电脑的时间可以帮助孩子准时入睡。如果想让孩子早点睡觉，就要让他的卧室里很黑。

下面这些方法能培养孩子的健康睡眠习惯：

◎ 把睡眠计划放在生活计划表的首要位置。
◎ 白天不要睡觉。
◎ 晚上不要喝含有咖啡因的饮料或饮品。
◎ 调整卧室环境。灯光要暗，卧室温度也要适当，并且要减少噪声。
◎ 手机放在远离床的位置。
◎ 即使不累也要在规定的时间上床。
◎ 想增加睡眠时间，需要妈妈和孩子一起沟通。
◎ 周末可适度多睡一会儿，但是不能睡到下午。

妈妈应该知道的

◇○ 睡眠不足会导致孩子的自我控制力较差,情绪不稳定,容易焦虑和抑郁。
◇○ 孩子睡得晚,一方面是因为青春期生物钟变慢了,褪黑素分泌较晚;另一方面是接触人造光源和手机等社交工具,让孩子在本该睡觉的时间迟迟没有睡意。
◇○ 青少年应保持9小时左右的睡眠。因此你应该和孩子一起制订睡眠计划,提醒孩子按计划时间睡觉,并且给孩子创造一个良好的睡眠环境,尽量使卧室的灯光柔和、温度适中,用厚一点的窗帘阻隔光污染,以保证关灯后卧室很黑。

测试：教育成效自评量表

本量表由心理学家 Campis 等人设计，适用于孩子处于青春期的妈妈自测。

以下有这些句子形容你对自己的感受，请勾选出最符合自己的选项，其中，1 = 很不符，2 = 不符，3 = 不确定，4 = 符合，5 = 很符合。

条目	1	2	3	4	5
我所做的对我孩子没什么作用。					
*父母应指出孩子的毛病，因为对此视而不见问题并不会消失。					
我和孩子之间一旦出了问题，我没办法解决。					
*我能预料到孩子在不同环境会有什么表现。					
如果我想尽办法孩子仍大发脾气，我只好罢手。					
*孩子发怒时我只要保持冷静，总能把事情摆平。					
孩子最终按自己的想法行事，所以何必去管呢。					
*为孩子规划人生时我几乎可以肯定我能帮他／她实现。					
我不对孩子有过高期望，因为许多事全靠运气。					
不管父母费多大劲，有些孩子就是不放在心上。					

评分及结果分析：

1. 所选数字表示该条目的得分；标有 * 条目反向计分：选 1 计 5 分，选 2 计 4 分，选 3 计 3 分，选 4 计 2 分，选 5 计 1 分；

2. 所有条目得分相加即为总分，范围是 10~50 分，超过 18 分，表明你觉得自己对孩子的管教没有成效。加强学习吧。

PART 03 让孩子痛苦的是妈妈

本章指出妈妈们常用的管教手段很多是错误的,这是导致青春期孩子痛苦的原因,同时帮助妈妈们找到最适合的正面管教方式。阅读本章之前,你可以先问自己下面这几个问题:

◇ "穷养儿富养女"的管教方式有什么严重危害?
◇ 你是哪种妈妈,独裁型、权威型、许可型?
◇ 过度严格对孩子的成长好吗?
◇ 为什么要孩子自己承担所犯错误的责任?
◇ 妈妈不善待孩子有什么严重后果?

我给我母亲添了不少乱,但是我认为她对此颇为享受。［马克·吐温］

分数,不是衡量孩子的唯一标准

印度电影《三个傻瓜》中有一个很有意思的情节,令人印象深刻:当儿子要学摄影时,父亲坚决不允许,并说,由于摄影导致了学习成绩直线下滑,从94分直降到91分。相信妈妈们没有这位父亲那么严苛,但也不免有些妈妈衡量孩子只看分数。

你是哪种妈妈?

为了准确知道妈妈们衡量孩子的标准,我曾委托一位在初中任教的朋友做一个简单的实验。他先组织了一次英语测验,其中有一半左右的学生只做错了一道题,然后他要求学生们把试卷拿回家让妈妈签字,目的是保证妈妈们能够看到试卷。每个学生都要录下妈妈看到试卷时所说的话。结果,孩子只做错了一道题的妈妈们,主要有以下四种反应。你也可以对照一下,看自己比较符合哪一种。

A:真可惜,要是这道题你仔细一点就是满分了。我总说你学习时认真一点。你要我说多少次才肯信！你这么聪明的脑子不考满分，说得过去吗？高考的时候，一分能拉开几千人。

B：哇，你真了不起！妈妈再上一次学也做不到你这样好。只错一个太难了。你真的太厉害了！

C：你们班上肯定有考满分的，为什么你不像人家那样。你说你脑子哪点比别人差了？

D：这么难的考题都有人考满分？不用羡慕他。妈妈觉得你的分数已经很不错了。考多少分不是最重要的，最重要的是你努力学习了。

你和哪种妈妈更像呢？或者说，你最想成为哪种妈妈？有些妈妈即使选择了功利的答案，还会振振有词地说："只要是当妈的，都看重成绩。你说哪个当妈的能对孩子的考试分数放任不管。"

太看重分数会对孩子造成什么影响？

过度看重分数的妈妈非常普遍。我表嫂是两个孩子的妈妈，女儿是市重点中学的尖子生，所以去女儿的学校时她都挺直腰杆走进校门，回答自己是谁的妈妈时就感到很自豪，感觉女儿很为自己争气。但去儿子的学校时腰就不由自主地弯了，被老师问起找谁时都小心翼翼的，因为儿子不但成绩一贯垫底，而且经常旷课、打架，被老师们视为"学渣"。但她有时也会被女儿说："我给你省了多少麻烦，你还不满意，你看看你那宝贝儿子，专门给你丢脸！"

为什么成绩很好的女儿会这样说呢？这就是妈妈只强调成绩的结果。因为孩子会认为，她取得好成绩就是为妈妈做了一件很了不起的事情，所以妈妈也该为她做些什么。孩子一旦有了这种想法，就会要求妈妈付出。

从她的话里还可以看出，她其实是看不起弟弟的，因为他成绩不如自己好。妈妈们可以想象，她是否也会用同样的态度对待同学和朋友。最终，很可能她能考上一所好大学，但很难赢得好朋友。

我表姐的女儿在一所私立学校读初二，这所学校招生范围从小学到高中，不但学费奇贵，而且学位名额有限，所以非常难进。为什么学费高，选择的人却挤破头地想进呢？这是因为从升学率来看，选择了这所学校，就相当于一只脚已经跨进了重点大学的校门。

这所学校是我所知道的最看重考分的学校。由于出现过学生私自修改考试分数的事情，所以现在考试后都不发成绩单，由学校的服务平台直接短信通知家长去学校开会，在家长会上公布孩子的成绩。

不用说，孩子考高分时妈妈都很高兴，但如果情况相反，妈妈的脸上就挂不住了。回家后自然是大发脾气。孩子从妈妈身上认识到，世界上最重要的就是考个好分数。因此，学习的动机就会彻底改变：不是想学到多少知识，而是想如何才能让妈妈高兴。

这是一种典型的回避型学习动机。比如我表姐的女儿说，如果她这段时间进步了，能保持年级前三名，父母就可以满足她的很多要求，可以自由使用手机，可以晚睡，甚至可以请假去外地旅游。如果成绩下降了，对不起，手机被没收，就是放假也不能休息，必须请家教辅导。

成绩好不一定什么都好

我遇到一个相当聪明又努力的中学生，他妈妈要求每次考试成绩必须在90分以上，否则就会不断唠叨。在很多妈妈眼里，89分和91分没什么两样，但这位学生的妈妈可不这样看，她认为自己的儿子那么聪明，如果不考91分就是没有努力的表现。

偶尔考得不理想怎么办呢？总不能让妈妈看到这个分数啊。那就只好改成绩单了:仿照学校的成绩单重新做一份再打出来给妈妈看。可怕的是,这个学生说他的同学差不多都这样做过。一般改分数都不会太离谱,达到妈妈高兴的程度即可。可见,是妈妈们对孩子考试分数的态度,迫使孩子修改成绩单。

为什么妈妈们这么重视分数呢?这和现在的应试教育现状有关,平时的学习,都以高考为唯一目的。但妈妈们要知道,好成绩不是衡量孩子人生成功的唯一指标,更不是孩子获得认可的金字招牌。所以,那种"学习好的孩子,无论让他做什么都做得好!"的观点是不正确的。

妈妈们很容易就能找到学习好但其他方面做得很差的孩子,尤其是对待朋友的态度很差。这种态度也经常蔓延到对待父母和其他亲人上。

妈妈们只有改变态度,不把分数作为衡量孩子成功的唯一标准,孩子才不会变得那么功利,否则,孩子就可能形成这样的思考方式:过程并不重要,关键是要有一个好的结果。这种思考方式有个潜在的危险:为了结果不择手段,不顾及别人的感受。最终结果肯定是被大家孤立,因为这会被认为是没有道德的表现。

妈妈应该知道的

- ◇〇 考试分数不是最重要的,最重要的是孩子努力学习的过程。如果你只注重分数,那不仅会导致孩子认为好好学习可以作为一种交易,要求你为他付出,还容易使孩子形成功利性的思考方式,做出不诚实的行为,比如修改分数。
- ◇〇 你只关注成绩会影响孩子的态度。在对待朋友方面,孩子可能会轻视、排挤成绩不好的同学;在学习方面,可能形成回避型学习动机:孩子学习不是为了获取知识,而是为了让你高兴;在待人接物方面,可能会变得不诚实,为达目的不考虑别人的感受。

爱，不应因成绩而变味

一个上初一的男孩向心理老师诉苦，说妈妈不喜欢他，只爱他的姐姐。"就是因为她学习好，所以妈妈宠着她，她说要什么，第二天放学回家前妈妈就把东西放在她的房间了。"男孩愤愤不平地说，"而我要点零用钱，并且只有姐姐的一半，都会被妈妈骂一顿。我讨厌妈妈这种什么待遇都和学习成绩挂钩的做法。"

妈妈为什么会贬低自己的孩子？

孩子遗传的不仅仅是妈妈的基因，还有妈妈的行为方式。具体到教育孩子方面，当年妈妈怎样对待你，你也会怎样对待自己的孩子。这是一种习得性行为，就像从小被人欺负的小朋友，更可能欺负比自己弱小的孩子一样。

在专制家庭环境中成长的父母，也会对自己的孩子实行专制，而且更可能习惯性地贬低孩子的价值。

心理学家发现，很多妈妈都喜欢对孩子说出无视的话，最常见有这些：

> ◎ 什么活都没让你干，让你专门学习，也只考这点分数？
> ◎ 还嫌我话多，给零用钱少。你这么差的学习也好意思提要求！
> ◎ 你为什么要去做那种事？看看人家XX多听话。
> ◎ 看看你姐姐，学习又好，又听话，你就不能向她学习吗？
> ◎ 你这成绩怎么考大学？你都快把妈妈给愁死了！
> ◎ 同样是一个老师教的，人家考满分，为什么你只能及格，真没用。
> ◎ 你整天不学习，长大了能干什么？

为什么妈妈们会对自己的孩子说出这种话呢？真的是为了激励孩子好好学习吗？

心理学家认为，事情并没有这么简单，也不会如此美好。我们都知道，贬低别人的一个主要功能，就是为了突出自己的价值更高。人们为什么爱看小丑的滑稽动作？因为这能让人们感到自己更有价值。

自尊心强的妈妈们在别人面前贬低孩子，潜意识里也是同样的原因。这种性格的妈妈在潜意识里会认为，认可表现不如意的孩子，就意味着自己的水平也和孩子一样低。

这种妈妈指责孩子，不是因为爱，而是因为内心虚荣。指出孩子的不足之处，间接地证明自己比孩子优秀，从而避免被别人看不起。

当孩子做了错事或是考试成绩不理想时，妈妈就会觉得自尊受到伤害。这时，孩子成了妈妈发泄和挽回面子的对象。"和别人相比，妈妈到底少给你什么了？"这种话惯性地脱口而出。

我问了很多有这种说话习惯的妈妈，她们的答案让人吃惊："因为我是孩子的妈妈，我这样骂他，其实是为他好。"

妈妈们是不是觉得这句话听起来很熟悉呢？终于想起来了，原来我们小时候妈妈也用同样的话说过我们。只要一句"我是你妈妈，打你骂你都是为你好"，就将打骂孩子合理化了。正因如此，妈妈贬低自己的孩子却没有负罪感。这是个严重的问题，妈妈们完全意识不到这样对孩子的伤害。

有些妈妈已经习惯了这样对待孩子：只要孩子学习好，就会赞扬他，买苹果手机，买名贵服装，孩子要什么就给什么，做到有求必应。如果孩子学习不好，对不起，除了饭能吃饱，其他什么都免谈。妈妈们一边说爱孩子，一边又打他、骂他。每位妈妈都想给孩子最好的，但孩子学习不好，妈妈对孩子的爱就变味了。

当妈妈们想贬低孩子时，应先问问自己："我的这些话能对别人的孩子说吗？自己的孩子就可以随意伤害吗？"

有的妈妈会说，别人的孩子我懒得去管，所以不会去说。这又是打着关爱的名义。真实情况是，不说别人的孩子，可能是不想说，但更主要的原因是不敢说，因为别人的孩子根本就不吃你这一套。有句话说得好：最可能伤害我们的，不是陌生人，而是我们的亲人和朋友。

孩子怎么理解妈妈的爱？

妈妈们对孩子的爱，因为孩子的学习成绩不同，就表现出明显的差异。对此，孩子是怎样理解的呢？孩子能像妈妈们所期待的那样，认为自己成绩不好，妈妈贬低自己，是想激励自己，是妈妈爱自己的表现？

我把这种想法告诉一些因成绩不理想、在家经常被妈妈贬低的青少年。他们连连摆头："算了吧！妈妈说她是这个世界上最爱我的人，这种话连幼儿园的小孩子都不肯相信。你见过有谁真正爱某人，却还随意说话伤害他的？妈妈要是真的爱我，就不会讨厌我了，哪怕是在表面上也不会。"

看来，在妈妈们眼中表现逆反的孩子，不会按照妈妈们所期待的那样去理解妈妈对他的做法。

孩子犯错或考试成绩不理想时，心里也难过。这时他最需要妈妈的安慰和正面鼓励，而不是反讽。青少年理解反讽的能力并没有妈妈们想象的那么强。我问过很多青少年，如果妈妈说"你看看你，考前不学习，还有心思上网！"他怎么理解。

从得到的回答来看，不少孩子没能正确理解妈妈说这句话的真正含义。他们普遍认为这是妈妈指责自己用电脑上网。当我告诉他们，妈妈说这句话的本意是希望他"考试前要认真准备"。他们都吃了一惊："为什么妈妈就不能直接说出她的想法呢？非要用批评的口吻，并且还和上网挂钩？我一直以为是她讨厌我上网呢。"

一些孩子因为学习问题经常被妈妈贬低，他们认为妈妈的爱早就因自己学习成绩变味了。学习成绩好，不用说妈妈肯定爱；如果学习差，那对不起，不被痛骂就算好的了，还想得到妈妈的爱？即使妈妈说爱自己，那也不过是她为打骂自己找个合理的借口罢了。

所以，如果孩子犯了错，或考得不理想时，妈妈们不能贬低他，要安慰他、鼓励他，并且在安慰和鼓励的时候，一定要用直白的话说出来。这样孩子就会舒服得多，也更可能改正习惯、努力学习。

> 孩子是这样理解妈妈的爱：
> 1.学习好，妈妈自然爱。
> 2.学习差，不配得到爱。
> 3.学习差，妈妈说爱自己，那是她为打自己找的理由。

我听到有些妈妈说，自己并不是成心要贬低孩子的，但看到孩子又考砸了，这些话便不受控制地脱口而出了。妈妈们就不反思一下这是为什么呢？其实，这是因为妈妈没有远见，所以才看重孩子眼前的考试结果。每位妈妈都知道，孩子一次两次考差了，天不会塌下来，孩子的人生也不会因此而变得悲惨。所以，不要给孩子施加压力，尤其不要说这种话："这点分数，怎么考大学？你将来怎么办啊？你都要把妈妈愁死了。"

贬低孩子，只会使孩子完全关闭心灵，而不可能使孩子向理想的方向变化。孩子已经知道自己做错了什么了，妈妈们贬低他，就可能引爆他的抵触情绪。"我已经错了，还不行吗？"结果，亲子交流这条途径被堵死了，接下来，自然是孩子和妈妈进行持续不断的冷战。

妈妈应该知道的

◇○父母的行为方式和管教方式都会"遗传"给我们，因为这些都是习得性行为。因此，在专制家庭环境中成长的妈妈，也会对自己的孩子实行专制的管教方式，并且爱贬低孩子。

◇○你说出贬低孩子的话，并不是为了激励孩子更加努力，而是为了抬高自己，证明自己更优秀。自己的孩子也不能用语言随意伤害，尤其不能以关爱孩子的名义把打骂孩子合理化。

◇○青少年理解反讽的能力不强，往往意识不到你言语中的深层含义。所以对孩子说话时应使用明确的语言，这样才能有效交流。

再苦不能苦孩子

有句话非常贴近妈妈们的想法：再穷不能穷教育，再苦不能苦孩子。这可以说是妈妈们心理的真实写照。妈妈们的这种高贵品质，真的能让孩子更幸福吗？

有个故事很能证明这一点。一位妈妈得知孩子的同学们每天上学都带瓶装矿泉水后，于是也给孩子的书包里装了瓶矿泉水，孩子没喝过矿泉水，所以一直没有发觉这是妈妈装的凉开水。

直到有一天，一个同学渴了喝他的水，说他的水根本不是矿泉水，只是往瓶里灌的开水。孩子回家后问妈妈，妈妈如实告诉了孩子。谁知孩子说："妈妈，其实我觉得这凉开水很好喝。以后不用装在矿泉水瓶里。给我买个水壶就行了。"

孩子不会为了自尊而让妈妈受苦

有时候，妈妈们太担心孩子的心理承受能力了。虽然孩子都有虚荣心，但符合家庭状况的付出才能让孩子更安心。因为每个孩子都是善良的，不会为了虚荣而让妈妈受苦。

当年我上初中时，因为家里经济困难，所以妈妈给我买的鞋都是那种6元钱一双的解放鞋。一方面它便宜，另一方面它还相当结实。但它的缺陷也是相当明显的，很难看。虽说我们那个时代青春期来得晚，但终究还是来了。在小学时同学们都穿这种鞋，所以没觉得有所不同。升入初中后，妈妈托人将我转去了镇上的中学，我第一次注意到全班竟然只有我一个人穿这种很老土的鞋，就是全校，也没有几个人，其中就包括我和我哥哥。

全家省吃俭用供我们上学，已相当不易了，所以我和哥哥也不太奢望能穿上一双白色运动鞋。要知道，当时村里的同龄人都不能再上学，十三四岁就去沿海打工了。和他们比起来，我们已是很幸福的了。

但有一次妈妈去学校时注意到了这一点，所以给我和哥哥各买了一双当时在学生中非常受欢迎的运动鞋。我们都非常高兴。但很快就高兴不起来了，因为我们都清楚这得让爸爸妈妈付出多少汗水。虽然穿解放鞋让我多少有点自卑，但穿上这比解放鞋贵一倍的运动鞋，我又会感到自责，觉得不应该这样浪费。所以之后我和哥哥再也没让妈妈买运动鞋了。

有一年回老家过年，和同学们聚会，我问他们是否还记得我穿的解放鞋，多数同学说当时没有注意这个问题，只有一名同学说她妈妈注意到了，不但没有轻视我的意思，反而作为励志故事教育她弟弟，因为那时我基本上都保持年级第一名的成绩。或许是这个原因，让我不再为穿什么而感到苦恼。至少和自卑相比，自责让我更不安心。

现在每个家庭的经济状况都要远远好于那时，但仍存在较大的贫富差距。所以仍有不少妈妈怕孩子在同学面前抬不起头来，尽力缩小与其他孩子的差距。

明知很勉强，也要做到富足家庭对孩子的做法，只是妈妈们为了满足自己的自尊心。富孩子穷父母的做法，只会让懂事而敏感的青春期孩子更有愧疚感。

超出能力地满足孩子，是害不是爱

妈妈们都希望自己的孩子快乐，所以除了天上的星星和月亮，孩子要什么就给什么，哪怕是超出财力的，理由是，既然爱孩子，就应为孩子付出。

但这样做是不可取的，因为这会使孩子不懂得体贴妈妈的难处，结果是孩子的要求越来越高。当孩子的欲望远远超过家庭的财力而无法得到满足时，就会指责父母无能，勒索比他小的孩子，甚至发展到偷盗和抢劫。

有些妈妈尽量满足孩子的要求，是因为她们觉得应该对孩子隐瞒困难的家庭情况，以免被同学看不起。这种妈妈通常认为，"我再苦再累都行，只要孩子不受委屈，生活得好，我就心满意足了。"所以，即使家庭经济状况不是很好，也要给孩子购买最新款的高档手机、平板电脑等数码产品和名牌服装。

有一位妈妈的孩子小学时全身上下、里里外外都是国际名牌。每次在公园看到别的孩子玩滑板车，自己的孩子穿着名牌、踩着昂贵的电动平衡车，在众多孩子羡慕的眼神下在公园里转来转去，她就感到特别自豪，觉得为孩子花再多的钱也愿意。然而好景不长，在孩子上中学时，因为生意失败、家庭财富严重透支，孩子在最敏感的青春期目睹了家庭经济崩溃时父母的样子。开始他不敢相信这是真的，后来确认后，竟然觉得自己的父母无能，不能为他提供和原来一样的舒适生活。

为什么出现这种妈妈好心办坏事的结局呢？

这主要是因为从有钱到没钱的变化，使得爱比较的孩子更难接受现实。还有一个原因，是普通家庭的孩子对钱比富二代们更敏感。经济不宽裕的妈妈，像富人一样养孩

超出家庭财力满足孩子的后果：

1. 孩子学不会体谅父母的难处，要求会越来越高，得不到满足时就会指责父母。
2. 对钱敏感，看待事物比较负面，容易形成偏激的性格。

子，肯定会因钱不够用而表现出一些对钱的消极语言和态度，比如这钱太不耐用，花钱如流水，但挣钱好难。这些话，孩子会照单全收，因为他希望像富家孩子一样挥霍却不行。所以，普通家庭的妈妈勉强像富人一样养大的孩子，容易凡事都持否定的态度，对别人和社会都有很多不满。

另外，勉为其难地满足孩子的要求后，妈妈更可能说："妈妈这么勉强地把你想要的全都给你，你不该为妈妈做点什么吗？妈妈牺牲这么多，你为什么就不能学习更好一点呢？"这些条件一提出，孩子就会觉得妈妈不是关爱他，而是在和他做交易。

符合实际条件培养的孩子更优秀

有些妈妈说，我也不想这样做，但现在都说什么"穷养儿富养女"，如果我的孩子是女儿，我能省这笔钱吗？现在诱惑这么多，女儿没开眼界，长大后容易被坏人诱惑，所以女儿得"富养"。或者，如果我的儿子从小没有养成节俭的习惯，他长大后会大手大脚乱花钱，所以儿子得"穷养"。

事实上完全不是这样的。根据心理学上的家庭教养方式分类，"富养女"属于溺爱型管教方式，"穷养儿"属于独裁型管教方式，前者只会剥夺孩子练习自我控制的机会和动力，最终缺乏抵制诱惑的意志力。后者因为不顾孩子感受，就像惩罚型管教，所以会使孩子形成外控型人格，觉得自己无法掌控自己的命运，成年后表现出软弱、缺乏主见、不思进取的性格。

只有根据家庭条件采用民主型管教方式培养的孩子，才既有很强的独立自主性，又有很好的自我控制力，并且性格开朗，待人宽容，也容易接受自己的缺陷。所以，如果家庭经济状况一般，那么妈妈们要对孩子说出家庭情况，让孩子理解什么能给他，什么不能给他。

比如，妈妈们可以这样告诉孩子："妈妈不能给你买更好的东西，以后条件好了,妈妈给你买最好的。今天我们只能买这个了。"

妈妈们这样说,多数孩子不仅不会发脾气、责怪妈妈,反而会以为妈妈为不能给自己买好东西而难过,所以都会安慰妈妈:"妈妈买这个我也很高兴,还有好多孩子连这个也得不到呢。妈妈心里不要难过。等以后我长大了,挣到钱了,我把最好的东西都买给妈妈。"

即使孩子可能会生气,他也会意识到这就是现实。买不了昂贵的手机和名牌衣服虽然有点遗憾,但孩子不会认为这是妈妈不爱自己。

妈妈应该知道的

- ◇○再苦不能苦孩子的养育方式并不能让孩子真正快乐。相比之下,根据实际的家庭经济条件培养出来的孩子,更能接受现实、接受自己的缺点,理解父母。
- ◇○有些时候是你太小看孩子的心理承受能力了。从小就总是给孩子用最好的,反而会养成孩子爱攀比的习惯。另外,给青春期的孩子购买超出经济能力范围的东西,会让敏感的他产生愧疚感。
- ◇○你勉为其难地满足孩子的愿望,对金钱有所"抱怨",会使孩子看待人和事物比较负面,而且有很多不满。让孩子了解家庭经济情况,有助于他提出合理的要求,减少奢望,即使有些愿望不能得到满足,也能够理解并面对现实。
- ◇○溺爱型管教方式会导致孩子缺乏抵御诱惑的自我控制力,独裁型管教方式和惩罚型管教方式会使孩子形成外控型人格。而根据家庭条件采用民主型管教方式最有利于孩子的成长。

你是哪种类型的妈妈？

现在多数妈妈都只有一个孩子，如果是"双独夫妻"，那么六个成年人只有一个孩子，所以孩子显然特别娇贵。即使妈妈想要让孩子吃点苦，四位老人也肯定不让。老人溺爱孙辈的现象越来越普遍。以前亲家矛盾主要由女儿引起，今天的亲家矛盾则变成了争夺孙辈的抚养权和施行自己的养育方式。无论是多开明的老人，这个时候都可能变得独裁。争取了抚养权后，就变得溺爱，甚至演变成完全顺从于孩子。

有些妈妈认为，完全尊重孩子的选择，就是民主型管教方式。妈妈们有民主教育的想法是非常好的，因为它比专制和放任的管教方式更科学、更有效。心理学家按照管教孩子的方式将妈妈分为三类：独裁型、权威型、许可型。

独裁型妈妈和权威型妈妈

心理学家把具有这些特征的妈妈归类为独裁型妈妈：高度控制孩子的一切行为，不理睬孩子的要求和感受，而且也不会和孩子进行双向交流。

对孩子高度控制，通常以严苛且不容置疑的管教形式呈现，代表人物有"虎妈""狼爸"。

在独裁型家庭环境中成长的孩子，最容易成为没有主见的应声虫。这类孩子虽然学业上比较成功，但人际关系和婚姻关系却非常糟糕。缺少朋友和爱情，最终必然导致孩子孤单、不自信，也最容易产生矛盾。

根据心理学上的"依恋方式理论"，妈妈专制的孩子更难适应社会，因为这可能导致孩子形成"回避型依恋"或"焦虑型依恋"性格。

这两种性格都会给孩子成年后带来极大的人际关系麻烦，尤其是爱情方面。比如，回避型依恋的人渴望得到爱，但害怕被拒绝，所以只会等待别人付出，而不主动争取。很多这种性格的人都说自己一生从来没得到过爱情。他们之所以难以发展亲密关系和容易分手，是因为他们不相信别人。也正因如此，他们的人际关系非常差，而且最没有家庭责任感。这类性格的孩子大约占总数的四分之一。

至于焦虑型依恋性格形成的原因，是孩子没办法预测妈妈会在什么时候以什么方式回应自己的要求，这种心理主要是由于妈妈的情绪不稳定，而且很专制引起的。

这种性格的孩子渴望和别人建立良好的关系，但害怕被人拒绝，所以最容易失望，也容易愤怒，婚姻态度是最可能闪婚。由于婚前相互不了解，所以婚姻持续的时间也最短。并且，这类人最可能也用同样的方式教育自己的孩子。

权威型妈妈对孩子的成长是最理想的。这种妈妈很和蔼并且很爽快地答应孩子的合理要求，对于不合理的要求，也会和孩子进行双向交流，告诉孩子为什么要制订规则，并且很善于倾听孩子对于规则的看法和建议。这种妈妈能使孩子形成安全型依恋性格。而这种性格的孩子不仅看问题比较正面，有同理心，并且还有很强的自我控制力。

所以，在权威型妈妈的教育下，孩子不仅能交出亮眼的成绩单，还有良好的人际关系，成年后更容易取得成就，同时生活也更为幸福。

许可型妈妈，不是民主的妈妈

对孩子过度民主，甚至到了放任的地步，也有很多问题，其中有个妈妈们都担心的后果，是会使孩子缺乏责任心，比如婚后会因为一点小事就提出离婚。

由于错误的家庭教育观念，导致了这种放任型妈妈占有很大的比例，大约占到了五分之一。放任型妈妈又叫许可型妈妈，是完全顺从型妈妈。这是一种伪民主型。这类妈妈都溺爱孩子，只满足孩子的要求而不要求孩子。这种家庭的孩子自我控制力较差，依赖性强。剑桥大学心理学家发现，从小被溺爱的人在成年后更容易离婚，因为在婚姻出现危机时这类人会为了自尊而放弃婚姻。

> 三种妈妈对孩子的影响：
> 1. 独裁型妈妈：孩子成年后的婚姻会遇到极大的问题。
> 2. 权威型妈妈：孩子有成就，生活快乐。
> 3. 许可型妈妈：孩子不愿承担责任，没有反思的习惯。

有一位年轻女性向心理老师求助，因为她的婚姻非常不顺，经历了几次失败的婚姻，但现在的婚姻还是经常亮起红灯。她不明白为什么结婚还不到半年，丈夫就要和她离婚。

这位女性从小学习成绩好，所以妈妈都对她有求必应，百依百顺。渐渐地，妈妈认为她的事都用不着自己操心了，于是变成了许可型妈妈。所以无论是女儿填报高考志愿、本科毕业后选择读研究生，还是选择结婚对象，妈妈都从不提意见，只是无条件地支持她的决定。她也觉得妈妈是个开明、懂女儿的好妈妈。

第一次结婚后，她的麻烦来了。因为婆婆并不像妈妈那样"开明"，所以她很不适应有限制的生活。比如，婆婆让她省着点花钱，她认为这是婆婆干涉她，想改造她，所以她不客气地说花自己的钱，婆婆没有权利说三道四。婆婆自然不肯接受这种说法，因此婆媳矛盾不断。只要丈夫"为婆婆说话"，她就威胁要离婚。此外，她还经常在丈夫面前指责婆婆独裁，说婆婆什么都不懂，却什么都要管。结果，她的第一次婚姻勉强支撑了一年就解体了。离婚后她感觉自己很明智，早点离开这对母子，自己就早点脱离了苦海。

她的第二次婚姻和第三次婚姻仍是一样。只要稍不如意就跑回娘家，非要丈夫和婆婆来求情、认错，她才肯回家。次数多了，丈夫也渐渐不愿去接她了，最后甚至提出要和她离婚。

妈妈的完全顺从，使她没有养成反思自己行为的习惯。当她走向社会和组建家庭时，仍觉得别人都应该无条件地顺从她的想法。由于女儿的学习成绩好，所以妈妈也不去计较她的过分要求，甚至对她的自私行为和带刺的话，妈妈也能完全接受。因此，当女儿回娘家告状时，妈妈不但不劝解女儿，反而一起指责女婿一家人。

"我们都没舍得说女儿半句不是，嫁过去还没一个月，婆婆就说我女儿这也不对，那也不对。"

在经历了几次失败的婚姻后，这位女性才意识到，妈妈常常说她是对的，但其实自己并不是一直都是对的。

妈妈们不能无原则地顺从孩子的要求有两个原因：一是青少年的预后能力较弱，他并不清楚自己的选择和决定有什么后果。二是这种妈妈会使孩子长大后不能接受别人的意见，人际关系和婚姻都容易变得紧张，就像上面那位多次离婚的女性一样。因为从小妈妈溺爱，她没有机会去感受别人的想法也和自己的同等重要，因而不肯做出让步和妥协。

所以，孩子提出不合理的要求时，妈妈们既不能一口拒绝，也不能满口答应，而要利用自己的经验告诉孩子，满足他后会引起什么问题，让孩子明白妈妈为什么要拒绝他的要求。要做到这一点，妈妈

> 许可型妈妈最常见的思考误区：
> 1. 答应孩子的任何要求，不是放任，而是真正的民主教育。
> 2. 孩子有自己的判断能力，所以妈妈不必限定他的行为。

们首先必须明白，放任孩子是不行的，因为孩子会本能地选择对他有利的方面。

尊重孩子，并不等于要完全顺从于孩子。一味顺从不是民主，而是对孩子不负责的表现，因为把所有的选择权交给了孩子，妈妈就不用和孩子争吵了，一时也轻松了。但孩子成年后得为这种管教方式付出沉重代价。

妈妈应该知道的

◇○ 如果你的管教过于严格而且不容孩子质疑，那么容易导致孩子出现心理问题，人际关系较差，缺少朋友，难以适应社会。

◇○ 在独裁型家庭环境中成长的孩子，容易形成"回避型依恋"或"焦虑型依恋"。回避型依恋的人约占25%，他们渴望得到关怀和爱情，但是不相信别人，所以很难发展亲密关系，也容易分手，人际关系差，缺乏责任感。焦虑型依恋的人害怕被拒绝，容易失望和愤怒。

◇○ 权威型妈妈是最理想的。能制订规则指导孩子，爽快地答应孩子的合理要求，和孩子沟通其不合理的要求。在这种环境中成长的孩子自我控制力强，能够承担责任，心理和情感发展平衡。

◇○ 许可型妈妈完全顺从于孩子的意思，答应孩子的任何要求，因为她们认为这是民主的管教方式。但其实不是，并且容易导致孩子缺乏责任感，依赖性强，以自我为中心。

◇○ 因为青少年很少去思考自己的选择和决定意味着什么，而且不容易接受别人的意见，所以你不能没有原则地顺从于孩子。对于孩子不合理的要求，你要明确告诉孩子这样做会出现什么后果，让孩子明白自己被拒绝的原因。

严格还是专制，
这是个需要思考的问题

很多妈妈都很崇拜"虎妈"，因为这位美籍华人妈妈通过严格管教孩子，比如琴练得不好就不准吃饭，大骂女儿废物，不准看电视，后来大女儿被哈佛大学和耶鲁大学同时录取。在很多妈妈眼里，孩子考上好大学，就是自己教育的成功。

之后，有电视台又找到一位"狼爸"去谈自己的育儿经。如果说前面的"虎妈"懂些育儿心理学，那么后面这位在电视上露脸的"狼爸"，则完全信奉棍棒出人才的理念，他制订孩子训练的计划，主宰了孩子的生活，对孩子实行专制。

体罚和过度严格对孩子的成长好吗？

我询问过好几位年轻妈妈对"狼爸"的看法。她们都声称自己不会那样对待孩子。"那都是老一代人管教孩子的方式，早就过时了。现在的妈妈们都受过良好教育，没有人那样做了。"

真是这样吗？这几位妈妈并不知道，她们的孩子已经事先告诉我，妈妈经常打他们。

为什么妈妈们会说一套做一套呢？

当我具体说到某天孩子因为犯错被她痛打一顿时，她说那只是想让孩子记住教训，并不是想体罚孩子。妈妈们体罚孩子的理由都千篇一律：为孩子好，所以打了也不算打。

疼爱孩子的妈妈们为什么会用使孩子肉体疼痛的方式来让他们记住教训呢？因为这种方式最简单，而且在当时看来也最有效果。心理学家发现，经常体罚孩子的妈妈，很少去思考这种管教方式导致的后果。

青春期是孩子渴望独立的阶段，而妈妈却想牢牢控制孩子。过度严格会导致两个后果。

第一个后果是：如果是性格内向的孩子，妈妈越严格，孩子就越无助。妈妈是孩子最信任的人，如果妈妈打骂自己，孩子就会认为，所有人都不喜欢他，连妈妈都不能信任。所以这类孩子容易形成焦虑型依恋性格。这种性格的孩子害怕拒绝，不敢提出合理的要求。他们不得不服从权威，但又不相信权威，所以心里很痛苦，这种人的情绪容易抑郁，私底下牢骚也最多。

过度严格的第二个后果是：如果是性格外向的孩子，妈妈的控制越强，孩子的反弹就越大，因为外

> **妈妈对孩子过度严格的严重后果：**
> 1. 内向的孩子：妈妈越严格，孩子越无助，私下越爱抱怨。
> 2. 外向的孩子：妈妈越严格，孩子越叛逆。

向的孩子个人主义强烈。这种情况在各个民族中都可以看到：民族的个人主义越强烈，政权对民众的控制就越少。因为人就像弹簧，压制越厉害，反弹力就会越大。

青春期孩子的反抗

青春期孩子反抗妈妈专制的方式很简单，那就是撒谎。

有一位妈妈是军人，所以她自然地将军队对官兵的严格要求搬进了家里。现在有些私立学校甚至以此招揽学生：军事化管理，全封闭式教学。作为深知民主教育对孩子重要的人，肯定想不通妈妈们为什么会将自己的孩子送进一所这样的学校。妈妈们选择的理由很功利：孩子能考上好的学校，所以严格管教孩子是合理的。

这位妈妈像在军队工作一样，给上初二的儿子制订了详细的学习计划表，从每天到每月，学习目标写在一张纸上，然后挂在墙上。儿子一回到家，电视、电脑、手机就全都关掉，自动坐在桌子前学习，到了休息时间，就听听她选好的音乐。

让这个孩子感到幸运的是，妈妈只有周末才能回家。所以，在妈妈即将回来的日子，他总是先打电话问："今天妈妈回来吗？"确认了妈妈不能回来之后，他就故意晚些回家。如果爸爸问起，他就随便找个借口。

有一次，妈妈在电话中说不回来，可他到家时妈妈和爸爸已经准备好了鞭子。没办法，他只好编了一个故事：从补习班回家的路上，几个社会上的小青年逼他拿出钱来买烟，还陪他们打扑克牌，直到晚上9点才放他走。

妈妈一听，哪里还想着要教训儿子，马上想着保护儿子。渐渐地，他只要在外面玩得太久，回家晚了，就编一些故事来欺骗妈妈。

还有一个六年级的女孩,因为妈妈管得太严,动不动就打她,最后她养成了离家出走的习惯。只要做错了事,她意识到回家会被妈妈打,就关掉手机去同学家。现在的治安状况让妈妈尤其担心女儿,所以女儿很晚了还没到家,妈妈就急得像热锅上的蚂蚁,哪里还想着要教训孩子。

那些离家出走的孩子告诉我,其实他们也不愿离家出走,担心遇到坏人。他们经常后悔自己不回家,但一想到这时回家妈妈一定更加生气,会打得更厉害,所以只得拼命熬到足以让妈妈担心的时间才敢回家。

对孩子严格是为了什么?

在孩子进入青春期之前,妈妈们的严格控制发挥了一定作用。但是到了青春期,严格控制就不能完全发挥功效了。这时,如果妈妈们不是想着做出改变,而是加紧控制孩子,那孩子就会强烈反弹,因为青春期的孩子有很强的独立意识,不再甘愿受控制。

心理学研究表明,自尊心越强的妈妈,对孩子越专制。所以,如果性格内向的孩子对你的严格管理服服帖帖,或者性格外向的孩子开始撒谎或离家出走,这时你应反思:"我这么严格要求孩子是为了什么?是为了教育孩子,还是为了维护自己的自尊心?"

严格要求孩子,只是为了教给孩子必要的东西,绝对不是为了维护妈妈的自尊,更不是为了让妈妈过得舒服,否则就有将严格变成专制的危险。

所以,妈妈们在制订严格的管教规则时要想一想:"我制订这么严格的规则对孩子有什么好处?这些规则对孩子有什么负面影响?换一种民主的方式是否可行呢?"这种反思能使妈妈们变得开明而又不失权威。让孩子感受到妈妈的权威而不是权力,是孩子自愿服从管教的关键。仅仅是严格控制,结局就和没有规则的放任一样,甚至更严重。

妈妈应该知道的

◇○ 孩子犯错误时使用暴力惩罚孩子，在你看来是为了帮助孩子记住教训，但是对孩子的心理健康有害，这会让孩子以为暴力是解决问题的好方法，于是用同样的方法对待其他同学。

◇○ 对待孩子过度严格，会使性格内向的孩子感到无助，不信任他人，形成焦虑型依恋。外向的孩子会对你的严格管控做出反抗，而他最简单常用的方式就是说谎或离家出走，让你感到担心。

◇○ 管教孩子是为了让他养成好的习惯，形成良好的生活、思考方式。你在管教孩子之前应该思考：如果用民主的方式能达到同样的效果，何乐而不为呢？

弄清楚放养、放任和民主

一位朋友很自豪地告诉我,她那上初一的孩子一点也用不着她操心,因为她相信民主的管教方式能提高孩子的创造力。"你经常限制孩子这也不行,那也不行。最后孩子的发散性思维就会受到影响,成为只会执行的应声虫了。所以我放心地让孩子去做他想做的事情。我不干涉他,也不引导他,让他自己去探索适合自己的道路。"

她的这种教育理念会导致什么样的后果呢?

有一天,我去她家做客见证了她为此吞下的苦果。当时她正和孩子为一件小事争得面红耳赤。看到我进屋后,孩子大声吵了几句,然后跑进自己房间,哐的一声把自己锁在了里面。朋友说,这孩子就这脾气,她也懒得管了。我看得出,当时她很生气。但孩子进屋后,她的气就消了不少。

这是很多妈妈对待孩子的方式。对孩子的错误行为不是纠正,而是默许,并自以为这就是民主的管教方式。时间长了,有时妈妈见到孩子某些行为过分,想要管教孩子,但孩子已经习惯了放任的生活,所以妈妈一管教他就会强硬反弹。一两次管教没有效果,妈妈也不再进行教育指导了,因为妈妈已经没有勇气管教好孩子了,于是安慰自己:孩子总有一天会意识到自己的错误。

这样做的结果是,孩子不知道什么该做,什么不该做。比如孩子顶嘴时妈妈没有教育孩子,孩子就会继续第二次、第三次……最终,孩子发展到辱骂甚至殴打妈妈。

关于这个问题,我讲一个真实的故事。我的表叔是奶奶娘家三代单传的"香火",所以从小他的妈妈就宠爱他、放任他,只要是他想要的,都想方设法满足他、顺从他。这种管教方式造成了严重后果:他结婚后开始虐待自己的父母,对父母拳脚相向成了家常便饭,有好几次他甚至把正在炉火上的开水倒在他妈妈的头上、脚上。他成了全村人眼中的不孝之子,是所有妈妈管教孩子时必说的反面典型。

放养和放任一样吗?

我们不少妈妈都信奉不处罚,不管教,让孩子自己探索的教育方式,并美其名曰"民主教育"。妈妈们为什么把放任不管叫作民主呢?这不能只怪妈妈,不少人都有一个误区,认为绝对自由才是真正的民主。

妈妈的理想很丰满,但现实很骨感。虽然专制管教会扼杀孩子的创造力,但妈妈们放任不管,只是从一个极端走向了另一个极端。因此,严格来说,这种教育方式不是真正的民主,而是放任,连放养都谈不上。

放任和放养比较类似,但比后者的限制更少。看看牧民对牛马的喂养方式,就能明白这两者的差别了。放养的牛马可以在规定的范围内任意驰骋,但超过牧民设定的限界,牧民就会亲自或让牧羊犬把它们赶回来。而野生动物则不受这种限制,就是说野生动物过的是放任式的生活。

其结果是,野生动物虽然自由,但付出的代价也相当大:食物得不到保障,生命经常有危险。放养的动物虽然也有生命危险,但不至于像野生动物那样整天提心吊胆地生活,因为牧民给它们建立了安全的保障。

所以,从这个角度来说,放养是更为宽泛的民主。但是,青春期的孩子就像羊群中那几只不安分的家伙，只要妈妈们稍不留意，他就会犯错。

妈妈们不能放任孩子，因为孩子的行事标准是想做和当时喜欢做，而不会理性思考这样做的后果。非理性思考是我们认识这个世界的一条捷径。如果事事都需要三思而行，那我们不但觉得很累，而且认识世界的速度也很缓慢。所以，处于急需认识世界、渴求了解世界的青春期，孩子自然倾向于非理性的思考方式。

这个阶段的孩子不去反问自己："为什么要这样做？"而是在想："为什么不能这样做？"一位心理老师问经常和妈妈吵架的女中学生："你为什么要和妈妈吵架？"她的回答是："你以为我愿意啊，她总说我惹她生气，其实是她让我生气。我为什么不和她吵一架呢？"

没有规则，是害不是爱

有人将培养孩子和养狗进行类比。这听上去让人难以接受，但事实上是有道理的。养过狗的人都知道，很多狗都是在一岁左右被主人抛弃的。一岁左右的狗，差不多就相当于人的十几岁，所以狗在一岁左右时正处于青春期啊。

我询问过很多养狗人士，他们都一致地说："抛弃自己的狗其实也不愿意，但那只狗太气人，经常咬沙发、叼鞋子，抬起腿就对着垃圾桶、热水瓶等柱状家具撒尿，厨房、客厅的地板经常看到狗屎。不抛弃它，我自己的生活就毁了。"

狗的这些讨厌的行为其实在它们出生不久就有了。但我们刚把小狗带回家时，觉得它随地撒尿或乱咬东西，看起来也可爱，只是后来受不了它一直那样。如果一开始主人就对小狗进行训练，那就能和狗幸福地生活了。对小狗放任不管，导致了自己无法和狗共同生活。

这种情形和妈妈们养育孩子非常类似，唯一不同的是，当孩子养成了讨厌的习惯后，妈妈们不能像对待狗一样，将自己的孩子抛弃。所以放任不管的结果是，孩子会给妈妈们带来永远都难以摆脱的麻烦。

爱孩子，就要教给他什么是错的，为什么是错的，以及什么才是对的。如果妈妈们不想对孩子管得太多，或是孩子经常犯些小错误，一时难以完全纠正过来，那么妈妈们务必给孩子设定不能越过的底线。放任不管的孩子长大后，只以自己的喜好为选择标准，所以变得没有明确的目标和缺少坚持的韧性。对待那些必须做但又不想做的事，他会不断问妈妈："为什么要做？"这不是他想了解情况，而是想找到可以不做的理由。

> **妈妈要这样爱孩子：**
> 1. 告诉孩子是什么是对的，什么是错的，犯了错怎么改正。
> 2. 给孩子设定行为规则，以及不能跨越的红线。

不管不问的放任，不是对孩子的爱，而是对孩子最严重的伤害，因为这剥夺了孩子养成遵守规则习惯的权利。不懂规则的孩子长大后，也不会自觉地遵守法律。结果，妈妈的放任，导致了孩子成年后用沉重的代价来换取教训。这就是妈妈们错误地爱孩子的严重后果。

妈妈应该知道的

◇○ 你不能对孩子放任不管，因为绝对的自由不是真正的民主。青春期孩子行事的标准不是后果会如何，而是自己想做、喜欢做，因此容易做出非理性的思考和判断。

◇○ 给孩子制订必要的规则，划定不能逾越的底线，有助于孩子养成良好的习惯。

◇○ 青春期形成的习惯，成年后就很难改变，尤其是错误的行为，往往会影响终身，典型的例子有"老人不会变坏，只是坏人变老了"。

孩子，有妈妈替你善后

有个男生在校园里开快车撞死了一名女学生，于是人们将他围住，不让他开溜。这时他冲着人们大喊他的父亲是公安局局长。

关于这起事件的版本有很多，多数人说是儿子想仗着父亲的名脱身，有人说是媒体歪曲了事实。但不管是哪种版本，我们在此只关注：为什么孩子会说这样的话？为什么孩子不知道，这不是拼爹，而是在坑爹。

妈妈不该做孩子的清洁工

孩子习惯性地搬出爸爸妈妈为自己撑腰，很可能是平时妈妈的言行就暗示了孩子："孩子，你随便走，你后面有老爸老妈呢。"

没有谁希望自己的孩子变坏，妈妈们这样暗示孩子，只是想让孩子少受委屈。但孩子接收的信息是："我可以随便做，就是做了错事，妈妈也会给我处理的。"

正是这种想法，使得一个问题少年成了派出所的常客。他初二时退学，一年后又复学。因三次盗窃和多次群体斗殴进过少管所，好不容易才放出来。他现在很清楚自己的处境：再犯一次，他想出来就不可能那么容易了。

和他交谈时，心理老师发现他的想法和我们完全不同。他觉得自己被关进少管所不是因为自己有坏意图，做了坏事，而是因为运气不好，总之，他觉得自己被关进去是很冤的。

他的妈妈也有同样的想法。"那么多孩子都做过这种事，为什么偏偏就我儿子被关进去呢？我认为媒体有一定的责任，因为我和孩子他爸都是名人，媒体为了迎合读者，抓人眼球，所以就揪住我儿子不放。比如说，有次他用一把废钥匙打开了地铁附近的一辆山地自行车，打算骑一圈就放回原地，但刚骑上去就被便衣警察连人带车掀翻在地，不容他解释便扭送到派出所，说他开锁那么快，一定是惯偷。"

这个孩子看起来没有丝毫的内疚感。

"你给自己和妈妈添了这么多麻烦，感到惭愧吗？"心理老师问他。

"这有什么好惭愧的。"

"你就没想过这会使妈妈感到痛苦吗？"

"没有想过这个问题，再说这也不是什么大事。"

心理老师能理解他为什么会说出这样的话。他小学时把同学推下楼梯，妈妈出面替他向被害人请求和解，出钱为他摆平惹下的麻烦。偷开地铁附近的自行车，妈妈把他从派出所领出来。他不记得自己闯了多少祸，他只知道父母有雄厚的财力和深广的人脉，不管自己做了什么事，最后都有妈妈为自己妥善处理的。

让孩子自己承担后果

没有妈妈会想："我的孩子变坏了也没关系。"上面那个问题少年的妈妈也和其他妈妈一样，想给孩子提供最好的成长条件。孩子犯错了，怕影响孩子的未来，所以偷偷地给孩子善后，处理得就像根本没有发生过一样。

她这种积极善后的做法对孩子有好处吗？

从当时来看是有好处的，因为这样孩子就不用承担责任了。但从长远来看，这样做非常有害。因为这样做不但不能纠正孩子的行为，反而会使孩子这样想："没事，反正无论怎么做，都有妈妈给我收拾残局。"正是这种想法，导致孩子离正途越来越远。

所以，孩子犯下错误后，妈妈们不能只为孩子揪心，赶紧去处理好孩子制造的麻烦，也要冷静地想一想："我这样做孩子得到了什么，失去了什么？"不管采取何种办法，都必须让孩子明白，妈妈虽然能帮助他，但有些事情他得自己承担责任。

让孩子明白这个道理的办法，就是在孩子犯错时，让他去体验苦恼和承担结果，要他自己找到解决问题的办法。妈妈们要做到这一点，首先要有这样的意识：为孩子善后的目的，不是为了减轻孩子的责任，而是为了减轻受害者的痛苦。可是，绝大多数妈妈积极地为孩子的错误善后，都不是为受害者考虑，而是怕不积极善后，自己的孩子就要受苦，或是承担更大的责任。

> **为什么要孩子承担所犯错误的责任？**
> 1.以免孩子认为犯错没有后果。
> 2.从痛苦中能更快学到教训。

心理学研究表明，我们的大脑存在一个控制痛苦的情绪中枢。当我们做出令人痛苦的事情时，这个中枢就会发出"中断行为"的指令。所以，孩子能在痛苦和烦恼中很快就学会人生的教训。而经常由妈妈处理麻烦的孩子认为，只有妈妈清理掉障碍物自己才能继续前进。所以障碍物出现的时候，就站在障碍前等待妈妈来解围，连越过去、找别的路的想法都没有。

但妈妈不是孩子麻烦的终结者。妈妈的作用是给孩子指明方向，使孩子不至于迷失自己，而不是替孩子解决所有的麻烦。所以，当孩子受挫时，妈妈的主要作用是鼓励孩子克服它继续前进。代替孩子解决问题，虽然自己暂时是轻松了，但孩子养成依赖的习惯后，妈妈们就会背负不能承受的负担。

很多事实都证明，妈妈积极替孩子承担后果，非但不能挽救孩子、帮助孩子，反而会毁了孩子。有些妈妈会说，这些都是富二代、官二代或星二代妈妈们做的事，自己一介平民，哪来那么大的能力替孩子善后？所以不用担心这个问题。

这是一个很严重的认识误区，因为妈妈们替孩子承担后果也包括生活和学习中的一些事情。比如我们经常看到有妈妈替孩子写作业，因为不帮他，开学时孩子就会受到委屈。或是孩子打了其他同学，自己不出面，孩子就会被老师或对方父母指责。甚至有些妈妈为了孩子能考入知名大学，不惜买通监考人员。这些手段会使孩子以为自己做了任何麻烦事之后，都有父母替自己出主意，或是完全善后，所以更可能放纵自己，最终不得不付出沉重的代价。

妈妈应该知道的

◇○ 你应做孩子精神上的坚强后盾，而不是成为孩子的麻烦终结者。
◇○ 为了让孩子少受委屈，你总是出面给孩子解决各种问题，容易使孩子缺乏责任感，做事随性而为。如果你收拾残局之后没有对孩子进行批评教育，孩子就意识不到自己的错误，以后很可能还犯类似的错误，而且很不以为然。
◇○ 你应及时纠正孩子的错误行为，让他意识到自己给他人带来了什么样的伤害。他犯错后要让他自己承担责任，自己想办法解决或弥补。这能帮助他从中吸取经验教训，避免走上弯路。

善待自己的孩子

一个周末的下午,我从商场出来,经过一家餐馆时走了进去。刚坐定,一位妈妈带着十三四岁左右的女儿也走了进来。妈妈先进来,她的女儿稍微迟几步。"你就不能走快点吗?走路不要玩手机,你又把我的话当耳边风了?动作快点,别磨磨蹭蹭的。"妈妈对孩子说话时都是命令和指责的口吻。

女孩的回答则显得很不耐烦。"够了。每次你都能说上一大堆。你烦不烦人!"说话时脸上不是快乐和纯真,而是不满和畏惧。

很多青春期孩子都有边走路边玩手机的习惯,现在汽车多,新手司机很多,而且司机的交规意识也不是很强烈,妈妈们都担心孩子的安危,所以类似于上面这位妈妈的话随处都能听见。而孩子一般也用轻视妈妈的话来回应。

青少年的行为是反复学习的结果

妈妈们是不是有这种感觉?自己怎么想的,孩子也是怎么想的;自己习惯于某种语气说话，孩子也是这种说话语气。妈妈们这种感觉是对的，因为父母是孩子模仿的主要对象，所以他的思考方式、说话语气，都和父母很像。

正是这个原因，我们看到父母的言行，就能大致推断出孩子的性格；而看到孩子的言行，也能大致反推出父母的性格。比如，如果妈妈们总是否定孩子，那孩子也经常会否定别人；如果妈妈们看问题比较乐观，那么孩子就也会因这种正面思维而充满自信。

类似地，如果某个孩子不自信，那他的父母可能倾向于从负面看待问题；孩子对同学的语气很友好，那他的父母对别人也很友好。因为父母的言传身教，会潜移默化孩子的言谈举止。

比如像上面那对母女的对话，妈妈从来就不管孩子的感受，用训斥的语气对待孩子，那么孩子对弱势的同学或朋友不满时，就会搬出妈妈训斥自己的那一套对待对方。所以在别人看来，孩子对待别人的态度，以及建立人际关系的形式，就和父母们很像了。

我遇到不少在小时候经常被妈妈责骂、甚至殴打的孩子，进入青春期后便一改从前挨打时缩成一团的行为，抓起妈妈挥来的棍子，或是接过妈妈责骂自己的话头进行回击。

心理学家发现，这种青少年也爱用类似的暴力方式对待比自己弱小的人，因为妈妈施加在自己身上的暴力，使他产生了这样的错觉：暴力是解决问题的不错方式。

在校园暴力中，多达九成的施暴者自己也曾是暴力的受害者。所以，以后自己的孩子在学校打了别人时，妈妈们应一改以往"你为什么要打人？"这个问题，而要用"是不是以前有人欺负过你？"取而代之。

当孩子实施暴力时，妈妈应牢记一点：因为孩子被人打过，所以才知道暴力是解决问题的有效途径。这就是惩罚的习惯性：经历过，所以知道。青少年的大部分暴力行为，都是反复学习的产物。更具体地说，多数孩子的不当行为，是从父母身上学来的。

不善待孩子会有什么严重后果？

一名初三男生因经常欺负低年级的同学,被送到学校心理室,他向心理老师诉苦。从他记事起,他的爸爸就爱喝酒,回家后就辱骂他和妈妈。如果妈妈一开口,就会招来雨点般的拳头。无数次,妈妈用无助的眼神看着他,而他这个时候通常都是躲在墙角缩成一团瑟瑟发抖。所以,在小学毕业的同学留言册上,他的梦想是狠揍爸爸一顿。

如果不了解他的家庭环境,就很难理解他为什么要写下这样的话。最终因为父母离异,他没能实现梦想,但他将拳头对准了比自己弱小的同学。另一名爱辱骂甚至殴打同学的女生在谈到她的家庭环境时,多次提到她妈妈对她施加的语言暴力。"妈妈总是骂我。我说不要骂我,她就会说像我这种人,学习不好,什么都干不好的人,就该挨骂。我说请尊重我的人格,谁知一说妈妈就打我。妈妈在单位对领导、同事和来客总是笑脸相迎的啊。我真想不通,她一回到家就变了脸,经常无故对我和爸爸发脾气。她喝酒后总骂我们。只要我一开口,她就会动手打人。如果爸爸开口,她就乱摔东西。"

心理学研究表明,不善待孩子的妈妈,多数都有饮酒习惯。她们不但会辱骂孩子、殴打孩子,甚至还会虐待孩子。在这种妈妈身边长大的孩子,不可能有正面的自我形象。因为得不到妈妈的善待,孩子会形成回避型依恋性格。这种性格的人总是看别人的眼色行事,从不相信别人,因为他们时时都担心自己受到伤害。

这是一种由于长期得不到父母的善待而形成的受害者心态。如果孩子形成了这种心态，那他在任何情况下的想法都是负面的，所以找弱小的孩子发泄心中的怒火就不足为奇了。

受害者心态除了会导致严重的负面自我形象，还会形成脆弱高自尊性格。所以，具有受害者心态的人不但自我形象倾向于负面，并且会为了维护自尊而防御和攻击别人。

所以，妈妈们要从说话和行为上善待自己的孩子，不但要避免对孩子施加任何形式的暴力，而且在孩子表现出暴力倾向时要及时纠正，不能忽视孩子的任何一次不当行为和言辞。

> **妈妈不善待孩子的严重后果：**
> 1. 形成回避型依恋性格：讨好强势的人，欺负弱小的人。长大后也不会善待父母。
> 2. 形成脆弱高自尊性格：没有安全感，从不信任别人，动不动就攻击别人。

妈妈应该知道的

◇○ 孩子的思考方式、说话习惯，都是从父母那里慢慢学来的。因此，如果你的思考方式是正面的，那孩子也会正面地看待问题。如果你对事物总是抱有负面的看法，那么孩子也会缺少正面思考，没有自信。

◇○ 如果孩子得不到善待，那他也不会善待他人甚至是自己的亲人，因为他会认为辱骂、殴打和虐待是解决问题的有效方式。

◇○ 得不到父母善待的孩子，容易形成负面的自我形象，不信任他人，爱欺负弱小的孩子。所以你不但要善待孩子，还要在孩子表现出不当行为时及时制止。

测试：对子女行为的态度自评量表

本量表由美国心理学家 Campis 等人设计，适用于孩子处于青春期的妈妈自测。

以下有这些句子形容你对自己的感受，请勾选出最符合自己的选项，其中，1 = 很不符，2 = 不符，3 = 不确定，4 = 符合，5 = 很符合。

条目	1	2	3	4	5
我对孩子的事总是心里没数。					
我有时无法约束孩子的行为。					
我有时对孩子的行为感到绝望。					
我受不了孩子发脾气，所以经常随他/她的意。					
我发现有时孩子能让我做些我本不想做的事。					
孩子的所作所为常常离我要求的相差甚远。					
如果我很累，会让孩子做些平常我不让做的事。					
我有时觉得自己难以管教孩子的行为习惯。					
我允许孩子自行其是。					
我觉得让孩子改变主意并不难。					

评分及结果分析：

1. 所选数字表示该条目的得分；

2. 所有条目得分相加即为总分，范围是 10~50 分，超过 27 分，表明你觉得自己的孩子难以管教。继续加强学习哦。

PART 04 思维陷阱,妈妈请绕行

本章主要介绍妈妈们管教孩子时的错误观念,以及它们对孩子成长的不利影响,并从心理学的角度帮助妈妈们改变思维,跟上青春期孩子的发展。阅读本章之前,你可以先问自己下面这几个问题:

◇ 别人说你的孩子有问题时你是怎么想的?
◇ 妈妈翻看孩子的手机或日记本很正常吗?
◇ 自家孩子被欺负了,你会怎么办?
◇ 妈妈怎样做,孩子才肯说出心里话?

父母在教育孩子时,通常只是让他们适应当前的世界,即使它是一个堕落的世界。

［康德］

我的孩子没有问题

我曾在街头和校园里做过一次调查研究,其中有个问题是询问妈妈们认为自己的孩子有什么问题。除了个别妈妈说出了孩子的一些无关痛痒的小问题之外,绝大多数妈妈都说:"我的孩子没有问题。"

即使有人指出她们的孩子做过的错事,妈妈们也会否认或将它弱化,比如这样说:"那根本就不叫事。""那种小事没关系的。"

妈妈们给出的这些答案,透露出她们对待孩子问题的两种错误态度:因扭曲的爱所引发的过度护短,以及害怕担责所导致的不敢正视孩子的问题。

妈妈护短是个陷阱

提起校园暴力,养女儿的妈妈们可能觉得与自己没有关系,认为那是男生才会干的事。但事实上,女生施加暴力的现象也相当普遍,并且最常见的是联合其他女生组成小团体,集体排斥某个弱势的女生。有时,女生之间也会发生相当严重的暴力事件,尤其是在职业中学,这种情况更为常见。

在北京一所职业高中担任心理老师的大学同学告诉我，她朋友所在的学校最近发生了一起女生暴力事件：一个宿舍住了6名女生，其他5名女生殴打一名女生，让受害人下跪、喝洗脚水，还扒光衣服拍裸照威胁不许报告老师，受害人说她被逼迫卖淫供她们花销，才不得不向派出所报案的。

不选择报告老师，是因为她觉得老师无法为她提供安全保障。这起虐待事件的起因，是受害者向一名男生说了其中一个女生的坏话。

当施暴者的妈妈们赶到学校时，其中一位妈妈的话让大家都很吃惊："我的孩子没有问题。她从不招惹别人，别说这样虐待同学了，看到有人虐待小猫小狗，她都会掉眼泪。所以，你们肯定搞错了。"

另外几位妈妈也极力为自己的女儿开脱：

> 妈妈A：我也最恨别人在背后说坏话。做了这种事情，被打不奇怪，不被打才怪呢！谁叫她嘴碎呢？
> 妈妈B：我的孩子也被打了。你看她的头发都被扯了这么大一把，脸上还有被她抓的伤痕呢。
> 妈妈C：又不是说我女儿的坏话，她又不缺钱用，换上你，你会去打一个人吗？真正动手的是其他女孩……

很多妈妈都有这三种想法。首先，如果自己的孩子被说了坏话，那他打人并不算错，因为对方有错在先。这是施暴者妈妈们最常用来为孩子开脱的方法。这种妈妈的打人逻辑是：如果对方不先犯错，那后面的事就根本不会发生。所以自己的孩子没有问题。

施暴者妈妈们的第二种想法是：自己的孩子在厮打的过程中也被对方伤着了，所以就认为对方也有错。妈妈们的这种逻辑是：虽然我打了你，但你也打了我，所以最后算下来扯平了。

至于施暴者妈妈们的第三种想法，是自己的孩子没有打人的理由，只是当时"碰巧"站在旁边。这种妈妈的逻辑是,没有打人的理由,你会打人吗?

这些想法都是不对的,并且,很多妈妈还有这种倾向:如果是几个孩子共同实施了暴力,那就把责任推到其他孩子身上;实在推不掉,或者自己的孩子是主犯,那就按施暴人数平分过错。妈妈们唯独想不到向受害者道歉。比如上面那起虐待事件中,只有一位孩子的妈妈向受害者道歉,其他妈妈拒绝道歉,因为她们始终不肯承认自己的孩子有错。

结果,只有提议应该向受害者道歉的这位妈妈多次去医院看望被虐待的女生。为了得到受害者及其父母的原谅,她甚至替女儿向受害者下跪。起初不肯道歉的孩子看到妈妈这样做,意识到了问题的严重性,因此认真反省了自己的行为。她不仅向室友及其父母表达了自己的愧疚,同时也向妈妈承诺以后绝不再犯这样的错误。

而护短的妈妈们,则不可能让孩子意识到虐待是相当严重的暴力行为,尤其是逼迫室友卖淫,已经触犯了刑法。相反,这些孩子甚至还认为,无论自己闯了什么祸,妈妈都会想尽办法解决的。

所以,扭曲母爱下的护短是个陷阱,妈妈们应清楚一点:护短和回避问题,只会导致更大的责任和问题。

敢于正视孩子的问题

和妈妈们交流时,我注意到一个很多妈妈都没意识到的问题:听不进别人对自家孩子的任何负面评价,即使别人提出的改进建议非常有用,也不会采纳的。比如,当老师们针对孩子的某一坏习惯给妈妈提出了建议,妈妈们嘴上说:"老师,真是太谢谢您指出了孩子的坏习惯。我以后一定会多管教他的。"但回去之后却想:"难道我还不了解自己的孩子吗?"

由于孩子是妈妈的宝贝,所以妈妈都认为自己的孩子是最棒的。妈妈们一旦有了这种想法,就不可能正视孩子的问题。事实上,不少妈妈之所以不参加老师组织的家长会,是因为家长会上老师要指出自家孩子的不良行为,妈妈们不敢正视孩子的这些问题,觉得老师的话让自己在其他家长面前丢脸。

> 妈妈对待孩子问题行为的错误态度:
> 1.过度护短。
> 2.不敢正视孩子的问题。

强烈的自尊心和虚荣心,使得妈妈们觉得别人一说自家的孩子有问题,就是在刁难自己、羞辱自己,所以不管对方的话对孩子有多好,都一概不爱听。但是,妈妈们不正视孩子客观存在的问题,就没法解决问题。

遇到别人说自己的孩子有问题,妈妈们该怎么办呢?

首先,妈妈们不要以为别人指出自己孩子的问题,是想让自己出丑。妈妈们产生这种想法,是因为走进了焦点效应的思考盲区:认为自己很重要,别人会关注自己的一举一动。在这种思考方式下,心胸会变得狭小。所以,妈妈要努力这样想:"除了坏人,没有人愿意得罪别人。老师指出我的孩子有问题,那说明他是真的想帮助孩子。"这样一想,心胸就会开阔很多。

其次,妈妈们不要认为孩子有缺点就是自己的耻辱。由于对孩子付出了太多的爱和心血,所以,在妈妈心中,孩子是无比珍贵的。为了不让别人觉得自己的孩子不那么珍贵，于是替孩子掩盖不足。但是，爱孩子，是要帮助孩子改进不足，而掩盖从来都不能使问题自动消失。

最后，妈妈们不要以为，只要不承认自己的孩子有问题，那就不用承担责任了。其实这只是表面现象，是短暂的幻觉。最终，妈妈们会因孩子出现更大的问题，而承担更大的责任。因为妈妈们护短和不敢正视问题，孩子会认为自己做的没有错。有些青少年向心理老师抱怨："既然我爸爸妈妈都觉得我做的事情没问题，搞不懂为什么老师和其他人却对我说三道四的？"

> 别人提出孩子有问题时，妈妈们常有的三种错误想法：
> 1.认为别人是想让自己出丑。
> 2.认为孩子有缺点是自己的耻辱。
> 3.认为不承认就不用承担责任。

总之，如果有人指出自己的孩子有问题，妈妈无论是出于自尊还是怕承担责任而认为他没有问题，那结果是他迟早会惹上大麻烦，因为他意识不到自己犯的错误有多严重。

妈妈应该知道的

◇○ 青春期的男孩最容易出现行为暴力，而女孩也并不能让你完全放心，因为她喜欢合伙排斥、孤立某个人，偶尔也会出现行为暴力。你应更关心孩子，更关注孩子细微的变化。

◇○ 护短看起来像是保护和关爱孩子，但实际上这是一个陷阱，而且很多妈妈一不小心都会落入这个陷阱。因为护短会让孩子听不得批评，认识不到自己的错误，缺乏责任感。

◇○ 很多时候老师或者其他人婉转地指出孩子的错误，你却不能接受，觉得伤了自尊。但不正视别人指出的问题，就无法纠正孩子的问题。因此你应冷静、客观、仔细地观察孩子的行为，和孩子进行有效的沟通，及时纠正孩子的错误行为。

妈妈看看日记有什么错？

一位妈妈告诉我，女儿和她冷战快一个月了。"真不知道现在的孩子是怎么想的，老跟我提什么隐私、私人空间。"她说，"女儿平时连日记本都锁起来。有一天我打扫女儿的房间时发现她的笔记本没上锁，我好奇为什么她总是锁上日记本，于是就拿起来翻了翻。吃晚饭时我无意中提到她日记中写的事情。她气愤地看着我：'妈妈，你偷看我日记？'孩子的爸爸说：'不能这样对妈妈说话。'女儿不理睬，盯着我说：'妈妈，你不知道偷看别人的日记是不道德的吗？'当时我差点儿气疯了，于是说：'我是你妈妈，看看你的日记有什么错？竟然被你说是不道德？'结果，就因为这件事，现在女儿回家都不肯叫我。"

"您来说说，做妈妈的翻翻女儿的日记，真有这么严重吗？"她用期待而迷惑的眼神看着我。

不妨来次微服私访

这位妈妈道出了多数妈妈的心声:"我是孩子的妈妈,看看孩子的日记,有什么不对吗?"但大部分青少年都反感妈妈翻看自己的日记。

相对于"偷看"日记这种冒险行为,有一种了解孩子的方法更可取:微服私访。在古代,皇帝或官员为了准确了解民情,就会采用微服私访的方式。

所以,为了准确掌握孩子的情况,妈妈们可以在孩子不知道的情况下,在上学路上跟着孩子。偶尔做一两次暗访的确有必要,因为在上下学路上,孩子的表现就是他的本来面目。

有些妈妈可能想:暗访一次两次能看到什么?

其实,偶尔这样做一两次的收获很大,比如可以得知孩子爱去哪里,和朋友们说话的语气。有些孩子在家总是沉闷、无精打采的,不想说话,但在去学校的路上却很开朗、精神百倍,和同学们聊个不停。

如果孩子旷课去网吧玩游戏,或是对同学的语气不友好,回家后就要和孩子说。比如,妈妈们可以说走在路上偶然碰到他。仔细问问孩子的这种行为是从什么时候开始的,有过几次了。孩子说"今天是第一次",并不能就轻易放过,因为这可能导致孩子习惯性说谎。

但如果妈妈们经常"跟踪"孩子,则是不可取的,因为青春期的孩子心灵敏感,容易产生怀疑。而一旦怀疑妈妈跟踪他,就会对妈妈大吼大叫,其后果比翻看他的日记更严重。所以,妈妈们的跟踪调查看上去要有偶然性。比如一位妈妈将儿子从农村转入市区的中学后,儿子上了几天学,就开始说这所学校的坏话。因为这是一所市区孩子都希望能进

> 妈妈想了解孩子情况的常见误区:
> 1.妈妈翻看孩子的日记是理所当然的。
> 2.一两次跟踪孩子没有用,要天天跟踪才清楚孩子的情况。

入的重点中学,所以这位妈妈坚持让孩子上这所学校。

"我讨厌这所学校。同学们都一群一群地玩,不许我加入,因为他们嫌我英语差,没办法交流。我也讨厌学英语。"

"你是学校的长跑健将,同学们都很佩服你啊。"

"他们都觉得那是体力活,没智力含量。"

"他们没有这样想,你跑步时同学们都在为你呐喊加油呢。"

但是有一天午餐时间,这位妈妈去学校办事,看到了意想不到的场面:城里的孩子们坐在一起吃饭,而自己的儿子和另外两名农村学生挤在一个角落里。她立刻明白了孩子为什么讨厌新学校,第二天就着手帮助孩子创造一个良好的社交圈子。

通过电话管理孩子的行为

我的堂哥是铁路部门的职员,他说用电话查岗是领导们最爱做的事。"XX现在你在哪里?如果说在办公室,马上要求你用办公室的座机给领导回个电话。"这种通过电话管理员工的方式,非常奏效。

所以,妈妈们有时候也会根据孩子的生活环境和习惯,用电话突然"查岗",这种方式也有暗访的效果。比如,一位妈妈将女儿送到美国芝加哥上高中,暗访的方式就是偶尔在中午12点的样子给女儿打电话,这时芝加哥大概是晚上11点。这位妈妈说,如果这个时间了女儿边走边接电话,电话中有明显的噪声,说明女儿还在外面没有回学校。

有些妈妈也用同样的方式来确定孩子放学后到家的时间。自己在上班无法回家,于是在孩子通常到家的时间给孩子打电话:"放学到家没有?到了用家里的电话给妈妈打个电话。"妈妈们以为这种方式可以控制孩子的行踪,可以避免孩子放学后去网吧打游戏。

但实际情况是,这方便了孩子利用电话来控制妈妈。孩子只要用家里的电话给妈妈打了电话,妈妈就放心了。可是孩子独自一人在家的时间有一到两小时,这些时间孩子可以写作业,也可以干点别的,比如用手机上网看段色情视频,或是打一阵游戏。相当一部分男生都说,他们会充分利用这段独处的时间看十分钟左右的色情视频。

因此,如果妈妈长期依赖电话查岗,孩子就会产生这种想法:"反正妈妈从来不确认,所以我偷偷干什么她不会知道。"

但如果妈妈们经常不定时地向孩子确认行踪,孩子会觉得:"我做什么妈妈全都知道,那不如开始就都说出来,绝对不能对妈妈隐瞒。"孩子形成这种意识后,才可能坦诚地和妈妈交流。

如果放学后不想回家,而妈妈打电话又不接,怎么办呢?有个软件叫"Ignore No More",是一位从海湾战争退役的"虎妈"专为不爱接自己电话的儿子开发的。如果孩子多次不接妈妈的电话,手机将会被锁死,不能上网、玩游戏,只有紧急呼叫功能和回呼妈妈的功能可以使用,如果孩子想正常使用手机,就必须向妈妈要解锁密码。

刚开始时,孩子可能会觉得这是干涉他的生活,所以妈妈们事先要征得孩子的同意,让孩子亲手写下同意安装软件或电话查岗的协议书。孩子一旦这样做了后,面对妈妈执行协议时,就不会有像翻看他日记那样强烈的情绪。更重要的是,不断向孩子确认行踪,孩子更可能养成遵守规则的习惯,这一点是翻看孩子的日记无法做到的。

看孩子的日记虽然没有什么大错,但也没有好处,因为妈妈们即使在日记中看到了孩子存在某些问题,也不能直接提出,否则孩子就会发现你偷看他的日记,认为你侵犯他的隐私,因此竖起防御的心墙,拒绝和你进行任何有效的沟通。

> **妈妈用电话"查岗"要注意的问题:**
> 1. 用打电话的方式向孩子确认行踪,打电话要不定时。
> 2. 在使用辅助软件前,首先要征得孩子的同意,不然孩子会认为妈妈是想控制自己。

妈妈应该知道的

◇○ 孩子很反感别人看他的日记。对翻看自己日记的人的强烈抵触情绪，使他不愿再和你说话。而且看孩子的日记也只能知道孩子的一些想法和"秘密"，不能看出孩子是否有问题行为或是不好的习惯。

◇○ 在孩子上下学的路上悄悄跟着，做一次暗访，可以了解孩子平时的表现和行为，也可能会找出孩子不愿做某件事或提出某种要求的真正原因。但是经常这样做会使孩子敏感的心灵受伤。

◇○ 可以通过突然打电话的方式监督孩子的行为。不断确认孩子的行踪，能促使孩子遵守规则，也能让孩子更有意识地和你真诚交流。

不可能，
以前总是别人欺负我的孩子

有一位妈妈收到儿子班主任的短信，要求她必须管好自己的儿子，否则将"劝其退学"，因为她的儿子不但经常欺负其他同学，还勒索同学的财物。

看了这则短信后，这位妈妈风风火火地赶到学校，闯进班主任的办公室。"您说我儿子欺负其他同学，这不可能，一直都是别的孩子欺负我的孩子。"

曾经的受害者更容易成为施暴者

是老师冤枉了这位妈妈的儿子吗？

不是，这次他又动手打人，是因为他觉得学校有个男生走路的样子很牛，所以就狠狠地教训了那人一顿。他一边殴打一边说："我让你牛，让你装X。信不信我今天就用皮带抽死你。"那个男生被打得满地滚，不停地求饶，说自己再也不敢了，他打累了才放手。

这位妈妈的儿子长相有点女性化，看起来很文静，很难将他和施暴者联系起来。他的妈妈说的没错，从进入初中开始，他就成了一名强壮同学欺负的对象。他记得第一次被这名同学殴打，是对方叫他一起去卫生间。他刚一进去，对方就一拳打在他的胸口上，并狠狠地踢他。"你为什么踩我的脚后跟？"——这只是个借口。"我让你踩……让你踩。"那名同学一边踢，一边骂道，"你这个娘娘腔的胆小鬼，所有人都很讨厌你。"

从此之后，那名同学就经常有事没事都打他。过了好几个月，他妈妈才发现他全身都是伤。联系施暴者的父母，对方承诺不再打他，但不久又被其他同学殴打。正因为如此，在妈妈眼中他一直都是被人欺负的对象。但从初三的第一学期开始，他的身体发育迅速，个头很快就超过了以前欺负他的那些同学。

在一次忍无可忍的反抗中，他将找碴欺负他的同学打趴下了，之后他就开始疯狂报复，把以往欺负他的同学逐个打得跪地求饶。他成了全校男生又敬又怕的"大哥"，领导一伙不爱学习的青少年。只要他看某人不爽，就叫手下的"小弟"把那人带到学校偏僻处教训一顿；看见别人的手机漂亮，就"借去用用"，把自己的破手机丢给对方，稍有不从，就拳脚相加。他还经常让手下的"小弟"向体弱或年龄小的同学征收保护费。

班主任问他为什么欺负别人，他的理由是："我被难以对付的同学打了，所以也想找个比自己弱的人打一顿，就像当年我挨打那样揍他。虽然我打过几个人，但和我挨过的打相比，我打别人的根本算不了什么。"

这个男孩打人的逻辑是，当年我毫无理由地被打，现在我把它发泄到那些令我讨厌的孩子身上，有何不可？正是这种想法使校园暴力陷入恶性循环。校园暴力可怕的原因，是受害者有了力量之后，便会将自己承受的痛苦施加在比自己弱小的人身上。

> 经常被欺负的孩子的施暴逻辑：
> 1. 我以前被人打过，所以现在打别人并无不妥。
> 2. 暴力是解决问题的好办法。

为什么孩子会有暴力行为？

一位在中学担任心理老师的朋友前不久接待了本校的"小霸王"。她先请他讲一件最有趣的事情。他说不久前他和几个同学把一个邻班的男生绑在树上打，他边说边模仿受害人求饶的哭腔，还把手机递给她，让她看他们当时拍下来的照片。

"你们为什么要打他？"

"就是开开玩笑而已，学学我们经常打的一款游戏。"

"你有没有想过，你觉得是闹着玩，但他承受着想死的疼痛和痛苦呢。"

"没那么严重。老师，你也太认真的了吧。"他说话时满不在乎的表情，绝对让妈妈们感到恐惧：他如果以现在的状态长大成人怎么办，太可怕了。

这个孩子的妈妈也告诉我的朋友，她和孩子的爸爸用尽了办法，说服教育不管用，儿子挨的棍棒不比别的孩子少，但他就是屡教不改。

这位妈妈陷入了管教的误区。对这种孩子讲，打人是不对的，就像让孩子背英语单词一样，一阵子就忘记了；而用暴力管教，只会让孩子更迷信暴力的作用。

孩子从小接触暴力游戏，也会更助长暴力倾向。无论是玩反恐游戏，还是打怪兽，孩子都会想更快或尽可能残忍地杀死对方。这使孩子不断研究暴力的效果、执行杀人的方法。

然而，不少妈妈和孩子觉得，这不过是虚拟的游戏而已，关了电脑，从椅子上站起来，马上就会回到现实生活中来了。

但心理学家发现，我们的大脑在储存信息时根本区分不出信息的真实与否。虚假的信息，比如将一张合成的照片展示给当事人看，说他幼儿时曾去游乐园坐过过山车，这时当事人就会开始"回忆"一些细节。其实当初他根本就没去过游乐园，但他的回忆就像真的一样。暴力游戏也有同样的影响。并且，因为长期不断训练施暴和杀人，孩子会对别人的痛苦变得麻木，所以在现实中做出暴力行为时不会产生负罪感。

其实，青少年产生暴力行为的原因，除了自己经常被一些年龄大、力气大的大哥哥欺负，另一个重要原因，是在家里目睹过暴力或长期遭受家庭暴力。那种在家被打时缩成一团不敢动的青少年，在外面最可能做出暴力行为。当然，并不是父母暴力，孩子就在所有地方都表现出暴力倾向。只有当他将父母施加在自己身上的那一套用在别人身上却没有受到处罚时，他才会不断向别人施加暴力，比如最初是年龄较小的同学，或是家里的奶奶，然后逐渐发展到妈妈和爸爸。

孩子不断在学校做出暴力行为，也与妈妈的错误认识有关。很多时候，孩子欺负了其他同学后会狡辩是在开玩笑，而他的妈妈就以此为依据，主张自己的孩子是无辜的。因此，当受害者的父母要求施暴者的父母管教孩子、指责施暴者时，有些妈妈会说："我的孩子绝对不会那么做！"而那种护子心切的妈妈可能会说："小孩子开个玩笑，你犯得着这样指责吗？"或者说："让你的孩子现在就动手打我的孩子吧。这样就扯平了。"

还有些妈妈，即使知道自家孩子是施暴者，也想包庇孩子，所以通常会否认孩子的施暴事实，或是想大事化小、小事化了。因为这些妈妈觉得，

如果承认孩子施暴，孩子在学校会受到处罚。但妈妈们的这些言行，助长了孩子继续欺负别人的气焰。所以，妈妈的放纵也是孩子产生暴力行为的重要原因。

孩子被欺负了怎么办？

相对于孩子欺负其他孩子，妈妈们更关注这个问题：如果我的孩子被欺负了，该怎么办呢？因为校园暴力不是我打你，就是你打我，而现在校园暴力又如此常见。

针对这个棘手的问题，有的妈妈觉得自己出面会激化矛盾，所以就私下告诉孩子："下次他再打你时，别怕，拿到什么就打，只要不打要害部位就行，出了事，有爸爸妈妈，你怕什么？"妈妈们不知道，孩子得到这样的授意后，不但会对施暴者奋起反抗，还会将暴力之火延烧到其他无辜的孩子身上。

我也听有些妈妈经常这样对孩子说："不要再回来哭，说今天又被人打了。以后被人打了，什么也别告诉妈妈。你要是哪天打过了那个人，再对妈妈说吧。"

还有些妈妈则采用私下警告施暴者的办法。但这样做可能给对方带来很大的心理负担。当着对方妈妈的面指责施暴者，可能引发大人之间的争吵。而上面所说的暗地里鼓励孩子以暴制暴，可能导致自己的孩子也变成施暴者。可见，上面这三种以暴制暴的方法，都会对孩子造成不利影响。

有些妈妈会说："难道我的孩子就任人欺负吗？"

当然不是。这时告知班主任和对方父母，共同商量遏制暴力行为是很有必要的。任何单方面的行动，无论是老师或受害者父母，都无法彻底解决校园暴力问题。

在和施暴者父母协商时，一味强调自家孩子受到的伤害对解决问题没有帮助，这会让有些父母误以为你只是想得到补偿。你让对方回忆一下自己的孩子被欺负的情形，这能唤起他对自家孩子行为的反思。

同时，妈妈们也要请求老师协调孩子们的关系，而不是公式化的书面道歉或其他手段。当然，在必要时妈妈们可以帮助孩子建立新的朋友圈，当孩子有了很多朋友后，他便不再恐惧同学的暴力行为。

妈妈应该知道的

◇○ 校园暴力的受害者往往会在自己强壮之后转变为施暴者，欺负其他弱小的同学。因为他容易把自己受到的伤害施加到别人的身上，以发泄痛苦、弥补自己心灵的伤害。

◇○ 想减少孩子的暴力行为，一方面要适度惩罚孩子，不容许出现任何形式的暴力行为；另一方面不能鼓励孩子以暴制暴，最好和学校、对方父母一起协商防止再次发生暴力行为的办法，并且帮助孩子建立新的朋友圈和良好的社交关系。

◇○ 孩子在学校欺负别人，很可能是他以前被人欺负过，或者你和孩子的爸爸经常打他。

◇○ 你的暴力教育和孩子接触的暴力游戏，会使孩子更有暴力倾向。又因为大脑在存储信息时区分不出真假，虚拟游戏和现实生活容易混淆，所以孩子在生活中有暴力冲动时也不会产生负罪感。

我是你妈，所以你得听我的

一位妈妈走进心理咨询室，对我的同学说："卢博士，您帮帮我。我的孩子刚上初二，既不怕老师，也不怕我，什么事都对着干。根本不把我这个妈妈放在眼里，我该怎么办？"我这个同学是一所大学的心理系教师，研究方向是青少年心理。

这位妈妈还说了一件事，她的儿子和一群同龄人吸烟，被物理老师发现，在老师要没收他们的香烟时，这群孩子竟然大喊："老师打劫私有财产了！""老师侵犯人权了！"孩子们根本不把学校和老师放在眼里了。

挑战权威

不少妈妈对自己的孩子都有这种想法："我是你妈妈，所以你得听我的。"这不奇怪，因为很多妈妈都认为自己是孩子的权威。但孩子进入青春期之后，妈妈的权威地位受到了挑战。

为什么妈妈的权威行不通了？在小学低年级的时候，父母和老师都是孩子崇拜的对象。在这个阶段，孩子说得最多的是："我爸爸说，我妈妈说，老师说。"进入青春期后，孩子说话的方式变了："某某名人说，某本书上说。"

一位平时很熟悉的邻居告诉我，她女儿今年上初一，期中考试后整天就说要换掉班主任。她的班主任是一位刚从师范大学毕业的大学生，和任教多年的老师不同，这位老师性格特别温和，从来不对孩子们发脾气。慢慢地，顽皮的男生开始无视她的存在，在课堂上吵闹，还把嚼过的口香糖放在她可能坐的椅子上，最后到了全班都哄骗她的程度。

孩子们这样露骨地无视老师，使妈妈们觉得班主任管不了孩子，于是纷纷要求校长换掉班主任。班主任觉得很委屈，刚走上讲台时，心想要改变老师对待学生的传统做法，结果却落到被家长、学生炒鱿鱼的下场。

当我见到这个邻居的女儿时，我问她为什么想换班主任，她很从容地说："老师管不住我们，也跟不上我们。"

从她说话的语气和表情中，你可以看出孩子希望换掉班主任的真实想法：不是真的想换掉班主任，而是觉得这样可以挑战老师的权威地位。虽然换了班主任，但孩子们仍然不满意，摆布新的班主任，因为他们的头脑中已经形成了这种想法："不满意，就可以换掉。"

妈妈和老师的权威是怎么丢的？

一个从县城转来的初三男生在老师面前骂人。老师说不能这样做，他却说："以前学校的老师都不管这种事，你多管什么闲事，你把课上好就行了。"

有些老师有个误区，把"严禁体罚学生"理解成"不得惩罚学生"，这让孩子们做了错事却不用承担相应的后果。即使进行处罚，也是很轻微的，比如常用的手段是写检查，这根本没有任何惩戒效果。

老师们不愿惩罚学生，也和当前妈妈们的态度有关。个别老师不当体罚学生后，妈妈们就找到学校，甚至抓住老师的小辫子不放。所以，很多老师也不愿去招惹麻烦，于是对学生的行为睁一只眼闭一只眼。这样的妈妈不知道，几年后，自己就可能会被孩子抓住辫子。原因很简单，不害怕学校和老师的孩子，也不可能把妈妈放在眼里。

孩子不把妈妈放在眼里的一个重要表现，是他犯了严重错误被妈妈教训后，选择离家出走。这是孩子控制妈妈的关键一步。因为他知道自己几天不回家，妈妈就会只担心他的人身安全，而不再计较他所犯的错误。

当然，青春期的孩子也不愿在外待太长时间，所以在离家出走前，他就会盘算回家的时间。他估计妈妈的怒火转变为担忧他的安危时，便"碰巧"被妈妈发现而带回家。

逐渐地，孩子知道了妈妈害怕他闯祸却又不敢教训他，因为怕他离家出走后发生意外事故。孩子就是利用妈妈们害怕他再次离家出走的心理，控制了妈妈。这导致了在孩子犯错时妈妈们不敢批评和惩罚孩子，只努力去摆平孩子闯下的祸。

总的来说，孩子不害怕老师和妈妈，是因为缺乏管教孩子的行为准则和标准，或是执行不严格。所以，妈妈们应明确告诉孩子什么事情必须做，什么事情不能做。

根据心理学家斯金纳的"奖赏原理"，只有可变奖赏模式才能激励老鼠不停地压动杠杆，而在固定奖赏模式中，一旦中止奖赏，老鼠几乎马上就停止了压动杠杆。这种效应在惩罚时也是一样的：如果做了某种行为只是可能受到惩罚，那么孩子就会抱着侥幸的心理，继续挑战妈妈和老师的权威；如果每做出一个越过红线的不当行为，都必然受到相应的惩罚，那孩子很快就会服从妈妈的权威。

妈妈们放弃权威，和孩子像朋友一样相处，并不能让孩子意识到妈妈们是开明的。相反，他会认为妈妈允许他突破任何界限，所以会变得无所顾忌。这种孩子一旦受到妈妈的约束，就会认为服从妈妈就失去了自由，于是变得更为逆反。

妈妈应该知道的

◇○孩子小时候崇拜你，上学后崇拜老师，进入青春期之后崇拜的对象往往是某位明星。他不再对你和老师心怀敬畏，而是不断地挑战你和老师的权威。

◇○孩子做了出格的行为却没有被要求承担后果，他就会存有侥幸心理，逐渐地漠视各种行为规范和标准，最后变得为所欲为。

◇○如果孩子在学校犯了错误被惩罚后总有你撑腰，他就不会再怕老师。如果他发现离家出走能轻松转移你关注的焦点，不会再受到惩罚，他就能轻松地控制你。所以，你应在孩子每次犯错时都给予相应的惩罚。

听妈妈的，这样走

一名大一的男生走进学校的心理咨询室，说他最苦恼的不是学业有多繁重，而是妈妈事事都为他操心。从小学到现在，他还没有自己真正地做过一次决定。他说他喜欢文科，但妈妈要求他选择理科，理由是文科能选择的专业少，而且就业的总体形势不如理工科。他爱好数学，但妈妈又认为学习数学不能赚钱，不如选择国际贸易。

"我真的很郁闷。不知道妈妈什么时候才肯放手？"他满腹牢骚地说，"我现在刚上大学，但她现在已经给我联系三年后的工作单位了。我真怀疑她还会给我包办婚姻。我真是这样担心的。"

应这名大学生之托，这位心理老师给他的妈妈打了个电话。他的妈妈显得很吃惊："我为他铺好了所有的路，他竟然还有这么多不满意。看看现在就业形势有多严峻。他真是身在福中不知福！"

心理老师告诉她，她的儿子因为失去选择权而出现了心理问题。但她根本听不进去别人的意见："他衣食无忧，什么事都不用操心，怎么可能会出现心理问题呢？当年要是有人这样关心我，我的人生也不至于现在这个样子。"

"你是担心他给人生留下遗憾？"

"是啊。他不能再走我以前走过的老路，他要去实现更大的理想。"

孩子不是妈妈实现梦想的工具

只要和妈妈们长期接触,就不难发现一个相当普遍的现象:很多妈妈都认为自己应该替孩子选择练钢琴、学围棋、练习体育项目,或是填报报考的院校和专业。她们恨不得包办了孩子的课堂和业余爱好。

我问她们为什么有这种想法。答案相当一致:当年因为这样那样的缘故,现在过得并不如意,所以不想让孩子重走自己走过的老路。有趣的是,她们都否认把孩子当成实现自己梦想的工具,虽然她们就是这么做的。

这些妈妈并不知道,给孩子划定人生路线,其实就是让孩子替自己实现当年未能实现的梦想。但孩子不是妈妈们实现自己梦想的工具,孩子也有自己的梦想。

虽然有时候孩子会走一些弯路,但让孩子经历一些挫折,并不完全是坏事。温室的种子,不可能长成参天大树;动物园的大象,虽然食物丰富,但寿命不及野生大象的一半。因为失去选择,人就会变得抑郁。养老院的居民平均寿命都会低于预期,也同样是因为缺乏自主选择的权利。

把选择权还给孩子

当青春期的孩子觉得失去选择权时，会出现什么问题呢？

首先是觉得失去了自由。青春期是自我意识最强烈的阶段，这个时候妈妈过度替孩子选择，孩子不但不领情，反而觉得是限制他的自由，于是自然而然地提高了对抗妈妈的力度，因此在妈妈看来孩子变得更加叛逆了。

其次，如果反抗无效，孩子就会变得抑郁，不愿和人交往，经常扮演受人支配的角色。因为自己的选择一次次被妈妈否决，他习惯了听从安排。所以，这种孩子可能学习成绩好，但人际关系差。比如说他们对爱情的方式，只等待别人付出，从不主动争取，因为害怕被拒绝。回到前面所讲的依恋方式，这属于回避型依恋。也就是说，妈妈是对这种孩子实行了专制管教。

人们反感专制，并不是因为民主制度能创造更好的生活，而是专制导致了意志被剥夺，这种感觉让人难受。我询问过不少流落街头的儿童，为什么不进孤儿院，现在孤儿院的条件并不差，至少要比在这街头乞讨强得多。没有经历过选择权利被剥夺的人，可能很难理解他们的话："那里不自由，什么都不许你做，就和坐牢差不多。"

有心理学家做过研究，没有任何选择权的养老院老人，即使有一流的护理人员照顾，平均也要比有一定选择权，比如能自己养一盆花的老人要少活五年。因为没有选择权，人便会觉得自己无法掌控人生，所以大量的负面情绪接踵而来。

另外，当人们长期处于选择权利被剥夺的环境中，一旦脱离了管制，反而会和社会格格不入，害怕进入社会。我们在看经典电影《肖申克的救赎》时能感受到这一点。

当一个被关押了几十年的人出狱后，在超市里打工，连上卫生间也习惯性地向经理请示，见到经理总是叫长官。最后，他只好选择了在寄宿的公寓上吊自杀。

对选择意志要求很低的老人，都会在重新获得选择权利时感到如此不适，更不用说追求独立的青春期孩子了。心理学研究发现，处于青春期的孩子都不同程度地反感妈妈的过度关心。

妈妈的爱，孩子觉得不是享受，而是忍受。就像那名向心理老师求助的大学生，他宁愿三年后就业无望，也不希望妈妈现在就为他的工作操心，因为他已经失去了太多的选择机会，不想再成为妈妈实现梦想的工具。

所以，妈妈们的角色应是向导，而不是指挥官。不决定孩子的选择，只要孩子不误入歧途，妈妈们就应允许他去观看更多的风景，而不是规定他的旅行路线。

妈妈应该知道的

- ◇○ 很多妈妈都没有问过孩子的意见，就给他设计好了人生路线，包括小时候学什么艺术特长，报什么科目的补习班，以后报考什么院校什么专业，毕业后做什么工作，等等，这看起来是为孩子操心，替孩子解忧，但实际上是在剥夺孩子的选择权。
- ◇○ 你应该明确，孩子是有理想的，他不是你实现梦想的工具。你不能把自己没有实现的梦想强加到孩子身上。
- ◇○ 孩子没有选择的权利，容易变得抑郁，没有主见，形成回避型依恋性格。所以，你应把选择权还给孩子，虽然他会遭遇一些挫折，但这可以锻炼他的意志，让他更好地成长。

这十几岁的孩子，太可怕了！

一天，办公室同事们谈论一件事，说一个初三女孩因为被妈妈打了一耳光，一气之下就跑到阳台上，从四楼跳了下去。幸亏被树枝缓冲了一下，否则这孩子准没命了，但也落下了双腿残疾。

其中一个同事感叹："现在这十几岁的孩子太可怕了。我们都不知道该如何管教孩子了。"

后来这位不幸的妈妈打电话给我，向我讲述了事情的经过。因为她翻看女儿的手机，发现孩子和"老公"的聊天内容很露骨，还互发自拍的裸照，于是她就问女儿是不是在谈恋爱。女儿一口否认。她批评孩子在这升高中的关键时刻不好好学习，还欺骗妈妈。

母女俩很快就争吵起来。

吵了五分钟左右，她气愤不过，打了女儿一耳光。女儿一愣，突然大叫一声："我知道自己是多余的，我死了你就满意了。"然后就跑进了自己的房间，关上门。

她以为女儿是躲在屋里生气，心想过一阵子女儿的气就消了。可是不久有人跑上来敲门，说她女儿跳楼了。

青春期是易冲动的时期

妈妈想纠正女儿谈恋爱的问题，最终却酿成了无法挽回的悲剧。这位妈妈极度后悔，陷入深深的自责之中。"我真不该管她谈恋爱的事，不然就能避免这场灾难了。"

面对这位妈妈，除了安慰，我还能说什么呢？虽然我知道，她指责女儿谈恋爱和打耳光是这起惨剧的直接导火线，但就像塞尔维亚青年刺杀斐迪南大公一样，谁也没有想到它竟然引爆了第一次世界大战，导致1500多万人死亡。或许有人认为，如果没有这次刺杀事件，就能避免这次世界大战。但更多的人认为，战争是必然的，因为根本矛盾并没有消除。

女生跳楼这件事也是一样的道理。即使妈妈没有批评孩子早恋，没有指责女儿发裸照，也没有打女儿的耳光，女儿也可能出现其他悲剧，只是表现的形式可能有所不同。青春期女孩割腕这种事，就可以证明这一点。

我认识近20个割腕次数在3次以上的青春期女孩。她们做出这种冲动行为，第一次一般是妈妈强烈阻止谈恋爱，第二次主要是男朋友移情别恋，第三次，往往只是和妈妈发生了激烈的争吵。当她们解决不了问题时，首先想到的就是死了算了，根本不考虑这只会使问题更加复杂、严重。我问她们为什么要这样做，她们说："天生就是这种暴脾气。"她们的妈妈也持同样的观点，"她平时很听话的，就是性格暴躁，偶尔会发脾气。"

妈妈们为什么觉得青春期的孩子性格暴躁呢？

这与青少年的行为准则有关。对于我们成年人来说，理性思维相对成熟，所以做事前要考虑两个因素：必须做的，正确的。

而青少年不同，他们的行为准则是：我想做的，有趣的。情绪是他们的选择标准，伦理和道德不重要，重要的是当时的心情，

> **成年人的行为准则：**
> 1.必须做的；2.正确的。
>
> **青少年的行为准则：**
> 1.我想做的；2.有趣的。

并且一旦做出了决定,别人怎么说都无所谓。必须做的事,如果不喜欢,就极力逃避,能躲则躲,能拖则拖。而如果是自己觉得有趣的、喜欢的事,那就不管它能不能做、是不是错的,都一定要去做。

这是因为在情绪控制下很多青少年根本就不去思考什么是错的,什么是对的。在平时,他们也觉得打人、说谎、砸东西是错误的,可是如果有人使他们心情很不爽,那他们会认为对方就该挨揍,至于对方有多痛苦,不是他们关心的。

十几岁的孩子很可怕,就是因为他们太冲动。有时妈妈的一句话,也可能使他们拿起刀片割腕,或是推开窗户跳下楼去。

孩子为什么会很冲动?

妈妈们也不难看到一生气就控制不住自己的孩子。比如,有位清洁工告诫四五个上初中的孩子,别踩踏公园的草地和乱扔烟头,结果招来一顿拳打脚踢。孩子们被送到派出所后,说清洁工的话让他们在女生面前很丢脸,所以才想教训他的。"听到他当着那么多女生的面说我没素质,真的有股想打人的冲动。"

很多青春期的孩子做了不当行为后,都说是因为一时冲动才做了那种事情。我经常听到妈妈们说:"孩子一上初中就变得爱冲动,搞不懂这是为什么?"

心理学研究表明,青春期的孩子变得很冲动,主要原因是自我控制力没有得到很好的训练。现在很多妈妈怕孩子输在起跑线上,所以孩子刚会说话,就教孩子学习知识和技能。事实上,在3~7岁是孩子学习自我控制的关键期。如果在这个阶段孩子的自我控制力没有得到很好的训练,那进入青春期后就容易冲动。所以,从这方面来说,幼儿期妈妈的管教方式不当，是青春期孩子冲动的一个原因。

相对于这个原因，孩子爱冲动还有个更重要的原因：能量不足。研究自我控制的心理学家已发现，自我控制力的根本是血糖提供的能量。如果血糖水平过低，不但运动困难，学习知识也慢，因为它们都需要能量。而青春期是孩子成长最快的时期，孩子不但运动量大，而且要学习各种知识，以及适应社会时面临的巨大压力。当能量被消耗一空后，孩子便无法仔细思考自己行为的后果，最终就会做出冲动的决定。

而且，由于青少年大脑的理性思维区域还没有发育成熟，所以通常会被情绪左右。这导致了孩子既缺乏理性思考，又把大量的能量用于压抑负面情绪。结果就使得孩子表现得更冲动了。

> **青春期孩子变得冲动原因：**
> 1. 幼儿时期妈妈只注重知识教育，忽视了自我控制训练。
> 2. 大量的运动和学习任务，以及社会压力消耗了自我控制力。
> 3. 大脑的理性思维区域还没成熟，情绪左右着决策。

抓住定型效应的关键时期

妈妈们要如何才能帮助孩子克服冲动的行为呢？

心理学家建议，克服孩子冲动行为的关键，是把握好孩子的青春期。心理学上有个经典的故事，一群幼鹅破壳而出时，看到了做实验的心理学家洛伦兹，于是就把他当成了自己的妈妈。

这个故事在动画片《猫和老鼠》中又演绎了一次。一只鸭子出壳后，因为第一眼看到了汤姆，所以自始至终都把要吃它的猫认定是自己的妈妈。这就是心理学上的"刻印现象"，也叫作"定型效应"。

相对于鸭子出生之后 10~17 小时是母亲刻印产生的关键时间，我们人类形成道德刻印现象的时间点正是十几岁。这一时期形成的习惯和态度，对青春期乃至成年后的人生都有影响。有研究表明，问题少年成年后更可能做出偷盗、打架、吸毒等违法行为。

因此，妈妈们要抓住这个时机，向孩子灌输基本的价值观和伦理道德。而不是等到孩子犯错了再进行说服教育或棍棒教训。

所以，从这个角度来说，十几岁的孩子并不可怕，可怕的是妈妈们不知道充分利用这个最佳的教育时间点。一旦错过这个时机，孩子就会变得缺乏耐性，很容易冲动，进而出现虐待同学，割腕甚至跳楼的过激行为。

心理学家调查发现，青春期的孩子表现出的过激行为一般有这些：

◎ 折磨别人，并且很快乐。
◎ 冲动地自杀，或因为急躁而打同龄人甚至成年人。
◎ 毫无顾忌地在父母或老师面前说脏话。

妈妈应该知道的

◇○ 青少年的理性思维不成熟，行为易受情绪控制，所以他们的行为准则是自己想做的，或是觉得有趣的，而不太考虑行为的对错和后果。

◇○ 幼儿时期妈妈忽视孩子的自我控制训练，青春期有太多东西需要学习，是孩子变得很冲动的重要原因。

◇○ 如果孩子长期不被同龄人接纳，感觉受排挤，也可能做出不理智的行为。

◇○ 十几岁正是人类形成道德刻印的关键时期，你应充分利用这个时期，教给孩子一些正确的观念，帮助孩子形成正确的习惯和态度。

孩子怎么突然就变成了怪物？

经常听到妈妈们感叹："我的孩子在四五年级的时候都还很听话，回答问题很谦虚，也很乖，学习也好，但是升入初中后，就像换了个人似的，感觉孩子怎么突然就变成了怪物。是不是在初中遇到了一些坏孩子，所以才变成这样的啊？我真的好担心孩子，感觉自己根本不了解他的想法。"

孩子不会突然变成怪物

为什么妈妈们觉得孩子上了中学后，突然就成了怪物呢？从此平静的家庭被他搅得天翻地覆，一家人都不得安宁。"为什么孩子一上中学，乖巧的性格和良好的习惯就出现了逆转呢？"妈妈们找不到原因，于是认为，这肯定是中学的老师不如小学的老师管教得好！

妈妈们很少考虑到，这是青春期带来的变化。她们也不知道，孩子不会在一夜之间就变成了怪物。在小学的最后两三年，孩子的行为和性格发生了一些细微的变化，只不过妈妈们忽视了这些信号，或者根本就没有发现。还有一种情况是，妈妈们看到了这些信号，只可惜无法理解。

克服这种错觉的办法是：不要放过青春期的征兆。

青春期的征兆，主要表现在孩子的说话或行为方面。比如，妈妈问他，他要么不接话茬，要么回答很冲。孩子发出这些信号时，妈妈们却认为是孩子心情不好，没想到这是青春期的脚步声，于是只去关照孩子的情绪。或是厌烦了和孩子争吵，不知道怎样指导孩子，所以孩子表现出这些行为时，妈妈们就忍了。

> **妈妈为什么会觉得孩子突然变怪了？**
> 1. 平时只关心孩子的学习，无视孩子发出的青春期信号。
> 2. 即使发现了孩子的行为有异常，也因无法理解而放任不管。

正是缺乏妈妈的指引，孩子才会做出越来越出格的事情。孩子在青春期的某些行为，就像《小王子》中的猴面包树。

小王子的星球，就像所有的星球一样，有好草，也有坏草，所以有好种子，也有坏种子。可是种子沉睡在泥土里，是看不见的，直到有一天它们醒来，长出可爱的小嫩苗。

如果是玫瑰苗，小王子就任其生长；如果是猴面包树，小王子就要拔掉它。因为小王子的星球太小了，如果他没有拔掉猴面包树的幼苗，任其长大，猴面包树就会毁了他的星球。

所以，需要玫瑰花的小王子，从种子开始发芽的瞬间就开始关注、不断去看它们。看出是猴面包树的时候就立即拔掉，因为拔得太迟，就无法把它清除掉了。为此，小王子必须规定自己按时去拔掉猴面包树苗。这是一件非常乏味的工作，但很容易。

妈妈就像小王子，而孩子就是你的玫瑰，孩子青春期的行为就像猴面包树。他的问题开始很小，看起来不算什么，但是任其发展，就会导致无法挽回的严重后果。

孩子最初发送出的信号，也像猴面包树和玫瑰的新芽一样，分不清是好的还是不好的。方法只有一个：每天都仔细观察孩子，一旦发现孩子表现出不好的苗头，就立即连根拔掉。

孩子青春期,妈妈可以做什么?

有时,妈妈们看到孩子的不当言行,比如粗鲁、没有礼貌的行为或语气时,会想"孩子现在处于青春期",于是有意识地宽容孩子偶尔出格的行为,因为她们觉得,在孩子青春期来临时,开明的父母都应该宽容,灵活应对,而不是生气或正色地让孩子坐好追问。那样的话,孩子怎么喘得过气来?

因此,有些妈妈甚至觉得,在这个时期,孩子只要按时去学校,不给自己闯大祸就行了。至于孩子说话粗鲁、做事冲动,即使表现得毫无节制,通通纳入青春期症状,相信它们只是暂时的,青春期一结束,这些症状自然就消失了,就像普通感冒一样,过几天就好了,所以不用管。

但青春期就像一座又黑又复杂的迷宫。孩子走进这座迷宫之后,妈妈们能够袖手旁观,等着孩子自己从里面走出来吗?

当孩子在迷宫里乱闯或是找不到出路时,虽然妈妈不能代替孩子走过这段艰难的历程,但在孩子迷路时妈妈可以给他指明方向。

妈妈要明白,"青春期综合征"并不像简单的感冒那样,过几天自己就会好转,而且意味着接下来几天不会再感冒了,因为体内生成了病毒的抗体。"青春期综合征"则完全不同,一经染上,如果妈妈不给孩子治疗,就会留下很严重的后遗症。

孩子的个子可能比妈妈们还高了,但并不意味着他已经长大了,妈妈们可以省心了。的确,这时他过马路不需要妈妈们牵着他的手了,上下学也用不着妈妈们接送了。但需要妈妈们操心的事却刚刚进入"高潮",因为青春期是孩子行为出现问题的高发期。就像小王子所说的,只要一松懈,猴面包树就会毁了一切。

所以,妈妈们得时时刻刻关注孩子的举动。妈妈们不但要为孩子的学习操心,更要读懂他发出的信号。如果对这些信号视而不见,等他闯了大祸时，妈妈们就会大吃一惊："我的孩子已经变成怪物了。"

如果你有这种感觉，那说明你以往对孩子的关注还远远不够。所以，只有平时多关注孩子，当孩子做出不同以往的行为时，你才不至于对孩子产生"怎么突然就变成了怪物？"的想法。

妈妈应该知道的

◇○ 孩子进入青春期是有一个过程的，不是像你表面上看到的那样，孩子忽然一天就变成另一个人似的。所以你应时时关注孩子的举动，注意孩子发出的信号，以便更好地引导孩子。

◇○ 青春期的征兆主要表现在孩子的行为和语言方面。当孩子的言行举止异于往常时，不能单纯地认为是孩子心情不好，而应持续观察几天，如果孩子有违规行为应监督孩子尽快改正。

◇○ 孩子的个头可能比你还高了，但这并不意味着他的心理也像你一样成熟，不用你为他操心了。事实上，你为他操心的事才刚刚开始。

没有梦想，以及不敢梦想

"现在的孩子，不是没有梦想，而是妈妈们错误的信念扼杀了孩子的梦想。"一位初中老师告诉我，"虽然很多孩子从小就开始上各种兴趣班：美术班、舞蹈班、钢琴班、围棋班、象棋班……每天都马不停蹄地从这家培训机构跑到那家培训机构。但一升入初中，妈妈们就终止了孩子所有的兴趣班，因为这些对中考、高考没有帮助，转而开始选择英语班、数学班、作文班等各种考试科目的补习班。"

孩子的梦想被谁剥夺了？

我也经常听到妈妈们对孩子说："你为什么没有梦想？整天就知道玩。"在最需要刺激的青春期，妈妈们要求孩子把精力全放在考试课程上，却指责孩子没有梦想。

妈妈们不知道，很多孩子的梦想就是妈妈少控制他，不再以"学习就是为了考试"来衡量他的努力。

有个初二的男孩平时从不爱记英语课堂笔记,但有一天上课时英语老师发现他很专注地在本子上写什么,于是走了过去。孩子赶紧把本子藏在课本下面,但却露出了一角。男孩满脸通红,就像小孩在书店偷心爱的漫画书被发现了一样,心想这次肯定要挨骂了。

英语老师拿起本子,本子上是学校好多老师的素描画像。下课后她找到这个男孩。"你画得很好,有些功底,是不是打算以后往这方面发展?"

"这只是爱好而已。"男孩子红着脸说。

"你以前学过画画吧?"英语老师问。

"小学四年级之前上了几年美术班。妈妈看到有些书上说,四年级是决定孩子一生成绩的关键时期,所以四年级后就不许我上了。还说等我上了初中后再学,可是上了初中后,她又说画画没有用,以后考大学也不考,要不就说,都已经丢了三四年了,现在才开始学,有点晚了。"

"你觉得现在学晚了吗?"

"我不知道。但我不想违背妈妈的意愿,所以只能在课堂上偷偷画。"

很多妈妈都因为错误的观念而夺走了孩子的梦想。心理学家发现,八成以上的青少年回答"没有梦想",或者说,他们的梦想就是考一所好高中、

好大学，至于更远一点的梦想，他们很少去想。因为孩子除了学习，没有其他经历，所以缺少生活的梦想。心理学家认为，梦是对生活的重现，或是对生活的期盼；梦想也是如此。

经历是梦想的源泉

在一所九年连读学校的六年级举行的梦想班会上，有位心理学家让每个孩子写下自己的梦想。结果，全班 30 个孩子，有 25 个都希望自己能考到班级前三名，也就是说，孩子们所谓的梦想，只不过是考个好的分数，拿个能讨老师和妈妈喜欢的名次。

由于缺少生活经历，所以孩子们连梦想都不敢有。很多孩子只梦想能考上好的大学，从事一份体面的工作，至于工作的性质，他们很少去想。总之，孩子们对职业完全没有概念，而且也只知道有限的几种职业。不管是多么好的东西，如果不了解，就不可能产生拥有的欲望。职业也一样，如果不知道某种职业的特征，就难以激发孩子去实现的欲望。有刺激，孩子才能有梦想。

后来，这位心理学家告诉孩子们，如果一切皆有可能，他们想做什么事，每个人都要预测自己 20 年后的样子。心理学家承诺不泄露孩子们的想法。这次，孩子的梦想让人意外。比如一个男生说，他的梦想就是开一家网吧，理由是开网吧不但自己可以随便玩电脑，而且还能赚很多钱，因为自己现在每个月花在网吧的钱不少。

有一个女生的梦想则是当演员和歌唱家。她的理由是，那些演戏的和唱歌的，不但非常有钱，而且还走到哪里都受人欢迎。"像我这样学习不好，考好大学又没什么希望，考个一般的大学，毕业了工作都找不到。而唱歌和演戏就不同了，只要有人出钱炒作，不红都难。"

其他孩子的梦想，也主要是想多挣钱，让自己过得舒服一点，因为这是妈妈经常对自己说的。

另外，学习成绩不理想的孩子，梦想有个特点：就是想方设法避开奋斗，希望通过钻营的方法赚钱。这类孩子对自己的评价多是负面的，比如在开发自己的潜能之前，他们的脑子里充斥着"我不行""我做不了""我错了"。

孩子的梦想来自他的经历。经历既可以是直接体验的，也可以是间接得到的，比如听说或看见。当孩子还小时，妈妈们希望孩子琴棋书画样样精通，连珍贵的周末也被强制去各种补习班，以免输在起跑线上。但是等孩子到了真正需要发掘潜能的青春期，妈妈们却以"对考试没有帮助"为由，阻止孩子发展兴趣和爱好，将孩子的活动全都禁锢在学习范围之内。剥夺孩子感受真实社会的机会，其后果是导致了孩子没有梦想。

孩子有自己的梦想，只是不断被妈妈们剥夺了。因为妈妈们的思维是功利的，所以觉得孩子的学习只能是为了考试。

> 孩子没有梦想的根源：
> 1. 妈妈认为当前的重要任务是学习，考高分，考好中学、好大学。
> 2. 妈妈剥夺了孩子感受生活的机会。

梦想太晚了，只不过是妈妈们控制孩子的一个蹩脚理由。为梦想付出努力，永远都不会晚。

妈妈应该知道的

- ◇○在孩子小的时候，很多妈妈给孩子报各种兴趣班，但是一到初中就以不利于学习为名，禁止孩子再去发展兴趣。许多妈妈因为错误的观念剥夺了孩子的梦想，却还反问孩子为什么没有梦想。
- ◇○直接经历或间接经历是孩子梦想的源泉。让孩子只关注学习，等于从源头上封锁了孩子感受丰富世界的机会，后果是孩子缺乏梦想。
- ◇○孩子在任何时候有梦想都不晚，任何时候为梦想努力都不晚。
- ◇○孩子不是没有梦想，而是因为你太看重学习成绩，所以不许孩子有自己的梦想。

我的孩子我清楚

几年前,我和一个还在读发展心理学博士学位的同学做过一个调查。我们采访的对象是孩子处于青春期的妈妈,内容是询问她们对自己孩子的心理变化的了解程度。很多妈妈都声称,自己很清楚孩子心里在想什么,但理由牵强得令人吃惊:"因为我是他妈妈。"

这是一种很常见的思维陷阱。妈妈们总是高估自己对孩子的了解程度,认为孩子会向自己吐露心里话。心理学研究表明,对多数青春期的孩子而言,最不可能说心里话的对象,就是自己的妈妈,因为孩子们很清楚,告诉妈妈不但不能解决问题,反而会招来批评和责骂。

妈妈也要跟得上发展

为什么妈妈们会认为自己是孩子的妈妈,所以就清楚孩子的心里在想什么呢?妈妈们的这种态度,与妈妈们从小接受的教育有关。妈妈们从小就被要求,有什么事都要如实告诉妈妈。等到自己成为妈妈后,也这样要求孩子,完全忘了自己当年有多少心里话从没对妈妈说起过。这种思维模式使得妈妈们听到孩子说话时,很难不卷入个人感情。要客观地看待孩子的问题,可能需要训练好多年,因为改变一种惯有的思维模式,比培养一种习惯还难。

生理心理学家巴甫洛夫有个条件反射理论:只要不断强化某一行为,就会形成习惯。但我们的思维模式不仅与强化有关,还是进化的结果。在远古时代,野兽出没、居所简陋,妈妈必须随时关注孩子,因此会不断和孩子交流,以确保孩子安全、不受冻、不挨饿。但在更需要关注孩子内心变化的今天,妈妈们的思维模式却没有切换过来,仍像几百万年前的祖先那样,只关心孩子暖不暖、饱没饱,而忽视孩子的心理需求。

所以,要想成为好妈妈需要学习和训练。有句话经常被妈妈们挂在嘴边:"不听老人言,听亏在眼前。"这句话很多青少年都不喜欢听。我问他们为什么有这种想法呢?他们说听到这句话,或类似的话,感觉妈妈不是在关心他,指出他的错误,而只是为了证明妈妈有多正确。妈妈越是批评他所犯的错误有多荒谬,他就越有这种感觉。

所以,妈妈们用这种方式批评孩子,哪怕是按照当初和孩子共同制订的惩罚规则,孩子表面上会认真听,但妈妈们不知道,他只是假装的。就在你指出他所犯严重错误的瞬间,他的心灵就已经对你紧紧地关闭了。只要他关上了心门,不管你的意图有多好,也不能改变他的行为和想法。

怎样才能听到孩子的心里话?

要想孩子吐露心里话,妈妈们首先要赢得孩子的信任,让他相信你指出他的错误,只是想帮助他,而不是批评他。只要孩子对你没有形成这样的意识,你们的关系就不可能发展到他会讲心里话的程度。

其次,妈妈们也要努力学会放下急切的心情,学习控制表达对孩子未来的担忧和焦虑，学习如何与孩子对话，遇到问题怎么处理。孩子首次遇到问题最先想到的是妈妈，当他讲给你听时，你却没有做好接受这些话的准备，于是批评他。情急之下，很多妈妈都会这样做。

最后，也是最重要的一点，无论妈妈们自认为对孩子有多么了解，那都不过是孩子内心世界的冰山一角。因此，妈妈们要克服"我的孩子我清楚"的想法。只有这样，当孩子说出自己的问题时，妈妈们才不至于感到惊讶。因为妈妈们越觉得惊讶，孩子就越会觉得他的行为出格，所以越不敢把心里所想的告诉你。

为了更好地了解孩子的想法，妈妈们应观察孩子的青春期症状，因为青少年的问题都是逐渐累积起来的。当人人都能看出孩子有问题时，说明已经有大问题了。有些妈妈等到孩子出事了，才后悔当初没有多关心孩子。这就像我们落水后才后悔当初没有学习游泳，或是错过了车才后悔应该早点出门一样。避免后悔只有一种方法，那就是现在就开始行动，因为历史总是在重演，青春期孩子的言行，更是如此。

> **妈妈怎样做，孩子才肯说？**
> 1.指出孩子的错误时，要让孩子不觉得是在批评他。
> 2.发现孩子有问题时，应努力控制自己的担忧，否则很容易批评孩子。
> 3.孩子说出问题时，不要表现得太惊讶，否则孩子会认为事态严重，不敢如实相告。

妈妈应该知道的

◇○ 你总是认为自己很了解孩子，觉得孩子会和自己说心里话，但是很多孩子遇到问题时并不会把心里的想法告诉妈妈，因为很多时候这样做既不能解决问题，也得不到安慰，听到的只有责备。

◇○ 如今需要你更关注孩子的心理，客观地看待孩子的问题。让自己学会真诚地和孩子交流，而不是对孩子发火或责骂孩子。你应控制自己的情绪，时刻关心孩子，才能赢得他的信任。

测试：孩子对妈妈的爱的感受自评量表

本量表由瑞典心理学家 C. Perris 设计，适用于青春期的孩子自测。

以下这些句子形容你对自己的感受，请勾选出最符合自己的选项，其中，1 = 很不符，2 = 不符，3 = 符合，4 = 很符合。

条目	1	2	3	4
我能通过妈妈的言谈举止感受到她很喜欢我。				
我觉得妈妈允许我在某些方面有独到之处。				
妈妈对我的惩罚是公平的、恰当的。				
妈妈对我很信任且允许我独自完成某些事。				
妈妈通常会参与我的业余爱好活动。				
我感到伤心的时候可以从妈妈那里得到安慰。				
妈妈允许我做一些我的朋友们做的事情。				
妈妈总向我表示她是爱我的。				
遇到困难的时候，我能感受到来自妈妈的支持。				
我觉得妈妈很尊重我的观点。				

评分及结果分析：

1. 所选数字表示该条目的得分；

2. 所有条目得分相加即为总分，范围是 10~40 分，如果得分低于 29 分，表明孩子可能觉得妈妈无法理解自己的，难从妈妈身上得到温暖。

PART 05 解铃还须系铃人

本章为妈妈们提供了沟通与倾听的技巧,帮助妈妈们打开孩子的心扉,增进亲子关系,让妈妈和孩子更亲密地顺利度过青春期。阅读本章之前,你可以先问自己下面这几个问题:

◇ 为什么你觉得成绩好的孩子没问题?
◇ 你和孩子是哪种对话模式?
◇ 青春期的孩子为什么会不断犯错?
◇ 你平时惩罚孩子吗?是怎样惩罚的?
◇ 你是不是经常同孩子一起列出彼此的优点和自己的缺点?

青春的光辉是如此灿烂,令人不敢直视,那种天不怕地不怕的劲儿真叫人羡慕。[海伦·凯勒]

有问题的孩子,没问题的孩子

一位韩国妈妈问我:"在中国,成绩好的孩子孤立同学的现象多不多?"她说韩国的妈妈们普遍认为:学习成绩第一的好孩子,会有什么问题?有问题的是那些后进生。但实际情况是,成绩好的孩子问题并不比后进生少,只是妈妈们忽视了。

成绩好的孩子也可能有问题

心理学家们发现一个有趣的现象:在看重成绩的文化氛围中,模范生的问题很严重,有些模范生的问题甚至比后进生更严重。比如说,成绩优秀的女生更可能孤立某个同学,而男模范生更可能欺负别人。令人难以置信的是,这种情况老师们并非不知情,只是因为施害者成绩好,所以老师们更为宽容。

我上初中时,有几个比我高一级的校友因为成绩好,是学校的学习明星,所以尽管他们抽烟、谈恋爱,欺负低年级的孩子,学校的老师,包括校长在内,都对他们的这些问题睁一只眼闭一只眼。这从大多数学校评选

"三好学生"就能看出来：这种评选的主要标准是学习成绩好，至于另外"两好"，有些妈妈可能都说不上来。

老师们为什么持这种态度呢？这是因为老师们掉进了光环效应的思维陷阱中。光环效应是指如果我们喜欢某人，那就会觉得他的所有方面都是好的，因为耀眼的"光环"能掩盖所有的缺点。

有位心理学家在麻省理工学院做过一个有趣的实验，证明了光环效应对人判断的巨大影响。刚上课时，教务人员走进经济学70班教室，说他们的教授有事去了外地。当学生们收拾课本打算离开时，教务人员说临时为他们安排了一位从未见过面的代课老师。

为了让学生们对即将到来的代课老师有个初步印象，教务人员发给每个学生一份代课老师的简历。其实简历有两个版本，但是其内容只有一词之差：一个版本说他非常热情，另一个版本只将其中的"热情"改为了"冷漠"。

结果，下课后在填写对代课老师的评价时，拿到的简历是"非常热情"的学生，认为代课老师性格很好，"体谅他人、不拘小节、和蔼风趣、很受人欢迎"。而另一半拿到另一版本简历的学生，虽然同坐在一间教室，但他们多数都讨厌这位代课老师，认为他"自私、刻板、急躁、不易接近、冷酷无情、没有幽默感、不受人欢迎"。这说明代课老师顶着的光环，严重影响了学生们的判断。

老师们正是深受这种标签式的心理效应影响，才使他们一方面认为学习成绩好所以犯点小错误可以原谅，另一方面认为成绩好的学生即使犯错，也是受其他后进生的影响，因为他们身边总有那么几个成绩差的死党。事实上，是后进生投靠了成绩好的学生，比如给他们买烟，打听漂亮的女孩子，或是替他们出面教训"看不惯"的孩子。

> 为什么妈妈们觉得成绩好的孩子没问题？
> 1. 光环效应：使妈妈忽视了孩子的问题。
> 2. 确认偏误：媒体报道的问题少年都是后进生。

还有一个方面，是这种孩子聪明，在老师面前很会说话，而且因为成绩好，在同学中有影响力，所以有本事操纵同学而不被老师发现。

妈妈们也同样会因为孩子成绩好而产生光环效应，并由此认为自己的孩子没问题。我问了一些"三好学生"的妈妈，她们都普遍认为自己的孩子去学校、去补习班都只是学习。媒体经常报道那些胡作非为的青少年，都是成绩不好或是常和坏孩子出入的后进生，更使妈妈们陷入了确认偏误的思考盲区。所以直到某一天，妈妈们被老师叫到学校，或被警察请到派出所，才知道自己那个"品学兼优"的孩子，在学校也干着后进生们才做的事。

正视好孩子的问题

下面我们来看看一个成绩优秀的小学五年级学生所做的事情。

一天放学后，三个刚进入青春期的孩子在公交车站追逐打闹，在候车人群中钻来钻去。好不容易车来了，他们上车后仍打闹不停。在他们旁边的黄色座椅上，坐着一位怀孕七八个月的准妈妈。忽然一个急刹车，一个孩子扑到了准妈妈的身上。护妻儿心切的丈夫冲着他吼了几句，让他们安静点。孩子们不再打闹了。事情正如大家期望的那样发展。

但在公交车停靠在公园门口时，发生了令所有人都意想不到的一幕：就在准妈妈下车时，这个被责备了的孩子突然猛推了她一把。幸运的是，她丈夫在前方扶着，所以才没有从车上跌下去。全车人都很愤怒，并一同去派出所指证这个孩子。

一个多小时后，孩子的妈妈赶到了派出所。她的第一句话是："儿子，是谁打你了？别怕，告诉妈妈，妈妈给你出气。"之前一直和民警争辩不肯认错的孩子，听到这话哇的一声大哭起来。

当民警说出她儿子犯的错误时，她的反应是："不可能，我儿子是全市的模范生，怎么可能像你们说的那样？他那么单纯、善良、学习又好，一天只知道学习，怎么可能去推一个孕妇？肯定是你们搞错了！"直到全车乘客都指证她的孩子，她才气呼呼地说："不是没出事吗？你说要多少钱，我一分不少。"

这位妈妈根本就不相信自己的儿子会做出这种事情，反而觉得儿子受了委屈。

对学习成绩好的孩子的负面评价，大部分妈妈都会否定的。比如听到别人对自家孩子进行负面评价时，妈妈们最爱说的一句话就是："我的孩子在家没有任何问题。"

妈妈们不知道，现在的孩子有问题也不会在家中表现出来，或即使表现出来了，妈妈们也会视而不见，因为妈妈清楚孩子的性格，所以不和孩子计较。而学校就不一样了。全班同学大多是独生子女，都习惯了在家有人迁就。因为没有机会培养自己的同理心，孩子自然也处理不好人与人之间的关系，所以当同学之间有相互计较和利益得失的问题时，孩子的问题就变得明显了。

正是因为不了解这种环境的变化，所以才使得一些妈妈被老师告知，她的孩子在学校打人、偷东西，首先就会说："肯定是弄错了。我的孩子那么单纯、听话，而且只知道学习，怎么会像你说的那样呢？"

尖子生更可能孤立同学

妈妈们不知道，学习第一就是模范生的观念已经过时了。在今天，那些在妈妈眼里学习好、头脑聪明的孩子，不一定是模范生，更不是没有问题的青少年。事实上，这些青春期的孩子也问题多多。

妈妈们为什么会这样想呢？由于妈妈们的这种态度很普遍，所以不可能完全是护犊子的结果。这除了光环效应，还与妈妈们的经历有关。比如在妈妈们青少年时，如果不想听讲，就趴在桌子上打瞌睡而已，不会去打扰旁边的同学；只有成绩差的孩子爱打架生事。

现在的孩子完全不同了。即使是那些从不迟到、早退和逃学并且成绩好的孩子，在不想听讲时，也和成绩不好的孩子一样，不会安静下来了。他不是找同桌说话，就是用笔或手指去捅前排同学的背，甚至转过身去和后排的同学打闹；如果是自习课，那就更不收敛了。一句话，问题少年和模范生在问题行为上，并没有什么两样了。

比如，有些孩子成绩好、聪明，在长辈面前也很有礼貌，但对同学就完全不同了。他会组织同学孤立自己讨厌的人，而其他同学为了得到尖子生的接纳，也愿意成为"帮凶"。这种倾向在五六年级以上的孩子身上最为明显。

由于妈妈们都宠爱孩子，所以一般更关心自家孩子是不是被人孤立，而不是自家孩子孤立别人。比如，当孩子的成绩下降得很厉害，或是借故头疼、肚子疼而不愿上学时，妈妈们可能会去想：孩子是在学校被欺负、被孤立了。但如果孩子成绩好，妈妈们则不会研究孩子的心理，更不会去

观察孩子对待同学的态度了。

　　妈妈们的这种做法，在当时看来是没有任何问题的，但从长远来看，则对孩子非常有害。因为妈妈们认为最重要的学习成绩，对孩子的一生来说，可能是最不重要的；反倒是孩子理解他人、同情他人的心性，更能使孩子赢得朋友和快乐的人生。所以妈妈们要仔细观察孩子是不是孤立了同学。

　　虽然青少年孤立别人几乎不需要理由，比如觉得别人长得不好看或太漂亮，对方想亲近自己的好友，都可成为孤立同学的理由，但由于老师和妈妈们都十分看重学习成绩，所以尖子生喜欢利用自己的优势去孤立自己讨厌的人，而不考虑孤立会给别人带来什么样的伤害。这一点妈妈们一定要多留意。

妈妈应该知道的

- ◇○ 尖子生也可能有问题，但只看学习成绩的老师很容易对这些问题视而不见。而你却被蒙在鼓里，还根据自己上学时的经验认为有问题的孩子都是后进生。
- ◇○ 学习好就是模范生的观念已经过时了。现在的尖子生更有可能拉拢其他同学一起孤立自己不喜欢的同学。所以你不但要关心自家孩子是否被孤立了，还应留意孩子是否参与了孤立别人。你在培养孩子智力的同时，还要重视孩子的人性教育。
- ◇○ 妈妈们刚听到别人对自家孩子的负面评价时，往往都是一口否定，理由是孩子从没在家中做过这些事。但是家庭中缺乏孩子表现出社会性倾向的环境，所以孩子往往是在家庭以外表现出问题。

孩子有问题，妈妈怎么办？

我一个在大学任教的同学说，经常有妈妈来到她的办公室："卢博士，请您帮帮我，我孩子正处于青春期，脾气怪得很，我不知道该怎么办？"

看着妈妈们充满期待的眼神，她说自己也很希望能不负所望，但是青春期是一个漫长的过程，妈妈们必须学会如何处理孩子的问题。

很多妈妈也知道，打骂那一套失灵了，但没有替代方案。因此，孩子一出现问题就向心理老师求助，却不知道自己手里拿着万能钥匙。

孩子有问题，妈妈先反思

有一位妈妈说，她实在是想不通，儿子刚初中毕业，就在暑假挑染了头发，身上和胳膊上纹了九条龙，像个小混混似的，整个小区的人都觉得他不学好。小区新来的看门大爷以为他是个坏人，硬是要他登记才放他进大门。"您说我看到他能不生气吗？"

还有一位妈妈说，好几次都看见上初二的女儿放学后和一个男孩手拉手在路上走，有一次甚至就在楼下和那个男孩接吻，和邻居吵嘴时，还被骂连自己的女儿都教不好，真是气死人了。

不能理解孩子的打扮，看不惯孩子的行为，觉得无法容忍孩子时，妈妈们要冷静地反思一下自己，而不是一味地责骂孩子。反思自己的生活和行为，是打开青春期孩子心房的第一把钥匙。

在反思时，妈妈们要这样想："孩子有这些行为，是不是我做得不好？"孩子的行为十有八九都是从父母那里学来的。比如我们前面说过的，暴力的环境让孩子滋生暴力行为，独裁的父母让孩子变得不肯付出。

有不少妈妈都爱转移责任。比如孩子在学校打架，就认为是老师没管好。"我把孩子交给学校，老师就应该替我管好孩子"是妈妈们非常普遍的想法。将责任全推给学校，以免被人认为自己的教育方式有问题。

只要孩子的问题发生在家庭之外，妈妈们就会无意识地转移责任。只要和学校有点关联，就想把问题发生的根源和解决办法都转嫁给学校。比如孩子是在放学路上殴打、勒索其他孩子，妈妈们不去反思自己的行为，而是追问学校，当孩子在学校表现出暴力倾向时，老师们都在做什么。再如当孩子们在校门口无视交通灯乱闯而被汽车碰伤时，就会组织其他家长一起声讨社会让青少年处于危险的环境中。

妈妈们的这种心情都可以理解。但问题的关键是，这样做并不能真正解决孩子的问题，只能让妈妈们感觉好一点。但妈妈们要清楚，不是你的情绪需要调节，而是孩子的问题需要解决。一味地责怪学校和社会而不反思自己有哪些没做或做得不好，将很难发现孩子问题的根源，其实就在妈妈的身上。

如果孩子非要某种东西不可怎么办？

相对于孩子的问题行为，多数妈妈更头疼的是孩子非要某种东西不可。

妈妈们都有过这种经历：年幼的孩子走进超市就站在玩具区不动了，或是抱着某种零食死活不放，如果妈妈不给他买，他就号啕大哭，甚至在地上打滚。心理学家把孩子的这种行为叫作"情感勒索"。它的表现形式是："如果妈妈不满足我的要求，那我就……"

孩子到了青春期，情感勒索的方式有了明显的变化：如果妈妈不给买昂贵的手机、漂亮的衣服，那就不去上学，或不跟妈妈说话。比如孩子利用情感勒索，非要妈妈给他买一部高档手机。如果妈妈不满足他的要求，他就会很不高兴，对妈妈的话爱理不理，学习也无精打采的。

如果答应他的要求，一是担心他用手机上网聊天，二是这笔开支对家庭也是个不小的负担，更重要的是不能让孩子养成要什么就给什么的习惯。今天是要苹果手机，明天可能要苹果电脑，谁知道他后天要什么。可不能上演《渔夫和金鱼的故事》。看看那些一进超市就吵着要玩具的孩子，就知道情感勒索有多厉害了。所以，妈妈们现在必须改变这种恶性循环模式。

遇到这种情况，妈妈们应该怎么办呢？是满足他的要求效果更好、更明显呢，还是告诉他，无论怎么考虑都不行效果更好一些？

直接拒绝孩子的要求肯定不行，因为青春期的孩子敏感、自尊心强。

妈妈对他说"不行！你疯了吧！"孩子的心灵就会进入防御状态。如果他开始关上心门不再说话，那对话就没法再进行下去了。

如果妈妈们带着责备或蔑视的语气间接拒绝孩子的要求，也同样不可取。比如有不少妈妈都爱这样说："你不知道那得花多少钱吗？真不懂事！"或是"就你那样差的成绩，还想要 iPhone？我看你真是爱疯了。再这样闹下去，不是你疯了，而是我疯了。"这种话会让孩子觉得自己没有出息，没有多大的价值。他的自尊受到伤害，自信也随之消失。

如果利用奖励的方式，比如考个好分数就满足要求，也是非常有害的，因为这将改变孩子的学习动机：将主动学习变成被动学习——学习只是为了得到苹果手机，所以一旦奖品到手，他就会变得对学习更没有兴趣。

> **妈妈对待孩子要求的三个错误方法：**
> 1. 直接拒绝：太贵了/影响学习。
> 2. 间接拒绝：成绩差不配得到这么贵的东西。
> 3. 重金奖励：好好学习就给买昂贵的东西。

有位心理学家曾想帮助贫民区的孩子培养阅读的习惯，于是鼓励他们：只要认真读完一本书，就能获得一美元。孩子们开始如饥似渴地读书。几年后，这位心理学家认为已经培养起了他们的阅读习惯，便终止了阅读奖励。结果让他大跌眼镜：所有的孩子都变得讨厌阅读了。他进一步研究发现，出现这个结局的原因，是孩子长期阅读的动机都是为了赚钱，如今阅读赚不到钱了，自然就没有继续下去的必要了。

心理学上把这种心理叫作"过度合理化效应"。它通常发生在我们的态度还没有定型的时候，因为这时我们是通过观察自己的所作所为来推断自己的态度。所以，付给孩子足够多的报酬让他做喜欢的事，会使孩子将自己的行为归因于获得报酬，最终使他将爱好变成了苦差事。

孩子采用情感勒索时，有些妈妈采用"拖"字诀，比如说："妈妈要再考虑一下，同时你也再想想，然后我们再讨论这件事，怎么样？"以为这样可以给孩子留出冷静和分析的时间。妈妈说需要考虑考虑，孩子以为这是妈妈松口的表现。所以，妈妈们拖得越久，孩子的愿望就越强烈。

可见这几种方法都没有效果，因为它们都漏掉了非常重要的一点：孩子需要它的原因是什么。妈妈们漏掉了询问孩子想法和意见的过程，使得孩子感觉自己没有受到尊重。

所以，妈妈们在决定要不要给孩子买手机之前，最好先问问孩子的想法。妈妈们应不断探索和孩子对话的表达方式，直到孩子认为自己得到了尊重为止。最后，虽然孩子要买手机的问题没有解决，但他不会因为手机再提高嗓门吵架了。

很多时候，孩子嚷着要得到某种东西，只是为了赢得妈妈的重视而已。如果妈妈们不明白状况，就可能搞砸了和孩子的对话。明白了这一点，就能耐心地听孩子讲，而不是唠叨。

妈妈先打开了心门，孩子很容易就进来了，然后毫无顾虑地说出他内心的想法。孩子愿意开口了，妈妈们就真正拿到打开他心房的万能钥匙了。

妈妈应该知道的

◇○ 孩子的行为多数都是从你那里学来的，所以看到孩子不好的行为习惯时，先不要忙着推卸责任，反思一下自己的行为，很可能就找到了孩子问题的根源。

◇○ 对于孩子的要求不能盲目地答应，因为这会让孩子以为自己的要求都是合理的；也不能直接或间接拒绝他，否则孩子会感觉自己不受重视，不愿再和你说话；更不能用奖励的方式，因为这会让孩子的学习动机变成回避动机。

◇○ 孩子坚持要你给他买某种东西，比如高档手机、电脑，通常并不是非要得到这件东西，而是因为你平时不重视他的感受，他希望用这种方式来获得你的重视。

对话，需要更多对话

孩子进入青春期后，不少妈妈都感到束手无策。自己想帮助孩子，但孩子总是不肯领情。有一位妈妈说，只要她一提儿子的事情，儿子就会顶她一句："我的事情不要你管。"

让孩子接受妈妈的帮助就那么难吗？

并不是。妈妈们想要帮助孩子，有一个简单有效的方法，是和孩子保持良性的对话，因为对话是妈妈们打开孩子心房的关键。世界上所有的对抗问题，最终都是通过对话解决的，而大约一半是可以通过轻松的对话来解决的。

所以，妈妈们要想办法让孩子愿意坐下来和你聊聊，因为在轻松无压力的情况下，聊天时会流露出人的态度和缺点。通过轻松愉快的聊天，妈妈们就可以看到孩子有什么样的态度和问题。

妈妈愿意听，孩子才肯说

很多妈妈都想和孩子对话，却不愿意腾出时间来听孩子说话。但事实上，妈妈们耐心地听孩子讲话，就能解决青春期孩子的绝大多数问题。但对于有些父母而言，比如"虎妈""狼爸"等独裁型父母，做孩子的倾听者却是最不容易的，因为他们认为孩子只要听自己说，就能避免一切麻烦。这种妈妈并不知道，事情和自己设想的正好相反：只有妈妈愿意听，孩子才肯说。

有些妈妈可能要说了："这首先要孩子肯说话才行。我的孩子一进家门就闭着嘴，问什么都不应声。哪来愿不愿意听啊？"

这种妈妈最需要反思一下自己平时对孩子说话的态度，说得更直接点，想想有没有打断孩子的话？有没有代替孩子做出结论？

听孩子说话，意味着在孩子说话的时候集中全部关心和注意力。但不少妈妈只关心怎么对孩子说、要说些什么，所以孩子说一句，马上就打断他："所以你想说这些不过脑子的话？妈妈都知道。"或是在孩子说话时想："妈妈今天倒要看看你为犯的错误找个什么借口。"这些做法都不是倾听，只会让孩子越来越不愿意和你说话。

下面这些话，很多妈妈都经常挂在嘴边，但从没想过它们会堵住孩子的嘴，所以希望妈妈们不要再用了。

◎ 这和学习有什么关系？
◎ 妈妈现在正在接一个重要的电话，一会儿再说不行吗？
◎ 没看到妈妈现在正忙着吗？
◎ 你为什么每天都说这些没用的废话？
◎ 等等！现在这个重要吗？这事就非得现在说吗？
◎ 别说了，我知道你想说什么。
◎ 知道了，妈妈正忙着呢。
◎ 学习这么差还好意思要贵的东西？等成绩提高了再提要求！

青春期的孩子希望有人能听自己说话。对他来说，愿意听自己说话的人就是"尊重我的人"。他希望妈妈认真听自己说话，听自己讲学校发生的小故事，而不是希望妈妈对自己说"我爱你"。所以，妈妈们应清楚自己的角色是听，而不是说。妈妈们说得越多，就越不可能听到孩子心里的想法。不是所有的孩子一开始就打开心扉，告诉妈妈："我很需要有个人来听我说话"。孩子会按照自己的想法去测试妈妈是不是真心的担心他。

如果孩子觉得妈妈是很好的倾听者，那么亲密对话就不难了。但是，如果妈妈们采用了错误的说话模式，仍会搞砸了谈话。

你和孩子是哪种对话模式？

下面我们先来看看三组对话，然后请妈妈们指出哪种对话模式和自己最相符：

第一组
　　儿子：妈妈，我累了。
　　妈妈：刚坐下就累了？让你学习就累了，打游戏时怎么没觉得累？

第二组
　　儿子：妈妈，我累了。
　　妈妈：今天你放学后跑到哪里去逛了？

第三组
　　儿子：妈妈，我累了。
　　妈妈：我儿子累了。要不要先休息一下呢？

哪组和你最相符？　□ 第一组　　□ 第二组　　□ 第三组

根据对话的效果，心理学家将对话分为三种模式：亲近的对话、疏远的对话、成为冤家的对话。

第一组对话中，当儿子表达自己的想法后，当即招来妈妈的反驳和嘲笑，是成为冤家的对话。采用这种模式对话，说者和听者都会生气。孩子和妈妈之间的战争，多数都是由它引发的。

第二组对话中，妈妈说的话和主题关系不大，是疏远的对话。采用这种模式和孩子对话，会让孩子觉得妈妈根本不关心他。比如孩子开口要零用钱，妈妈却问昨天几点回家的，或是在补习班上到了几点。显然，这种话说得越多，亲子关系就会越疏远，孩子越不愿开口交流。

而在第三组对话中，当孩子说出他的想法时，妈妈先传递出在倾听的信号，然后征求孩子的意见，这是典型的亲近的对话模式。用这种模式和孩子对话，能减轻孩子的压力，他听到后心情很好，因为妈妈重视他的感受。

> **亲近的对话**
> * 妈妈先倾听，然后征询孩子的意见。
> **疏远的对话**
> * 妈妈说些与孩子所说主题无关的废话。
> **成为冤家的对话**
> * 妈妈反驳或嘲笑孩子的观点。

复述就是认可

或许妈妈们会说："我也想采取亲近的对话模式，但不知道怎么说。"这里有一个最简单的方法，就是不表达你的观点，只复述孩子所说内容的意思。这是著名心理学家罗杰斯所倡导的，因为一方面复述能把孩子的注意力指向他正在说的内容，从而引导他分析自己的想法。事实上，以罗杰斯为代表的人本主义心理治疗师的特点，就是只听来访者说，以及复述他们的话，而从不告诉他们说的话真正意味着什么，也不提出任何指导意见。

另一方面，复述其实也是一种认可形式。青春期是最需要得到别人认可的时期。所以妈妈们复述孩子的话是有效的亲近对话模式。比如孩子问："妈妈觉得这件衣服怎么样？"你就说："原来你好奇这件衣服怎么样啊。"不要轻易发表你的看法，说好看或不好看，因为你的欣赏眼光可能不符合孩子的审美观念。再说了，孩子提出的大部分问题不是为了听到答案，而是为了说出自己的想法，以引起别人的共鸣。因为相对说话的人而言，人们都是更喜欢听自己说话的人。所以妈妈们无须冒着被否决的风险说出结论，只要能引起孩子的共鸣即可。

再如孩子生气地说："以后少管我的事。"妈妈们千万不能说："我是你妈妈，我不管谁管？"这是一种相当典型的冤家对话模式。这种对话的时间越长，妈妈和孩子都对对方越不满。

心理学研究表明，要想和孩子顺利对话，妈妈们就不要去强调合理性和逻辑性，最重要的是在情感上接近他。因此，这时采用重复他说话内容的方式，也能化解这个矛盾。"你是说不想妈妈管太多吗？妈妈知道了。"

重复孩子所说内容的意思能缓和矛盾的原因，是它给孩子一种感觉："妈妈认同我的看法。"所以他愿意和你继续谈下去。这就是和十几岁孩子不吵架的对话方法。

妈妈应该知道的

- ◇ 坦诚地和孩子对话是帮助孩子的最简单有效的方法，这大约就能解决青少年80%的问题。对话可以了解孩子的需求，知道孩子为什么提出这样的要求。在对话中孩子发现你重视他、尊重他，就会更愿意和你交流，也更愿意接受你的建议。
- ◇ 青春期的孩子需要一个倾听者，所以打断孩子说话或替孩子的话做出总结，会被孩子认为是不尊重他的行为，他会越来越不愿和你说话。
- ◇ 你的质疑和反驳会让你和孩子成为冤家，孩子和你的争吵往往就源于这样的对话。而说题外话或是故意转移话题，会让孩子觉得自己不受重视，所以不愿和你亲近。只有亲近的对话才能打开孩子的心扉。

◇○在孩子看来，重复他的话就是对他的认可。更何况很多时候孩子说出来只是为了表达自己的想法，以引起共鸣。所以，重复孩子说的话就可以和他轻松地对话。

学会倾听孩子的心声

妈妈们是不是有这样的感觉？以前孩子被人欺负时，总是两眼泪汪汪地说："我要去告诉妈妈。"孩子们爱这样说，是因为这句话能让他们的心里得到安慰。但孩子进入青春期后，开始出现了完全不同的想法："这种事情绝对不能让妈妈知道。"或是"妈妈可能会知道。"所以必须好好隐瞒，即使妈妈问起时，也编个谎话欺骗妈妈。

为什么孩子不再说出心中的小秘密？

为什么孩子进入青春期之后，就不再像以前那样什么事都会告诉妈妈了呢？

这一方面与孩子的隐私概念形成有关，另一方面也与平时妈妈们经常批评、无视孩子有关。最常见的现象是，孩子大笑着向妈妈讲有趣的小故事时，妈妈却来一句："那有什么好笑的。"或者更令孩子扫兴的话："那能提高考试成绩吗？你脑子里整天就记这些没用的东西！"

至于孩子出了问题，妈妈们则更是不放过责备的机会。一天深夜，有一位妈妈来找到我。她神情憔悴、精神恍惚。她告诉我,两个月前女儿割腕自杀了。由于发现得太晚,最终孩子没能抢救过来。孩子的遗书上只写着一句话:"在学校,同学们嫌我,在家,妈妈也嫌我。我只有死了。"

这位妈妈有一个习惯:当女儿做错事时,她让女儿坐下来,然后指责、辱骂便向女儿劈头盖脸地涌去。骂累了,但气一点也没有消,于是带着强烈指责的口吻对女儿说:"现在你还有什么想说的,就说吧。我想听听你又找了什么借口。刚才你不是有话要说吗?现在我让你说。"女儿自然是什么都不想说,因为她知道一开口就会招来痛骂。"这就是你的理由?这算什么解释?"

所以女儿自杀后,这位妈妈一直生活在愧疚当中。她告诉我,自从女儿走后,她一直在想:"如果对女儿的态度好一点,多听听她讲那些生活中的小故事,悲剧就可以避免了。我怎么会讨厌她讲的那些有趣的小故事呢?我真的很想再听听她讲这些小故事,我有心情,也有时间。"

这位妈妈最后才知道,倾听孩子的心声,其实就是倾听孩子的小故事。只可惜,她学会这一点太晚了。

倾听也有技巧

当孩子兴致勃勃地打算给妈妈讲校园趣闻时,不少妈妈不是说自己没有心情,就是说没有时间。不管孩子说什么,妈妈都不听。逐渐地,孩子便什么话都不想告诉妈妈了,即使某一天妈妈想和孩子对话,孩子也不愿意开启心扉了。

和孩子对话,要从学会听孩子说话开始,只有这样才能倾听孩子的心声;只有当孩子感觉到妈妈在倾听他的心声后,才愿意和妈妈对话。

但是多数妈妈在孩子说到有问题的话时就忍不住要插嘴批评了,尤其是与学习无关的日常生活小故事，就更是听不下去了。因为妈妈们有这个习惯：凡是孩子说的与学习无关的话，都是毫无意义的。

这里有个简单的办法可以帮助妈妈们避开这种思考方式：当孩子讲他的那些小故事时，即使孩子的话中传递出有问题的信号，妈妈们也不要当场批评孩子，而是问问孩子这样做的原因。等孩子说了原因之后，妈妈接着问他当时的心情怎么样。无论孩子当时的想法和做法有多么的错误，妈妈们也要听完孩子的故事之后再说。

如果妈妈们平时就养成了这种习惯去倾听孩子讲的所有小故事，比如上学路上看到的趣闻，课堂上同学或老师出的洋相等小事情，那么就不必担心孩子心里藏着什么大秘密，因为孩子只有信任妈妈，才会希望和妈妈分享这些小故事。

如何成为孩子信赖的妈妈？

妈妈们如果想表达爱孩子，就要为了孩子抽出时间，营造孩子可以毫无顾虑地说出自己故事的氛围。当然，倾听孩子讲日常生活中的故事，需要投入时间。这对于有些妈妈来说，是很大的牺牲，比如做生意的妈妈，除了时间，什么都能做到。但为了孩子推掉一些生意，放弃一些社会活动，腾出时间来听孩子讲故事，是值得的。

我有个朋友，独自在国内奋斗，孩子和父亲一起在国外生活。从孩子上学开始，她就每天早上都准点打电话叫醒丈夫和儿子。一天要打好几次电话，听儿子说说当天发生的所有事情。如果不是用 Skype 网络电话，每个月的电话费也是一笔不小的支出。她一个月至少要去看儿子一次，这得益于大学的课程不多。如果课程实在错不开，她就请示领导调课，回来后再补上。她基本上取消了所有的社交活动。这样做的理由只有一个：如果为了孩子都抽不出时间，那么爱孩子就是一句空话。所以，她虽然和儿子分开生活，但他们比许多同住一个屋檐下的母子更亲密。

她的努力没有白费。现在，无论多么微不足道的话，儿子都会告诉她，因为她营造的氛围孩子可以毫无顾虑地说出自己的故事。孩子体会到无论说什么话都被不会被嘲笑、责备，所以很信任妈妈。

妈妈们也应这样做，因为只有这样，才能使孩子无论做得好与不好，是好事还是坏事，只要是他身上发生的事情，都想最先告诉你。如果孩子愿意告诉你所有的事情，说明他完全信赖你，你们的关系非常好。

如果孩子有必须对你说的事情也很犹豫，比如连想自残或割腕的最后一瞬间也不告诉你，那你就要反思自己是否对孩子关注不够。虽然你可能在孩子身上投入了很多时间和金钱，但你肯定还没有赢得孩子的完全信赖。

信赖妈妈的孩子，即使在学校被同学孤立，但回到家就会得到妈妈的支持，所以在外面无论遇到多大的困难，都不会想到自杀或离家出走。孩子只有觉得走投无路时，才可能考虑极端的做法。所以，学会倾听孩子的小故事吧。这是赢得孩子信赖的第一步。

妈妈应该知道的

◇○ 孩子到了青春期，就不再像小时候那样什么事情都和你说了。一方面因为他有了隐私的概念，另一方面是你经常打断他的话或把所有内容都和学习挂钩。久而久之，他就不想和你说话了。

◇○ 抽出时间听孩子讲讲那些与学习无关的小故事，孩子就会亲近你。即使你听出孩子存在问题，也要先听他讲完，然后问他当时是怎么想的，之后再像朋友一样指出他的错误，这样孩子才愿意和你说话。

◇○ 多花点时间听孩子说话，可以赢得孩子的信赖，这样他才会毫无顾虑地说出心里的秘密，因为他知道说出来会得到你的支持。

读懂孩子暴露的信息

一位妈妈和女儿发生了激烈的争吵。"谁让你在耳朵上打那么多洞的,这像中学生吗?"女儿毫不客气地反驳:"我想打多少就打多少,我愿意,你管得着吗?"妈妈气不过,打了女儿一巴掌。女儿哭着说:"除了打我,你还有什么办法?"这位妈妈忽然注意到女儿戴了三对不同颜色、形状各异的耳钉和一对大耳环,于是命令女儿立刻把所有的配饰都摘下来。

多数妈妈都看不惯一个中学生这身打扮。比如我所住的小区,有一个退学的青少年不但戴了一对大耳环,还有一对大鼻环和两个唇环。几乎所有成年人都暗地里评论过这个孩子,因为他就是教育孩子的反面教材。但几个正上初中的孩子却觉得他很酷,只要妈妈不反对,自己也想戴一戴。有个孩子的想法更有意思,他想戴,但怕在鼻子和嘴唇上打洞很疼,而且可能吃饭不太方便。

青春期孩子的审美标准

如果一位穿着超短裙、化着浓妆、上身暴露且满是文身的女性从妈妈们身边走过，或是某位不仅挂满了耳环、穿着鼻环和唇环，并且浑身绣着怪兽的男性向妈妈们问路，估计妈妈们会觉得他们不是什么善良之辈。这是我们成年人的刻板印象。但在青春期孩子的眼里，这些特征代表着时尚和酷。

为什么青春期的孩子和妈妈们的眼光如此不同呢？

一个主要的原因，是青春期的孩子自信心普遍不足，所以对外貌格外重视。从发型、头发的颜色、长度，到化妆品、文身、耳环和服装，都可能出现妈妈们看不顺眼的变化。比如，一到周末女儿就不喜欢穿那又长又大的校服，而是换上漂亮的短裙，穿上高跟鞋，拿出所有的首饰。

看到女儿这身打扮，妈妈就不能容忍，心里想："这哪像一个中学生的样子？"因此要求孩子换回上课时的样子。妈妈们已经形成了一个刻板印象：好孩子的穿着打扮都很朴素，问题孩子才会穿短裙、文身、戴一些社会青年才戴的首饰。很少有妈妈去想："孩子想通过这样的衣着打扮表达什么？"

如果妈妈们这样想了，就不会强制孩子摘下耳环、去掉文身，而会问问孩子是什么想法让他想这样打扮。妈妈们问过之后就会发现，孩子打扮的理由绝对没有我们成年人所想象的那样复杂。这些外在的表现，都不过是十几岁的孩子渴望获得同龄人认可的手段而已。

当那位妈妈领着戴了四对耳饰的女儿来到心理咨询室时，心理老师并没有指责女孩，因为他知道女孩已经听了老师和妈妈太多的指责。妈妈领女儿去见心理老师，只是想让心理老师帮助她批评女儿不对，以使女儿放弃这身打扮。但心理老师只是问："这些耳洞，不是一天打的吧。因为我知道打耳洞很疼的。我像你这么大时，也想戴耳环，但朋友们都说打耳洞很疼，所以我才没打。能不能告诉我，当时是什么心情才使得你有这么大的勇气打了这些耳洞？"

> **孩子衣着打扮传递的信息：**
> 1. 希望得到更高的评价，以建立自信心。
> 2. 希望以这种方式获得同学、朋友的接纳。

孩子放下了戒备，说出了她内心的想法。因为她很满意这次耳洞不但没有成为受批评的对象，反而成了她自我表达的主题。所以，当心理老师向她说出社会期望她的衣着打扮，提出严格的生活规则时，她没有反感，直接就接受了建议。"我本身也只是好奇，想试试，没想到妈妈有那么大的情绪，所以我就决定继续戴下去了。"

当自己的行为被禁止时，孩子就会产生逆反心理，固执地做出违背妈妈意愿的行为，哪怕这种事情根本没有必要。如果孩子认为自己被接受了，那即使是难以忍受的事情，也会忍受。所以说，孩子的心理看似复杂，实则简单。首先让他信赖你，然后他就会无条件服从你，这就是青春期孩子的行为模式。

如何引导孩子的衣着打扮？

要想赢得孩子的信赖，妈妈们要牢记一点：不能以妈妈的标准去衡量孩子的行为。只有这样，当孩子打扮得很特别时，妈妈们才不会立即启动偏见，觉得看他不顺眼，想责备他，要求他无条件服从你的意志。妈妈们得改变策略，问问孩子为什么想文身，为什么想戴这么多耳环，为什么想穿这么短的裙子，并且给他充足的时间表达想法。

等他表达完了之后，你再告诉他这些打扮的社会含义，比如人们会怎样看一个穿得太短的女性，文身在多数人眼中表达的含义，让孩子知道"穿衣打扮并不是单纯为了好看。只有符合人们的期望和礼仪，才不会被人议论和误解"。引导孩子进行反思，自己穿过短的裙子或戴过多首饰的行为是否正确。

如果这些方法都不管用，孩子仍执着于自己的风格。这时，妈妈们可以说："因为穿着打扮受到不必要的误会也没事吗？"

这句话很有说服力,因为青春期孩子最在意别人的看法,他如此打扮,就是为了得到更高的评价,当他知道这种打扮非但不能获得好评,反而会被人议论,就会主动放弃。

但有些孩子很固执。如果这种方法仍无法说服,那就换个说法,比如:"在学校,文身或穿非常短的裙子校长发现了不是不许进校门吗?"

如果孩子宁愿冒着被校长拦在校门口的危险也不肯妥协,妈妈们就要为孩子找到一个双方都能接受的平衡点了,比如同意孩子在家可以穿很短的裙子,暑假期间可以染发、涂指甲油、画简单的文身。因为没有妈妈的许可,孩子为了避开妈妈的视线,可能会做出一些欺骗行为,比如准备两套服装,短裙在学校穿,校服在家里穿。孩子没有经济来源,为了买漂亮服装,不知道会做出什么事来。

我经常听到有的妈妈说:"我不用操心这个问题,因为我的孩子对外貌毫不关心。"这种想法是错误的。先不说这种孩子可能不爱换衣服,也可能不爱洗澡,这些都是小问题,更严重的问题是,青春期的孩子对外貌特别不关心,有可能是抑郁症的症状。只有觉得活得很累,或者对现在的情况非常绝望了,孩子才会对自己的形象漠不关心。

所以,妈妈们既不能因为孩子爱打扮就认为孩子有问题,也不能认为毫不在意外貌形象的孩子就是好孩子。穿着打扮只是孩子的外在表现,关键是要弄清楚孩子想通过这样的衣着表达什么意思。所以,妈妈们在引导孩子做出改变之前,要先读懂孩子的内心。只有让他觉得妈妈读懂了自己衣着的意思,接受了自己的打扮,他才会接受妈妈的要求。

妈妈应该知道的

◇○ 孩子的衣着打扮往往不符合成年人的审美标准，但在同龄人当中他的衣着却很让人羡慕。所以你看不顺眼的时候不能一味地责备孩子，责备只会让孩子表现得叛逆。

◇○ 禁止孩子的某种打扮之前，想想孩子为什么打扮成这样，他是想表达什么，然后引导孩子说出他的想法。青春期的孩子特别需要认同，所以只有当他自己觉得你认同他的时候，才会放下戒备，接受你的要求。

◇○ 孩子说了自己的想法之后，你应告诉他别人眼中的这种打扮是什么含义，引导他进行反思，让他自愿改变衣着打扮。

◇○ 青春期的孩子对自己外貌毫不关心很可能是抑郁症的表现。你应进一步细心观察，多关爱孩子，及早发现问题。

妈妈要有敌人的眼、爱人的嘴

不少妈妈在发给我的电子邮件中说，孩子正处于青春期，看到他的那些错误态度和行为，想讲又不知道怎么讲，因为孩子的脾气太怪，稍说几句就会以吵架收场。但不指出孩子的错误，就错过了教育孩子的机会，所以心里很纠结。在回信中，我会让她们回想一下，自己看到孩子的错误言行时是不是非常生气，有时心都怦怦地跳个不停。妈妈们也可以对照一下自己是不是也有这种情况。

为什么要让她们想这个问题呢？因为这是妈妈们未能很好地调节情绪的表现。我们在情绪不好时，只是想着发泄而不考虑发泄带来的后果。但孩子的心灵装有灵敏的天线，妈妈们发出的信号越强烈，他的反应也越强烈。更关键的是，这个阶段的孩子不可能成为妈妈们的受气包。于是，一场亲子战争便不可避免地爆发了。

妈妈如何才能避免亲子战争？

要想避免亲子战争，妈妈们必须具备两个条件：敌人的眼和爱人的嘴。

敌人总是盯着我们，以期发现任何破绽。这就像孙悟空的眼睛。我们读《西游记》就可以体会到，比孙悟空厉害的妖怪多的是，他经常打不过就跑上天寻求帮助。但他的优势也相当明显，他能一眼认出妖怪；白骨精再怎么变，也逃不过他那双火眼金睛。如果妈妈们有这么一双敏锐的眼睛，就不难捕捉到孩子敏感多变的心理和成年人觉得奇怪的行为。

为什么妈妈们需要爱人的嘴呢？妈妈们都知道，爱人的嘴比蜜糖还甜。爱人能让心爱的人破涕为笑，就是因为爱人的说话方式让人听了很受用。

我这里所说的敌人的眼和爱人的嘴，前者是发现孩子犯错的方法，后者是指出孩子错误的技巧。比如，当孩子无意中做出了一些他不认为是错误的行为时，妈妈们要全都看在眼里，并准确地给他指出来，告诉他这样做会给别人带来什么样的伤害。

孩子不断犯错的原因有两个，一是他犯了很多类似的错误，但妈妈却视而不见。这相当于我们前面所说的可变奖赏模式，就像交警检查司机酒后驾车的方法：如果是抽查，就会有人心存侥幸；如果是排查，就没有人敢"碰碰运气"。

同样的道理，如果孩子做出一个错误的行为，有时被处罚，有时却很幸运，那他就会不断做这种错误的事情。相反，如果只要一做，就铁定会被妈妈发现，并且收到一张"罚单"，那他就会注意自己的言行。

孩子不断犯错的第二个原因，是妈妈们对待孩子的错误没有一贯的处理标准，完全视自己当时的心情而定。心情很好时，孩子犯了大错也轻易就放过，心情极差时，孩子的一点微小过错也大发雷霆。如果妈妈们对相同的行为持不同的标准，孩子就会觉得，妈妈生气不是因为他的错误行为，而是妈妈心情不好，想拿自己出气，是不爱自己的表现。

因此，为了避免亲子战争，妈妈们仅有一双敌人的眼睛还不行，还必须对孩子的行为执行一贯的标准。

妈妈要有爱人般的"柔情蜜语"

妈妈们也要意识到，和被交警发现酒后驾车的司机会乖乖交罚款不同，孩子做错事后并不会乖乖就范。如果妈妈们的表达方式不恰当，孩子不但不接受处罚，反而可能大闹一场。所以，这时妈妈们就需要有爱人的嘴了。

爱人永远不会指责心爱的人。比如当心爱的人把重要资料放乱了，两人费了半天功夫才找到，爱人不会像妈妈对待孩子那样劈头就骂："连这个都做不好吗？"爱人会告诉你重要资料的存放位置，以及为什么要这样放。因此，妈妈们在用敌人的眼发现孩子的错误之后，要用爱人的嘴给孩子指出来。比如，妈妈们可以采用这样的开场白："妈妈能够理解你为什么不得不那样做。"

为什么这个简短的开场白非常有效呢？因为要想说服孩子，就先理解他的做法，这是心理学家们推崇的顺畅对话的关键因素——正当化陈述。

接着再缓慢进入主题："因为谁都会有失误。"这句话也非常重要，因为这是一个合理化表达，能让孩子放下心理防御。

再下来才是强化谈话的主题。如果妈妈们不知如何强化主题，那可以采用这种说法："但是通过这个失误，你要学到东西。"这是心理学家所说的归咎投射。在进行归咎投射时，也要考虑到孩子的立场："你可能没有想到你的行为给别人带来了多大的伤害，造成了什么样的后果。妈妈相信，如果你知道是这样的结果，肯定不会做出那种事。"

最后，妈妈们要引导孩子反思自己的行为，并将决定权交给孩子，比如可

> 和孩子顺畅对话的4个步骤：
> 第1步：正当化——理解孩子的做法。
> 第2步：合理化——承认错误的普遍性。
> 第3步：归咎投射——指出孩子的错误。
> 第4步：引导反思——用征询的口吻提醒孩子反思自己的行为。

以这样说："出现了你预想不到的糟糕结果。现在你是不是应该对这个问题重新思考一下了呢？"

妈妈们同时具有敌人的眼和爱人的嘴很不容易，因为这本身就是一个矛盾的结合体：敌人看到的是不足，所以嘴里也更多是批评和责备之词；爱人会选择性地看自己想要的东西，因为这能讨心爱的人欢心。但是，为了帮助青春期的孩子，妈妈们就得将两者熔为一炉，至少要熟悉这种方法。原因很简单，爱人的眼睛发现不了孩子犯什么错，敌人的嘴巴一张开肯定就会严重伤害孩子的自尊心。

对于多数妈妈而言，发现问题比解决问题容易得多。所以这类人更需要训练自己运用爱人的嘴来指出孩子的不当言行。

有一个实用的技巧可以帮助妈妈们做到这一点，那就是在发现孩子的错误时不要立即指出，因为这时你可能在气头上。你要缓一缓，让自己想想指出孩子错误的目的是引导孩子走正确的路，而不是伤害孩子的心。孩子手上有根刺，妈妈们不会连刺周围的肉都挖掉，如果是那样，孩子肯定不会把手伸向你的。这样一反思，你就能明白，要想孩子接受你的指导，首先思考怎样表达才不会伤害孩子。

处于这种家庭环境中，孩子也会考虑行为的后果，因为他犯错后妈妈都会引导他反思："你是不是应该重新考虑一下这样做的后果呢？"这样就帮助孩子启动了他的理性思维，从而不再盲目行动。

妈妈应该知道的

◇○ 发现孩子的问题时不要立刻指出来，首先要调控好你的情绪。如果情绪不好，只想立刻发泄自己的怒火而不考虑孩子的感受，很可能就转变成争吵。一旦孩子产生了抵触情绪，你想纠正他的问题就很困难了。
◇○ 你要练就孙悟空一样的火眼金睛，捕捉孩子的心理和行为变化，并准确判断孩子的错误。而且要坚持一贯的执行标准，每次发现孩子的问题都要指出来。这样可以避免孩子存在侥幸心理，因此能更好地纠正孩子的行为。

◇○你应像爱人一样用温柔的口吻指出孩子的错误，因为批评责备的态度很容易伤害敏感的孩子。用温和的语言指出错误、引导孩子反思，有助于孩子遇事冷静、用理性思维思考。

◇○如果你和孩子谈话不遵循顺畅对话的四个步骤，尤其是省略掉第一步和第二步，那你和孩子的对话极可能变为争吵，孩子不可能真正听进你的建议或批评。

一味地宽容即是纵容

在加拿大出差期间,我正巧碰上了之前因工作需要在网上认识的一位德国朋友。几年过去了,他对亚洲妈妈的看法似乎还没有改变。他说亚洲的妈妈教育孩子时缺乏原则观念,不是管得太严,就是放得太松,不太符合东方人的中庸思想。接着,他讲了一件在中国旅行时看到的事情。

他和几个朋友在一家中餐厅吃晚饭,一位年轻妈妈带着五六岁的儿子坐在他们旁边的那一桌。母亲刚坐下,孩子就大喊大叫:"我不要坐在这里,因为这旁边有洋鬼子。我讨厌和洋鬼子一起吃饭。"他的妈妈说,现在其他地方都坐满了,只能坐在这里了;她既不制止儿子的不当言行,也不替儿子道歉,只是冲着他们笑了一下。

等到她和儿子吃完饭,她去结账时,她的儿子特意走过来说:"最讨厌讨好洋鬼子的汉奸。"说完用手打了随行翻译人员的背一下。

孩子回头看了妈妈一眼,见正在付钱的妈妈面带微笑看着自己,于是又打了翻译人员一下。就在妈妈结了账就往外走时,孩子抓住最后的机会,再次打了翻译人员一下。翻译人员用手轻轻地打了一下孩子的手。

这一幕被走在前面回过头来的妈妈看见了。猜猜接下来发生了什么事情,写下你的答案,然后接着往下看。

孩子的妈妈怒气冲冲地返身走过来,对翻译人员说:"这么小的孩子和你开个玩笑，你就动手打人。你这像话吗？还给外国人当翻译，丢不丢中国人的脸啊。别以为和几个洋鬼子在一起，就敢打我孩子！你信不信我马上打电话叫人来。"

别说你知道怎样惩罚

德国朋友所见到的这种情况，妈妈们并不陌生，当孩子做出不符合社会规范的行为而被人责备时，不少妈妈都会指责对方。我经常听到有的妈妈说："你敢打我的孩子，我都舍不得碰他一下。孩子弄坏了你的东西，要多少钱我赔给你，打了我的孩子，我跟你没完。"

妈妈们的这种做法，的确能避免孩子受委屈，但也会助长孩子的不当行为，因为孩子会在心里想："无论在哪里，我都能做我想要做的事情，因为有妈妈这个坚实的盾牌保护我。"

在这起事件中，妈妈注意到孩子打骂翻译人员时微笑，还属于宽容，但几秒后就演变成了纵容。遇到这种情况，妈妈只要向对方说一声"对不起，我这孩子缺少管教。"翻译人员自己也会觉得不好意思，而且最重要的是孩子以后也不会再做出这种无礼的举动。

有些妈妈可能会说："我也不是想纵容孩子，只是不知道在孩子做错事情时该怎么办。现在又不提倡打孩子、骂孩子，说他又不肯听，这要如何是好？"这种心理在孩子处于青春期的妈妈身上最为常见。

为什么会这样呢？

这与妈妈们对惩罚的理解偏差有关。不少人将惩罚和体罚混为一谈。我们都不赞成使用体罚手段管教孩子，但并不反对合理地运用惩罚手段。如果要说这两者的区别，可能就是体罚侧重于肉体痛苦，而惩罚侧重于精神剥夺，比如孩子犯错了就不许玩手机或上网打游戏。

即使有些妈妈知道惩罚和体罚的区别，也不一定就懂得如何运用惩罚的方式。由于惩罚只能减少不合乎希望的行为发生，而不能教给人恰当的行为，所以在惩罚孩子的同时，一定要教给他正确的处理方法。

为了使惩罚有效，妈妈们必须在孩子犯错时就当即惩罚他，而不"等你爸爸回来"。时间拖得越久，孩子越可能弄不清楚自己受到惩罚的真正原因，尤其是有的妈妈有时容忍，有时惩罚，更让孩子弄不清楚状况。

最后，也是最重要的一点，就是妈妈要明白：适当的惩罚更有益。虽然惩罚的力度越大，孩子的不当行为越少再现，但这只是暂时的，一旦脱离妈妈的视线，孩子就会再犯。而适量的惩罚，比如刚好能阻止孩子不当行为的惩罚，会使孩子产生理由不足效应，从而引发孩子反思自己的不当行为。

综合上面几点，我在此提供一种非常有效的惩罚手段：罚静坐。妈妈们试了这种办法，就能理解和尚犯戒时面壁思过的意义了。这种惩罚的具体做法是，孩子犯错后，要求他和妈妈安静地并排坐在客厅里，15分钟内什么事都不能做，甚至连话也不能说。

别小看这15分钟，处于躁动期的青少年绝对能领略到这种惩罚的威力。更重要的是，通过静坐的方式容易引导孩子反思自己的行为。无论是体罚还是惩罚，目的都是让孩子意识到自己的行为是错误的。既然罚孩子静坐就能达到这个目的，何必非要用棍棒那么暴力的行为呢？

但有一点妈妈们要注意，无论对孩子的惩罚是多么的轻微，只要惩罚完了，就一定要安慰孩子，比如把孩子拉过来抱一抱。妈妈们可能觉得抱一下好像没什么意义，但孩子会认为这是自己再次被妈妈接纳的表现，所以不会因为受到惩罚而失去安全感。

> 妈妈必须知道的惩罚三原则：
> 1. 惩罚时必须教给孩子正确的处理方法。
> 2. 惩罚必须即时、有错必惩。
> 3. 轻微惩罚能阻止不当行为时，不用严厉惩罚。

和孩子共同制订惩罚规则

虽然惩罚比宽容更有管教效果,但它也比宽容更难运用。这是父母在管教孩子时不是极左,就是极右,就是没有中庸做法的原因。

运用惩罚管教孩子的难点,在于如何让孩子领会规则。如果还没有一套明确的行为准则和惩罚规则,那就和孩子一起协商、制订这些规则,然后要求孩子亲自将它们写在纸上,亲手贴在经常可见的地方,比如客厅、孩子的房间,这样能减少孩子的很多不当行为。这些规则必须由孩子亲手来写,因为这会让孩子产生一种签订承诺书的心理暗示。结果是,当孩子想违反规则时,就会引起心理失调。

因此,让孩子亲手抄写和妈妈共同制订的行为准则和惩罚规则,首先是会减少不当行为,其次是犯错后也愿意接受惩罚。

制订规则时,不要泛泛而谈,越具体越好,比如不经许可拿了什么东西剥夺多长时间的电脑使用权,而且要详细到第一次犯时如何惩罚,第二次犯了如何惩罚,三次以上又如何惩罚。每一种惩罚的手段,都要先征得孩子的同意。如果自作主张定下惩罚规则,孩子在受到惩罚时就会觉得惩罚太重,不愿意接受。

孩子违反规则时,如果妈妈们无条件地宽容,那所有的规则都成了 TXT,而不是 EXE,有规则也等于零。这种情况容易出现在孩子感到好奇而犯的错误上。比如,我认识一个男孩,他一直很怀疑打报警电话警察是否真的会来,因此上六年级时他打报警电话,说自己被绑架了,绑匪刚出去接人了,他不知道自己在哪里,好像是铁路旁边的仓库。结果,大批警察为此忙活了一天。他没想过这

> **惩罚规则能发挥效果的4个关键:**
> 1. 制订规则时必须和孩子共同协商。
> 2. 规则要具体,并有累犯加重特点。
> 3. 要求孩子亲手写下每条规则。
> 4. 让孩子自己贴在容易看到的地方。

样做的后果，只是觉得很好奇，所以"开了个玩笑"。他的妈妈一听是好奇而不是故意的，于是只是口头警告了事。

升到初中后，一次聊天中他告诉新同学自己曾打过报警电话骗警察，大家都说他吹牛皮，像他那样胆小的人，怎么敢做那种事。于是他再次打电话报警，谎称某次航班上有炸弹。这一次，他同样没受到妈妈的惩罚，因为他将责任极力推到同学们的怂恿上。

孩子经常用"只是开个开玩笑"或是"同学怂恿"来为自己的过错开脱。而遇到这种情况，妈妈们也喜欢抛开规则，宽容孩子，让孩子自己去反省。

但是，获得宽容的孩子并不会主动去反省，他只会庆幸没有受到惩罚，所以也希望下次犯错时能得到同样的待遇；如果没有这种理由，那就找个妈妈相信的理由，因此便开始说谎了。下一节，我们将提供与谎言大河对岸的孩子有效交流的方法。

妈妈应该知道的

◇○ 教育孩子要有原则，并且严格执行，纵容只会养成坏习惯。在孩子做错事时，过度的宽容就是对孩子行为的纵容。别怕丢面子，也别怕孩子受委屈。在孩子做错事时，适度惩罚能让孩子认识到错误，以后不再犯类似的错误。

◇○ 不能用体罚或暴力手段管教孩子，但并不意味着不能惩罚孩子，关键是在惩罚之后要给孩子一些安慰，比如抱抱他，以使他有安全感。

◇○ 和孩子一起讨论、制订详细的惩罚规则，并要求孩子亲手将它们写在纸上，贴在能经常看到的地方。这样既能使孩子自觉减少不当行为，又能使孩子犯错时自愿接受处罚，以及主动反省自己的行为。

谎言，
妈妈需要克服的第一个障碍

朋友给我打电话，说她的儿子刚上五年级，她已经不知道该怎么管了，因为儿子经常说谎。上一次他从家里拿钱买玩具，被问及拿钱去做什么了，他随口就说给了某某同学，那个同学曾在二年级时勒索过他，当初请他吃了一元五角钱的零食，结果要求返还六元钱，最后在双方家长和班主任的交涉下，这件事才解决。

所以，当儿子再次说起被勒索时，她自然有些相信。为了稳重起见，她反复问了几次，儿子的回答都是一样的，于是打电话给对方家长。结果，同学们都证明她的儿子并没有将钱拿去给那个顽皮的同学。

还有一位妈妈说，她女儿刚上初三，也爱说谎。有一天去了补习班，直到晚上11点过才回家。打电话提示关机了，把一家人都急坏了，甚至还去了附近的派出所报案。正当全家人动员所有亲友全城搜寻时，她回家了，说她去同学家复习了。但实情是和男朋友逛公园忘记了时间，她担心被骂，所以就撒了个谎。这位妈妈也想知道采取什么具体的行动孩子才会说真话。

孩子爱在哪些方面说谎？

在第一章我们提到，妈妈怀疑儿子抽烟，问他是不是在抽烟，儿子的回答是"不知道你在说什么"，于是妈妈拿出"证据"问儿子拿打火机做什么，但得到的答案却是"什么打火机？"

当假装听不懂简单的话无法应对局面时，孩子就开始编造比较合理的理由：打火机是朋友过生日点蜡烛用的，当时放在自己的口袋里，所以带了回来。见谎言就要被揭穿了，所以最后他使出了说谎者惯用的招式——攻击质疑者："把你儿子看成什么了？"

在这一轮说谎与识谎的较量中，妈妈一直处于劣势，所以最后被儿子完败。孩子偷钱、看色情视频、过早谈恋爱，一般也都会用同样的招式来应付妈妈们的质疑，并且屡试不爽。

所以，当孩子进入青春期后，妈妈们需要克服的第一个障碍，就是孩子的谎言。首先，妈妈们要知道一个事实：说谎并非孩子的专利，而是我们人类的本能。曾有人宣称，如果我们都不说谎，那家庭将解体，生意谈不成，恋爱会失败……总之，没有谎言，社会无法正常运转。这种说法虽然有些夸张，但也说明了谎言无处不在。有了这种意识后，如果孩子说谎，妈妈们就不会有天塌下来的那种感觉了。

这不是说孩子说了一些小小的谎言，妈妈可以放任不管。如果经常默许孩子说谎，孩子会认为所有的谎言都可以说。因此，妈妈们不但要准确捕捉孩子发出来的信号，同时还要和孩子一起制订说谎的惩罚标准。

其次，妈妈们要知道孩子什么时候开始爱说谎，以及喜欢在哪些事情上说谎。心理学研究表明，孩子尤其爱在学习成绩、朋友类型、玩手机或电脑的时间方面说谎。

在应试教育的大环境中，妈妈们非常看重孩子的考试成绩。孩子考差了没办法交差，所以只好说"最近没考试"或是篡改考试分数，因为妈妈们一般都只看分数，不会去仔细分析每一道题的对错。

孩子在朋友类型上撒谎，是因为妈妈们都认为坏朋友会教坏自己的孩子，故而妈妈们自己看不顺眼的人，就不许孩子和他交往。

至于在使用手机或电脑的时间上说谎，是想多用用手机或电脑。现在能营造青少年私人生活的途径主要有网络和手机，而妈妈们担心孩子使用这些媒体会影响学业，所以加以限制或禁止。结果，孩子只好通过撒谎来获得使用手机和电脑的机会。比如一位妈妈说："最近孩子发微信非常多。有时候一发就是几个小时。这个时候我就有些着急，所以就会唠叨。孩子听了唠叨很生气，就吵起来了。以后发微信，就说是在和同学讨论作业。"

孩子为什么要说谎？

妈妈们最想知道孩子的想法，因为只有知道孩子心里想什么，才能指引、帮助孩子。但如果妈妈没有和孩子建立起良好的关系，妈妈不是孩子无话不说的知心朋友，那么，想让孩子主动说出来，根本不可能。

妈妈们主动询问似乎可以解决这一问题。然而青春期的孩子爱说谎，虽然他并不擅长。事实上，他们还经常为一些无关紧要的事情说谎。

孩子说谎时，妈妈们肯定都想知道孩子为什么要这样做。心理学研究表明，青少年说谎有两个重要原因。

首先，分歧是引发孩子说谎的直接原因。妈妈与孩子对某事的分歧越大，孩子说谎的可能性就越大。所以，当孩子觉得妈妈的意见和自己不一致时，就可能说谎。比如，因为妈妈们较少限制孩子的衣着、看什么电影、听什么歌，所以孩子不会在这些方面撒谎。这也间接证明了孩子说谎是因为担心被骂或听到唠叨。

其次，强烈的自我意识是孩子说谎的间接原因。道理很简单，青少年非常在意别人的评价，喜欢成为人们关注的焦点，所以他得保持很高的自我监控力。而自我监控力是自我意识的重要表现形式。这种能力越强，就越在意别人对自己的负面评价。心理学家们把这类人叫作"高负面评价者"，为了维护自尊，他们经常说谎。自我监控力弱的人，不太在意自己的行为会给别人造成什么影响，所以也不太会撒谎。青春期的孩子中，只有极少数人际关系非常糟糕的才属于这种类型。

有心理学家设计了一个简单的方法来测试一个人的自我监控能力：在自己的额头上写一个大写字母Q，如果字母的尾巴向左，说明这个人自我监控能力强，因为这样写是便于让别人看；如果字母的尾巴向右，说明此人的自我监控能力弱，这是写给自己看的。

而这些十几岁的孩子又是怎样看待自己说谎的原因呢？

心理学家调查发现，多数青少年认为，为了从妈妈那里得到期望的东西，偶尔说谎也没有关系。如果说真话，妈妈听不进去怎么办？所以他们并不担心说谎穿帮的后果。对此，有个男孩的回答很有典型性："我知道骗妈妈是不对的，但跟她说实话肯定是不会得到同意的。既然这样，那不如冒次险，妈妈没识破就成功了。即使被妈妈发现了，最坏的结果还不是和对她说真话一样。"

妈妈们可能会想，其实孩子可以尝试和妈妈真诚交流。这只能说明妈妈们对孩子缺少关注。孩子说谎是因为他以前尝试过真诚交流，但没有成功，所以就认定你不会听他说的。无奈之下，孩子只好搬出了他唯一可以抗衡妈妈的武器：说谎。这种情况在管教严格的家庭中更为常见。因此，这类妈妈更应努力和孩子交流，因为孩子并没有把你当成伙伴。

有些妈妈说孩子想吵架，但这不是事实，这只是妈妈们讨厌孩子反对自己的意见。很多妈妈没有意识到，自己和孩子对话时只希望听到高兴的事情，所以坚持按照自己的标准来主导对话。孩子的有些行为不符合成年人的标准，为了避免批评，孩子自然就想到了说谎。因此，孩子说谎的根源，还是妈妈们平时的态度：妈妈们对自己看不顺眼的行为越专制，孩子就越可能说谎；妈妈越民主，孩子就越真诚。

对此，妈妈们觉得，自己对孩子所做的一切，都是为孩子好，所以孩子应无条件听从才对。如果你有这种想法，我建议你这样思考一下：如果有人要求你的孩子无条件服从时，你不希望孩子反对吗？

所以，妈妈们要真诚地接纳孩子的异议，甚至要希望孩子提出异议，以鼓励孩子挑战他认为不对的东西。据说，英国北部曾出现过这样的事情：在一次有五千多人参加的马拉松赛上，最后只有一个人有成绩。

问题出在了哪里？原来，由于工作人员的失误，第二、三名都跑上另一条道路，后面的人想也不想就跟着前面的人跑。孩子的人生就是一场马拉松，大家都在拼命地向前冲，但如果只是服从，可能越努力就越偏离目标。

所有十几岁的孩子都想独立了，而妈妈们却不会妥协，于是孩子和妈妈之间就出现了一条叫谎言的大河。妈妈们要做的，就是在谎言的大河上架起一座交流的桥梁。

最简单有效的识谎技巧

如果觉得孩子行为异常，而询问又不知他说的是不是实话时，妈妈们应该怎样判断呢？不用说，如果不掌握一定的方法，那很难判断孩子所说的是真是假。

有关识谎的书籍很多，但多数提供的方法都不太可靠。比如，阅读了相关书籍后有些妈妈相信，孩子回答问题时不看着自己或是脸红，就说明孩子在说谎。其实，如果孩子不重视妈妈所说的问题，那他在回答时就很可能不看着妈妈；或是急于证明自己的清白时，也可能面红耳赤。这些行为和表情与说谎没有直接的关系，所以不能作为判断孩子是否说谎的依据。

妈妈们可以试着判断下面两组对话，哪组孩子说了谎话？

第一组
- 妈妈：今天怎么回来晚了这么久？
- 孩子：老师拖堂了。
- 妈妈：拖了一个多小时？
- 孩子：嗯。

第二组
- 妈妈：今天怎么回来晚了这么久？
- 孩子：这能怪我吗？都是那讨厌的数学老师。
- 妈妈：拖了一个多小时？
- 孩子：可不是呢，我们都给他取了个绰号：刘拖拖。只要是他的数学课，没有不拖堂的。今天拖得最久，我都快要受不了了。

有些妈妈可能猜对了，第一个孩子说了谎。但不一定能说出自己判断的理由。

无论是成年人还是小孩，撒谎都有一个共同的特点：避重就轻，不发表自己的个人感受，不提供真实细节，而且说话词语少。因为说得越多，越可能露马脚。倒是与问题无直接关系的话会说很多，目的是说服对方相信自己。而且人在说谎时，会无意识地保持一个"心理距离"：这事与我无关，所以很少出现第一人称。

此外，孩子们普遍比较反感老师长时间拖堂。所以，老师真的拖了很久时，孩子回家的第一件事就是向妈妈表达对老师的不满，妈妈根本无须问起他回家晚的原因。

还有一个更为简单却有效的抓谎方法，就是看看孩子有没有正面回答你的问题。如果孩子不正面回答问题，只用了合理的情况来回答你的提问，那他就可能在说谎。

美国中央情报局的一位抓谎高手曾讲过这样一个故事：有一天他的小儿子放学回家后在客厅里走来走去，于是他就问："作业写完了吗？"他的儿子边上楼边说:"我们今天是代课老师。"当时他也没在意,毕竟通常代课老师都是不留作业的。于是他放过了儿子。但他坐在沙发上看电视时,忽然觉得不对劲:"孩子没有正面回答我的问题。"所以他马上把儿子叫过来,再次详细地问儿子。结果,儿子有一堆作业没写。代课老师说在学校没完成的作业,就带回家去写。

> 孩子说谎的三个重要特征:
> 1. 很少用第一人称。
> 2. 回答缺少细节,不谈个人感受。
> 3. 不正面回答问题,而以貌似合理的情况来回应。

为什么学会识别孩子是否说谎非常重要呢?

因为一旦孩子在小问题上顺利地骗过了妈妈,他就会觉得自己说谎妈妈不会察觉。只有在孩子开始说谎时就指出来,使孩子意识到他骗不了妈妈:"我骗不了妈妈,我一说谎她就知道,那还不如开始就坦白呢。"这种意识一经形成,孩子就会停止或减少对妈妈说谎。

妈妈的问题越具体,孩子越不可能说谎

很多妈妈天生能识别孩子的谎言。我的确遇到过有的妈妈只要孩子一说话,她们就知道孩子有没有说谎。但是她们并不很清楚如何纠正孩子说谎的习惯。相信这也是妈妈们关心的问题。

那么,妈妈们要如何才能纠正孩子说谎的习惯呢?

得知孩子说谎时,有些妈妈会大发雷霆,打骂孩子,但是生气不能感动孩子,也没有孩子因为害怕妈妈而改变说谎的习惯。在充满恐惧的环境中,最不缺的就是谎言。

要改变孩子说谎的习惯,下面这件事能让妈妈们有所启发。我侄子五岁那年,有一天将屏幕清洁液倒在我新买的笔记本电脑上,他想把键盘擦

一下。结果，电脑的主板烧坏了。他赶紧打电话给我，说电脑坏了。回家后，我妈妈告诉我，方圆已经承认是他弄坏的了。我问妈妈是怎样问他的，妈妈讲了她和方圆的对话：

我妈妈：电脑是你倒的水吗？
侄子：是。

后来我改变了问话方式，将问题变得稍微具体一点：

我：谁让你往上面倒水的？
侄子：表叔。我问表叔："能倒水吗？"他说："能。"

侄子两次都没有撒谎，但两次表达却给人完全不同的结果。我妈妈的询问结果，得出是我侄子弄坏了电脑；我的询问结果，弄坏电脑有我表弟的份。表弟后来也承认他当时正在玩手机，所以当方圆问他能不能倒清洁液时，他看都没看，随口就回答了。

这个例子说明，妈妈们要想明确得知孩子的情况，只有具体而明确地询问。这样既能避免孩子说谎，也不至于引起误解。比如，很多妈妈都喜欢这样问孩子："又玩游戏！今天的作业写了吗？"或许孩子头也不抬地顺口就说："今天没作业。"因为针对这种含糊的问题，孩子会倾向于认为妈妈其实对有无家庭作业并不清楚。

如果妈妈们换个询问方式，将问题变得更具体、更详细："今天有英语课，老师在课堂上留了什么作业？"那么孩子就不敢轻易说谎了，因为他会意识到，妈妈可能已经知道有作业了，说谎没有用了。

妈妈们同时也要告诉孩子，不能随意对别人说谎，因为人们都不喜欢满口谎言的人。"你说谎虽然在开始时有人相信你，喜欢你，但如果得知自己被欺骗后，就会觉得受到了侮辱，因此不再理你，甚至还会告诉其他同学你是个骗子，让大家都不和你交朋友，不和你说话。你说这些没用的假话，最终失去了所有的朋友，你觉得值吗？"

有的孩子可能觉得自己很擅长说谎，因此妈妈们要明确告诉他："谎言可能骗一个人很久，但不可能把一群人都骗很久。同学朋友们不揭穿你，只是为了给你面子，但不会再真心对待你。所以，对待同学和父母，一定要真诚。虽然有些事情如实地说出来非常难堪，但这也正是赢得别人信赖的最好时机，大家都会觉得你是信任他，把他当成知心朋友，才说真话给他听的，所以也会用同样的方式来回应你。"

妈妈应该知道的

◇○ 在和你意见不一致时，孩子最容易说谎，并且最容易在学习成绩和交友这两个方面撒谎。而且越是专制家庭，孩子越爱撒谎。
◇○ 孩子说谎是因为担心被你责备，或想从你那里得到某种期望的东西。因此你应坦诚地和孩子交流，在听到不符合成年人行为标准的事情或要求时，不要批评孩子，要多听听他的想法，多和他讨论。
◇○ 孩子爱说谎是因为他正处于高自我监控的阶段。判断孩子自我监控能力强弱的简单方法，是让他在自己头上写下大写字母Q：最后一笔的方向向左，说明他在意别人的看法，因此爱说谎。
◇○ 孩子在回答某些问题时脸红或不看着你，并不意味着孩子在说谎。因为脸红和逃避目光与说谎不存在因果关系。所以不能看到孩子脸红就叫道："小子，我知道你在说谎。老实交代吧。"
◇○ 你所提的问题越具体，越能减少孩子说谎的机会。问题越具体，孩子以为你越了解他的情况，所以越不敢轻易说谎。

用情感训练战胜青春期

一位妈妈坐在心理老师对面，焦急地询问有什么办法能提高她儿子的情商。"老师和朋友们都说我儿子有智商没情商，所以请您帮帮我。"其实这位妈妈并不知道什么是情商，只听说它对孩子的成长很重要。

什么是情商？

妈妈们都意识到情商对孩子成长的重要性，甚至超过了智商。而且与智商受先天遗传影响难以提高不同，情商主要是依靠后天的培养。

但问题是不少妈妈并不清楚什么是情商，因此提高孩子的情商也无从着手。

情商是相对于智商而提出的概念，是一个人管理自我情绪以及管理他人情绪的能力。心理学家认为情商包括五个方面的能力：

1. 了解自己的情绪，知道情绪对自己有影响，比如说"我现在很生气"，同时又知道"生气对我不好"。

2. 知道消除愤怒、忧虑和抑郁的方法。

3. 懂得自我激励。

4. 理解他人的情绪。

5. 善于处理人际关系，能控制自己的情绪和识别他人的情绪。

从这些能力可以看出，情商高的人能很好地控制自己的情绪，把握他人的情绪并产生共鸣，所以能维持很好的人际关系。

也就是说，情商高的人快乐健康，能主导自己的人生。而青春期最大的变化就是情绪变化，而且难以控制，所以提高孩子的情商对孩子度过青春期很有帮助。

提高孩子情商，妈妈先进行情感训练

家庭环境对提高孩子的情商非常重要，因为良好的亲子关系、夫妻关系对提高孩子的情商很有效。妈妈们用正面的思考方式管教孩子时，孩子也会乐观、快乐地成长。而和谐的夫妻关系，也会给孩子正面的影响。

但要想进一步提高孩子的情商，妈妈们需要进行情感训练。它能使妈妈们养成理解、接纳孩子情绪的行为方式，提醒妈妈们引导孩子向更可取的方向发展。

有些妈妈一听到"训练"两个字，就马上头疼了。这不能怪你们，因为的确有不少训练实际上就是摧残：摧残身体的魔鬼式训练，摧残心灵的洗脑式训练。但情感训练与这两种训练方式都无关，它只是一种行为方式的训练。心理学家对妈妈们进行情感训练时，通常都会采用以下四个步骤。

第1步：捕捉孩子的情绪

和孩子的行为相比，妈妈们应先读出孩子言行背后的想法。孩子所说的话，和他想表达的意思可能完全不同。不要对孩子的行为有明显的负面情绪反应，因为你的负面情绪只会引起孩子的反弹。你只有准确把握了孩子行为背后隐藏的情绪，才会知道如何应对。

第2步：视孩子的情绪变化为改善机会

孩子的情绪越强烈，就越能发现他哪里出了问题。所以，孩子情绪化时不要责备或旁观，而要视为与孩子积累友谊和建立信任的好机会。至于负面的情绪要如何改善，等到孩子的情绪稳定时再解决。

第3步：倾听孩子的情绪，以产生共鸣

这是情感训练中最重要的一步。妈妈们一定要对孩子表现出来的情绪做出有共鸣的反应，比如表现出侧耳倾听、理解的样子，因为通过这样能缩短与孩子之间的心理距离。

第4步：引导孩子解决问题

这一步不是以妈妈们的标准替孩子解决问题，而是引导孩子去思考如何找到方向和解决办法。

在实践情感训练时，妈妈们要先了解自己的情感，因为如果不清楚自己的情感，就不会去思考孩子言行背后隐藏着什么情绪，也不会把孩子的情绪变化视为改善亲子关系的机会，更不可能去倾听、引导孩子了。青春期是孩子辛苦、妈妈也辛苦的时期。所以，妈妈们不要把所有精力都集中在孩子身上，也要关注自我。你只有找到了自己的幸福，才能更好地帮助孩子，因为只有家庭稳定了，才可能安心于情感训练。

通过这种训练，可以纠正妈妈们以往单方面要求孩子的做法。妈妈们只有控制住自己的情绪，才能准确地读出孩子的情绪。

当妈妈们完成情感训练之后，要用同样的方法训练孩子，因为这种训练能使孩子变得更有同理心，这是一种站在对方角度看待问题的能力，也会更能管理自己的情绪——这是衡量情商的重要指标。

所以，这种训练不但能提高孩子的情商，并且最终还能使孩子愿意和

妈妈建立友谊。

孩子打开了心房，妈妈们就可以更深入、更准确地了解他的真实想法，更好地帮助他度过这段艰难的时期。

妈妈应该知道的

◇○ 简单地说，情商就是管理自我及他人情绪的能力，主要是靠后天培养的。情商高的人更能主导自己的人生。帮助孩子提高情商，对孩子控制青春期的情绪变化很有帮助。

◇○ 正面的思考方式、和谐的家庭关系对培养孩子的情商有正面影响。而常用于妈妈们情感训练的四个步骤也可以提高孩子的情商。

◇○ 要读懂孩子的情绪，你只有先控制好自己的情绪，因为你情绪失控时，会以成年人的标准去衡量孩子的行为。

妈妈和孩子亲近的方法

在一所中学举行的亲子关系座谈会上,绝大多数妈妈都表示,改善亲子关系难度很大,有时甚至根本不知从何处着手。好几位妈妈都说:"我想和他交流,可说不上三句话,我们就会吵起来。"而学生代表却说:"当妈妈对我嘘寒问暖时,我就开始紧张,因为我知道接下来她就会转移到学习上去。同学们也说,这就是妈妈的谈话模式。"

妈妈和孩子双方都不满意,该如何解决呢?

心理学研究表明,只有我们感觉关系很亲近而不是血缘关系很近时,才愿意容忍对方的某些行为。因此,妈妈们应想办法让孩子愿意亲近自己。

控制好情绪是关键

孩子不愿和妈妈亲近的一个重要原因,是妈妈们对孩子的表现和反应不能很好地控制自己的情绪。心理学研究发现,在压力下人容易情绪失控,所以妈妈们不但要抛开压力,还要确保不给孩子施加压力。因为在妈妈们的压力下孩子会变得很脆弱,学习无法集中精力,同学关系变差,得不到同龄人的认可和接纳。这些又会给孩子带来更大的心理压力。

另外,妈妈们还应随时审视自己的情绪,确保自己的情绪保持相对一致,因为当孩子对妈妈的情绪捉摸不定时,就会产生压力。

在一个经典的心理学实验中,一群老鼠被关在笼子里,它们只有不停地压杠杆才能得到食物。但有个问题是,有时压杠杆非但不会出现食物,自己还会被电击。可是饿了又不能不去压杠杆。结果,由于情况捉摸不定,而又必须做出选择,所以老鼠产生了巨大的压力,很快就病倒了。

因此,妈妈们要努力改变"看心情"对待孩子的习惯。这需要妈妈们经常检视、调节自己的情绪,比如那种毫无理由的发火。这是很多妈妈都有的习惯,尤其是在单位受了气,回家就更容易不经意地发泄在孩子身上。

至于夫妻争吵和冷战,不要在孩子面前表现出来,因为孩子就是你的镜子,你有什么行为,孩子就跟着做出同样的行为。哈佛大学心理学家发现一个非常有趣的现象:关系越亲近,相互间的情绪和行为就越容易传染。具体到妈妈和孩子身上,情绪和行为在相互间传染的可能性为50%,这一比例在朋友的朋友身上仅为10%左右。所以,你和丈夫争吵或冷战的言行和情绪,会传染给孩子;在以后你和孩子发生冲突时,他就会用受你传染的行为和情绪来对待你。

学会倾听和提问是前提

妈妈们都知道,亲戚之间只有走动越频,才感觉越亲,朋友之间只有交流越多,关系才会越好。这个道理同样也适用于妈妈和孩子的情况。

不过,妈妈们想和孩子交流,首先要学会倾听和提问,因为这是顺畅交流的前提。妈妈们有个误区,认为交流就是对话。事实上,交流不在于你说了什么,而在于你和对方感受到了什么。这好比妈妈买了一件衣服,满怀期待地问丈夫怎么样。丈夫嘴上说"很好,你穿着很漂亮",但却头也不抬,只顾玩手机,想来妈妈的心情会很不好。

当孩子想和妈妈说话时,妈妈要停下手中的事情,用眼睛看着他。这能传达出妈妈很重视他说话的信号,因为用眼睛看着,本身也是一种关注。同时,注意听他说话,提出与此相关的问题,也能让他感受到妈妈关心他、重视他,所以就会有正面情绪。这时妈妈提出问题,孩子也愿意接受。

如果孩子不想和妈妈说话,妈妈不能逼迫他。这就像有些人想打破冷战僵局时对配偶说:"我们应该谈谈。"对方只是冷冷地抛出一句:"有什么好谈的。"

孩子的嘴,就如同活着的贝。强行撬开贝的嘴,肯定会被尖尖的刺扎到肉里。但是先把它泡在盐水里,它就会打开紧闭的嘴,吐出其中的杂质。孩子也是一样,只要妈妈们给他营造了心灵的居所,他也会打开心门,吐出心灵深处的杂质。

营造孩子心灵归宿的方法,是平时给予他足够的关注。他不想和妈妈交流,那就留意他的微博、QQ空间。在这些地方,妈妈们可能会看到孩子的喜怒哀乐。在敏感多变的青春期,孩子会在网络空间里写出那些让他高兴或烦恼的事情。

如果出现这种情况,那说明妈妈们还没有成为孩子信赖的倾听者。当孩子觉得无处可诉时,才会发布在网络上,因为网络有种匿名的性质,除了几个关注他的好朋友,其他读者都是陌生人,所以他并不担心。

如果妈妈们采用孩子比较喜欢的交流工具,比如用聊天软件聊天,在微博上互动,或是用手机发微信或每天写一封电子邮件,那么孩子更愿意和你说话。不要说你没有时间。还是那句话,为了孩子,妈妈们能放弃很多事情。电视可以不用看吧,麻将可以不用打吧。妈妈们不是没有时间,而是不想为了孩子而放弃娱乐、社交活动。

如果妈妈们因此而对孩子不管不问,有一天孩子指责你是在拿他的青春挥霍,也并不过分。

借助家庭的力量

在远古时代，人类在十几岁时需要和父母一起外出打猎或采集食物，这就进化成了今天的青春期孩子有远离家庭的本能。所以，定期举行传统的家庭聚会，可以让孩子回归家庭，感受家人的珍贵。

另外，让孩子按时回家、做家务、打扫自己的房间，也能增进家人的关系。心理学家发现一个现象：我们为某件事付出的代价越大，就越觉得它有价值。这是因为我们都有禀赋效应的心理：一旦投入了时间或其他代价，就会珍惜它，因为对它产生了感情。

如果孩子不愿意做这些事情，不要强迫他，先听听他不想做的理由，然后告诉他为什么一定要做。

借助家庭的力量增进孩子的亲近感时，有个妈妈们常犯的错误，那就是在孩子吃饭时表达对他学习上的不满。

本来一家人坐在一起吃饭，能使孩子觉得妈妈很亲近，因为这能使孩子产生心理学上的启动效应——身体上的感觉会使心理上产生同样的感觉，比如客人吃到主人可口的饭菜时，会无意识地认为主人的心肠好。在家吃饭能使孩子产生启动效应的原因，是人类在早期食物非常短缺，人们只会和非常亲近的人分享食物，所以到了今天一起吃饭，便会无意识地认为"我们关系很好"。

可是，如果妈妈们在孩子吃饭时表达不满，就会破坏孩子的这种感觉。并且，由于这时妈妈们和孩子都最缺乏能量，所以都控制不住自己的负面情绪。

研究自我控制的心理学家发现，自我控制力来源于血糖。因此在饥饿时或其他原因导致血糖水平过低时，就难以控制自己的情绪和行为。

在一个实验中，心理学家把一群人随机分成两组去玩某个电脑游戏。开始时游戏不难，但很快就变得非常难，怎么玩都无法打通关，每个人都非常郁闷。这时实验助手给其中一组端来加糖的饮料，而给另一组提供添加甜味剂的无糖柠檬水。结果，喝了无糖柠檬水的那些人在继续"攻关"时开始拍打电脑、摔鼠标、无故诅咒，当心理学家按预先写的带有侮辱性的台词评价他们的表现时，他们非常容易生气。

而喝了加糖饮料的那一组人，不但不抱怨游戏太难，而且在受到侮辱性的评价时也不怎么生气。

所以心理学家建议，在孩子吃饭时妈妈们不要开口就问他的学习情况，并且在饭后也多听听孩子的苦恼，或是孩子感兴趣的其他问题，以免他的血糖水平不足以控制他的负面情绪，导致孩子和妈妈们吵起来。

列出彼此的优点和自己的缺点

妈妈们增进孩子的亲近感还有一个重要方法，那就是定期和孩子坐在一起，写出对方的优点和自己的不足，然后交换阅读、保存。每周一次，一个月总结一次。当妈妈们在笔记本上列出孩子的一个个优点时，就会发现，原来孩子的优点比你想象的要多。在列出自己的不足时，最初几次可能没有多少要写的，但最后你会越列越长，因为你对自己的认识越来越深入。这时你也会发现，原来对孩子是多么的不关心。

孩子也有同样的想法。孩子看到妈妈找出他的优点时很自豪，因为他实在太需要称赞和鼓励了，而反思能认识到自己的不足，让他不至于过度自信。

也可以让孩子的爸爸加入这一活动中，因为通过这种方式，能让爸爸意识到，其实自己对孩子的健康成长还是很重要的，所以不会再像以前那样做个甩手掌柜，把教育孩子的重任全都推给孩子的妈妈。而妈妈们也会有很大的收获，比如重新评估丈夫的作用，重新审视自己的教育方式。

很多妈妈都习惯性地将自己的成长环境投射到孩子身上。自己内向，就希望孩子更活泼一点，当年自己成绩中等，就要求孩子努力争取优秀。但是现在知道了，固执地按自己的想法培养孩子是不行的，那只会使冲突不断发生。

孩子的青春期，妈妈们即使知道什么时候开始，也不知道什么时候结束。但只要掌握了和孩子亲近的方法，妈妈和孩子都会轻松一点。

妈妈应该知道的

◇○ 想和孩子的关系更亲近，要注意和孩子说话的态度和话题。把情绪发泄到孩子身上，会让他很有压力，摸不清你的情绪，容易让孩子形成回避型依恋性格。

◇○ 在和孩子说话时，最好放下手头的事情，专注地听孩子讲。这样你更能感受到孩子的情绪，孩子也会觉得自己得到了尊重，受到重视。在孩子不想和你交流时，可以等到孩子愿意和你交流时再谈起，而不要不停地追问。

◇○ 多让孩子参加家庭活动，让他从中感受到家庭的温暖和珍贵。营造温馨的家庭聚会场面，可以使孩子遇到困难时更能坦然面对，因为他会想到家庭的支持。

◇○ 多发现孩子的优点和自己的不足，定期和孩子一起总结，就能和孩子一起成长。

测试：对孩子的责任感自评量表

本量表由美国心理学家 Campis 等人设计，适用于孩子处于青春期的妈妈自测。

以下有这些句子形容你对自己的感受，请勾选出最符合自己的选项，其中，1 = 很不符，2 = 不符，3 = 不确定，4 = 符合，5 = 很符合。

条目	1	2	3	4	5
没有不好的孩子，只有不好的父母。					
*我的孩子品行端正，是因为他/她不负我的努力。					
无法让孩子听自己讲话的父母，根本不懂如何同子女相处。					
我的孩子若有行为不端，错全在我。					
有能力当好父母却失败的人，全因没有把握住机会并做到底。					
孩子的品行不端多半由父母的错误造成。					
让孩子搞得焦头烂额的父母，全因没有最佳的管教方法。					
如果父母的管教方法很高明，那么多数孩子就不会出现行为问题。					
我为自己的孩子的行为负责。					
*作为父母，孩子的成功与失败都是我管教方法的直接结果。					

评分及结果分析：

1. 所选数字表示该条目的得分；标有*条目反向计分：选1计5分，选2计4分，选3计3分，选4计2分，选5计1分；

2. 所有条目得分相加即为总分，范围是 10~50 分，低于 20 分，表明你能处理好孩子的青春期难题，是正面管教的高手。

PART 06 非常妈妈，造就非凡孩子

本章主要介绍青春期孩子面对失败、挫折时妈妈们应采用何种正面管教的方式，并指引妈妈们重视孩子的人性教育、人生教育，培养出非凡的孩子。阅读本章之前，你可以先问自己下面这几个问题：

◇ 为什么你的孩子害怕失败、不敢尝试？
◇ 你是孩子的桨手、舵手、鼓手或三者都是？
◇ 你帮助孩子形成正面形象的办法是什么？
◇ 你用哪种方式衡量孩子：考试分数还是努力分数？

不同的青春,同样的迷惘。然而,青春会成长,迷惘会散去。黑夜过后,太阳照常升起! [海明威]

赋予孩子失败的权利

一个大学刚毕业的男生在邮件中说,现在工作实在是太难找了,感觉很受挫。"是不是我之前一直过得太顺了,现在才承受不了这些挫折?"

这个学生从小成绩好,是同龄孩子学习的榜样。为了不辜负父母的期望,他一直兢兢业业,不敢松懈,直到顺利考上大学。

他说自己没有出现过较大的失败,因为妈妈不能接受他的失败,所以他从不敢冒险,也不谋求有所突破。他不敢向暗恋的女孩表白,因为害怕被拒绝。他不愿去私营企业工作,因为这在妈妈和亲戚们看来就是失败,像他这么优秀的孩子,就应该去做公务员。但公务员考试他没能通过面试。他不敢把这个结果告诉妈妈,他能想象得出妈妈失望的表情。

孩子有失败的权利

很多学生都有类似不敢失败的心理。追根溯源,都是因为他们从小优秀,妈妈对他们产生了很高的期望,并逐渐演变成不容许他们失败,甚至连失误也不行。

我有个初中同学，成绩很优秀，老师和同学们都以为他会选择一所很好的中专，那时多数成绩拔尖的孩子都会选择中专或师范学校，只有成绩中等的学生才会选择上高中。当然，成绩非常好而家里经济又宽裕的孩子，则倾向于选择报考全市唯一的省重点中学。

他选择了报考这所重点高中，结果没考上。一时间，老师的批评、亲人诧异的目光，压得他喘不过气来。暑假期间我见到他时，他很受打击。托人联系上县城的重点高中也无望，于是他放弃了学业，去了南方打工。

20多年后，当我再次接到他的电话时，他已经创立了一家颇具规模的公司。他向我讲述了创业的艰难和妈妈对他的支持。自从他中考落榜后，他的妈妈接受了儿子失败的事实，所以在他创业不断失败时，她仍一如既往地尽力支持他。最后，他终于不负所望。

讲述我同学的经历，是想告诉妈妈们，其实青春期的孩子也有失败的权利。孩子失败多少次都没有关系，关键是在孩子失败时，妈妈要给他重新站起来的勇气。

我的一位同事，同时也是一个初一孩子的妈妈，她教育孩子的思维和多数妈妈都不同。一般来说，每次考试后，妈妈们都会问："这次考了多少分？"但每天儿子回家，她只会问："今天有失败吗？"如果孩子说没有，她就会说："原来今天没学到东西呀。"如果儿子说尝试了新东西，但没做好，她便会说："祝贺你又有了新的收获。"

鼓励孩子多尝试

孩子最大的悲剧，就是妈妈不给他任何失误或失败的机会。妈妈们都不愿看到孩子失败，好像一次失败就会影响孩子的一生似的。如果孩子某一次考试成绩不理想，就感觉他的人生会很悲惨似的，所以就认为，只有提高成绩，考入重点大学，孩子才能取得成就、过得幸福。更有讽刺意味的是，妈妈们要求孩子过没有失误的人生，自己却一直都在犯错。

我经常遇到一些妈妈，不许孩子碰这个摸那个，生怕孩子弄坏了。但她们没有想过，长期这样，孩子就失去了尝试新鲜事物的兴趣。一位以色列心理学家讲了一个故事。有一天他在修电脑，平时爱捣鼓的儿子蹲在他旁边看，突然说要他来修。这一年，他的儿子十一岁。

虽然他的儿子是家里有名的"破坏之王"，但他仍二话没说就满足了儿子的要求。等他去喝了一杯咖啡回来，电脑的元件摆了一地，孩子蹲在一边，满脸是汗，他已经不知道怎么安装回去了。

"哇，你拆得真快啊。辛苦了吧。爸爸想和你一起组装，可以吗？"

他很感激爸爸不但没有责备他，反而称赞他的尝试和付出。如果换成你，可能会这样说："我以为你会修啊？以后不会的事，少逞能啊。"

孩子在开始尝试新事物的时候都很担心，害怕做不好被人笑话，所以就不愿站出去丢脸。遇到这种情况，妈妈们可以这样告诉孩子："的确有可能像你想的那样，做不好会被人嘲笑，但如果你不尝试一下，你也不可能赢得别人的称赞。"

孩子不敢尝试，是人类在进化过程中形成了损失规避的思维模式，也就是说，我们通常都是损失情感占据上风。因为在远古时代，损失就可能意味着几天没有食物吃，基因从此消失。所以在今天，我们仍是习惯性地先想到坏的结果，即所谓的"损失规避心理"。

这种心理现象在青少年身上最为明显，尤其是孩子在尝试中失败了，妈妈们不是称赞，而是讽刺和指责，比如说类似这样的话："我就知道是这样的结果，你为什么非要去试一下呢？""你做事总是那样。我还能指望

> **孩子害怕失败、不敢尝试的原因：**
>
> 1. 损失规避心理：担心丢脸或承受痛苦。
> 2. 保守偏误盲点：担心尝试无助于改变甚至会变得更糟。
> 3. 妈妈缺少孩子有失败的权利的意识。

你什么？""你知道那有多难却还要做？"那么孩子更不敢尝试新的事物了，因为他会这样想："既然努力仍不可能做好，那干脆不去尝试更好。"这是一种普遍存在于青少年身上的思考盲点，它是由损失规避心理所引发的，心理学家把它叫作"保守偏误"。

所谓的"保守偏误"，是指这两种思考盲点：一是"既然做不做都一个样，那我干脆不做。"二是"如果做了，可能结果会更糟糕，那我还是不做的好。"当孩子打算尝试新事物时，最容易受第一种思考盲点的困扰；第二种思考盲点的影响，主要是使孩子处于困境时不思进取。

因此，妈妈们要帮助孩子克服保守偏误，鼓励孩子敢于尝试，不要担心失败。在这种妈妈身边长大的孩子，无论遇到多么艰难的挑战，都不会犹豫和害怕，因为尝试之前他总是正面看待结果。

妈妈应该知道的

◇○ 生活和学业都一帆风顺的孩子，往往承受不住挫折，而有过失败经历的孩子，更敢于尝试，遇到困难也不会犹豫、退缩。
◇○ 妈妈都期望孩子优秀，但是优秀并不等于不能失败。孩子失败了没有关系，因为他可以从失败中得到经验和教训。最重要的是你应鼓励孩子失败之后不放弃，勇敢地站起来。
◇○ 多鼓励孩子去尝试。把你挂在嘴边的"怎么连这点小事都做不好？"换成"为什么不去试试呢？"这不仅鼓励了孩子，也向他传递了你信任他的信号。

享受孩子现在的样子

一位妈妈因儿子贪玩、学习成绩总是上不去而着急。她给儿子同时报了三个补习班,甚至还请了当年的闺中密友——现在的全市名师,上门给儿子辅导。没想到儿子的成绩还是没有变化。

原来,由于在家和补习班都学过了,所以在学校的课堂上他就不爱听讲了。她找到心理老师,开口就说:"我儿子不争气,我要怎么办才行?"

多给孩子正面鼓励

不少孩子成绩一般的妈妈都为孩子的学习发愁,妈妈们这种心理很好理解。因为妈妈为孩子付出了许多心血,所以格外珍爱孩子。但是自我意识又使得每位妈妈不停地拿别人的孩子和自己的孩子进行比较。比如说,孩子出生后,妈妈天天都在比较:朋友的孩子已经会翻身了,同学的孩子会叫"妈妈"了,同事的孩子学会走路了……妈妈们随时都在比较,并且在孩子上学后达到高潮。

如果不谈到学习,妈妈们都会认为自己的孩子长得最帅,最聪明,可是一旦谈到学习上，很少有妈妈从没骂过自己的孩子是笨蛋。或许有些妈妈还认为，这样骂孩子，其实是激励他。但妈妈们看了下面这个心理学实验估计就会明白，孩子更需要正面激励。

哈佛大学的两位心理学家在一所小学里先给孩子们做了智力测验，然后告诉老师，名单上圈出的学生智商很高，他们在未来肯定很有成就。

事实却并非如此，名单上被圈出的学生只是这两位心理学家随意选的。也就是说，这些孩子并不比他们的同学更聪明，或更可能取得成就。这些测验结果没有告诉学生及其父母。

给老师制造了某些孩子特别优秀的期望后，会出现怎样的结果呢？一年后再次进行的智力测验表明，当初被随意圈出的孩子，这次智力测验的分数明显高于其他孩子。

为什么会出现这样的结果呢？心理学家进一步研究发现，因为老师们普遍在以下四个方面以不同方式对待聪明的学生：

◎ 对他们的学习给予更多更好的反馈。
◎ 给他们更多的课堂参与机会和更多的参与时间。
◎ 给他们更丰富、难度更大的学习资料。
◎ 为他们创造更温暖的情感环境，给他们更多的关注、鼓励和支持。

老师们之所以这样对待那些"智商高的孩子"，是因为心理学家给了这些孩子正面的评价，而这些评价使得老师对孩子产生了正面的期待。

同样的道理，如果妈妈也给孩子正面的期待，那么孩子就会变成妈妈们想要的那种人。因为孩子收到你坚定不移的暗示后，会相信他是个聪明的孩子，于是更努力地学习。心理学家把这种现象叫作"自我实现预言"。

青春期的孩子容易产生自我实现预言效应，因为这个年龄段的人最容易受到父母暗示的影响。比如，下次妈妈们可以这样试一下：放一盒牛奶在家里，过段时间偷偷换一盒新鲜的，然后将新鲜牛奶拿出来准备喝。你打开盒子，喝了一口，然后赶紧吐掉："这牛奶怎么酸了？还有，你看看这颜色也有点发黄。"让孩子闻闻，他十有八九会同意你的看法。

接着，你说去换一盒新鲜的来。你将这盒牛奶拿到厨房，然后又将它拿回来，并且喝了一口，说："嗯，这才是新鲜的牛奶。"同样让孩子尝尝，他肯定也会同意你的看法。

为什么同一盒牛奶，你给出不同的暗示，孩子就会做出不同的判断。这就是暗示的力量。所以，给孩子正面的暗示，少骂他是个笨蛋。

珍爱孩子现在的样子

一些妈妈有这样的想法：总觉得明天或明年孩子会更聪明，所以总对孩子当前的成绩不满意。每次看到孩子不是快乐和满意，而是焦虑和不安。如果你是这样的妈妈，那么你正错过给孩子带来快乐的机会。所以，即使孩子的成绩不是你所期望的，也要珍爱孩子。

妈妈们不要只想着孩子的未来，也要享受孩子的现在。对孩子的学习表现不满意时，可以翻出他几年前的作业本。看着他以前歪歪扭扭的字，你就会觉得他已经有了很大的进步。

如果妈妈不认可孩子的样子，总是提出更高的要求，那会适得其反。因为当孩子无论怎样努力都不能让妈妈满意时，就会产生挫败感；强烈的挫败感会导致放弃。这就像那只想尽办法也吃不到葡萄的狐狸最后不是想办法去吃到葡萄，而是说服自己放弃："树上的葡萄其实是酸的，我一点也不想吃。"经常受挫的孩子也会想："学习其实没有一点意思，除了让妈妈高兴，真的没什么用。"这种想法一旦内化，形成无意识，便不容易激发孩子学习的

> 孩子产生接近动机的关键：
> 1. 正面鼓励：激发孩子产生自我实现预言效应。
> 2. 没有压力：妈妈认可和珍爱孩子现在的样子。

动机,或者孩子即使产生了动机,也是回避型动机。

因此,妈妈们不要让孩子经常受挫,要让他觉得妈妈对他现在的表现满意,对他不足的地方不感到绝望,这样他就不会产生心理压力。只有在没有外界压力的状态下,孩子才会产生接近动机。

有些妈妈担心,如果认可了孩子的不足,那孩子不再努力了怎么办?这种担心是多余的,因为孩子天生就想学习更好。我的这种说法是有科学依据的。有心理学家做过实验,当有现成的食物摆在眼前,而又可以通过努力获得食物时,老鼠通常会选择后者,而不是坐享其成。这个有趣的现象在除猫之外的所有动物身上都能看到,因为包括人在内的所有动物都会本能地向着更好的方向发展。在远古时代不努力寻找食物,就可能被饿死,这种努力的习性到今天就泛化成了"不努力就可能被淘汰"的潜意识。所以,即使妈妈们认可了孩子当前的不足,孩子也不会就此满足,不思进取。

孩子都想得到妈妈的认可,都想做得更好,所以妈妈们要毫不吝惜地鼓励孩子,珍爱孩子现在的样子。得到妈妈的认可,孩子才会在本能的驱动下,以轻松的姿态去学习。

妈妈应该知道的

◇○ 在学习方面,妈妈们总是认为自己的孩子还不够好。有些妈妈还经常拿别人的孩子和自家孩子做比较,然后骂自己的孩子不争气、笨蛋。但自我实现预言效应表明,孩子更需要正面的激励和暗示。所以你应给孩子创造一个温暖的情感环境,经常说孩子很努力。

◇○ 你不要只按自己的想法梦想着孩子将来的样子,更要看到孩子今天比昨天的进步,这样你就会对孩子感到满意,不至于总是批评他。

◇○ 孩子不会得到你的认可便不再努力了,因为孩子有希望表现得更好的本能。所以,认可孩子当前的表现,能激发他努力学习。

妈妈不是超人，但可成为孩子的舵手

我有个朋友经常抱怨自己不能为孩子做得更多。我告诉她："你不是超人，所以不可能事事都能替孩子打理好。"

"我不是超人，但我想自己尽量成为超人，因为我不想孩子再受苦受累了。能为孩子付出一点，就多付出一点。"

这是很多妈妈都有的心理。妈妈自己的成长经历越曲折，且自尊心越强，越可能希望为孩子做得更多。这类妈妈倾向于将自己的想法投射到孩子身上。

下面先请妈妈们做一道简单的测试，看看自己倾向于做哪种妈妈？

你认为自己是哪种妈妈？
- ☐ 孩子的桨手——替孩子划桨。
- ☐ 孩子的舵手——为孩子掌舵。
- ☐ 孩子的鼓手——给孩子加油。
- ☐ 孩子的舵手、鼓手和桨手——平时为孩子掌舵，给孩子加油，必要时替孩子划桨。

只给孩子指引方向

不少妈妈都希望自己像超人一样，事事都想为孩子准备好，以免孩子吃苦。但孩子并不需要妈妈们事事亲为，并且妈妈们也不可能替孩子打理一辈子，就像妈妈们不必一辈子都将孩子背在身上，只需教会他走路即可。遇到这种妈妈，我会给她讲讲划龙舟的故事。

在我的故乡，每年的端午节都会举行龙舟大赛。赢得了龙舟大赛的冠军，便可以享受人们热情抛出来的粽子，这有点像沈从文在《边城》中描述的那样，冠军可以去河里抓观众们抛出去的鸭子。为了赢得龙舟比赛，每条船上需要几十名桨手、一名鼓手和一名舵手。桨手们虽然面朝龙舟前进的方向，但从不看路，只管使劲划。鼓手只负责敲鼓，目的是使桨手们划桨的步调一致，冲刺时也会用正面的话鼓励桨手。

而舵手呢，即使眼看后面的龙舟追上来了，而且身边有人体力不支了，也不会放下手中的舵，操起桨，拼命地划起来，因为舵手不是桨手的替补，他有更重要的作用：掌控龙舟前进的方向。

没有划过龙舟，或者较少看过划龙舟的人，都以为舵手很轻松。桨手们使出了吃奶的力气使劲划，鼓手要用力敲、使劲吼，而舵手连手指头都不动，只是悠闲地站在船尾，看着龙舟前进的方向：偏了，便轻轻动一下，不偏，只稳住舵即可。

用力划桨的桨手们如何看待舵手呢？我问了一些参加龙舟比赛的桨手。他们都说，鼓手能使自己累得划不动桨时忽然来劲。如果鼓手说了一句悲观的话，那就会有劲也使不出来。鼓手的话在冲刺阶段的作用非常大。但如果龙舟稍微偏离一点方向而舵手没有发现，那大家的所有努力都会白费了。所以，要想赢得比赛，指引方向的舵手和桨手、鼓手同等重要。

孩子的人生也像划龙舟。当孩子开始荡起他的人生双桨时，妈妈们不用替他划桨。孩子更需要舵手。他只管使劲，而不管龙舟会驶向何方。这个时候,他最需要的,不是妈妈替他划桨,或是和他一起划桨。如果妈妈为他掌舵,在他偏离航道时及时把他拉回来,帮助他向着目标进发,那么对他的帮助更大。并且在他的冲刺阶段像鼓手一样用正面的话鼓励他,他就会竭尽全力向目标进发。

很多妈妈有个习惯,看到孩子累得划不动时,便放下舵,接过孩子手中的桨,想暂时代替孩子划桨,让孩子休息一下。比如,当孩子写作业遇到难题时,提示了几遍孩子仍不会做,妈妈们就可能变得没有耐心,替孩子解答。但妈妈们必须克服这种习惯。因为在孩子的人生中,划桨的人不是妈妈,而是孩子自己。所以,一定要把划桨的位置留给孩子。

给孩子勇气的方法

有时,孩子会对妈妈的鼓励感到怀疑。暗示起作用的关键,就是孩子相信你的话。心理学家发现了一个有趣的现象:向普通心理老师咨询的效果一般不好,而向资深心理老师求助的效果明显,原因不是普通心理老师的水平不如资深心理老师,而是求助者更相信资深心理老师的话,所以他的话更能起到暗示作用。

要想让孩子相信妈妈的鼓励,妈妈们的鼓励必须是合乎情理的。一位妈妈鼓励准备演讲的女儿,但女儿不太相信妈妈的话。

女儿:我感觉无论怎样我下周的演讲都不会成功。妈妈说我一定能做到,只是随便说说吧?

妈妈:当然不是。因为你为这次演讲付出了那么多的努力,做了充分的准备,所以妈妈才说你能讲得很好。

女儿:我也知道我为这次演讲做了不少准备工作,但以前做的事,也是做了充分准备的，结果还是不完美。好像不管我怎样努力，都没有一件事情能做得很好，所以我想放弃这次演讲。

妈妈：同学们都很期待你的演讲。第一次演讲，没有人能一点都不担心的。演讲的确让你感到焦虑和苦恼，但这本身就是你展示才华的机会，所以妈妈希望你不要放弃。

所有的妈妈都希望自己能像超人一样，事事都能替孩子做好，希望自己能给孩子开辟一条高速公路，没有障碍物，也没有速度限制，任由孩子驰骋。但是妈妈的角色是孩子人生之旅的舵手，是指引孩子、鼓励孩子，给孩子前进的方向和勇气，而不是为孩子排除一切障碍。所以，当孩子遇到障碍物时，妈妈不要背着孩子跨过去，而是指引正确的跨越路径；当孩子被绊倒时，妈妈不是要替孩子跑，而是要鼓励他站起来继续跑。

当孩子在妈妈的鼓励下做得很好时，妈妈可以这样赞扬孩子："你做得这么好妈妈一点也不觉得奇怪，因为你非常善于处理这种问题。"这样的称赞非常重要，因为这种称赞暗示了孩子的能力和成就，所以能激发孩子学习和尝试。

妈妈应该知道的

- ◇○ 你不可能为孩子打理一辈子遇到的事情，也不可能事事都替代孩子。所以你应把付出努力的权利还给孩子，只做一个为孩子指引方向的舵手。孩子的人生偏离方向时，你只需把孩子引导回来就可以了。
- ◇○ 想帮助孩子，就减轻你的角色"分量"，因为在孩子的人生中，你的分量越轻，孩子承受的压力就越小。
- ◇○ 你不要只关注最后的结果，也要在过程中用正面的语言鼓励孩子，懂得相信并等待孩子的重要性。
- ◇○ 孩子在你的鼓励下做得很好时，你要用暗示他成就的话称赞他，这样能激发他更加努力。

帮助孩子建立正面的自我形象

一名未满 13 岁的少女因嫉妒同班同学比自己长得漂亮，于是有一天邀其到自己家里看电视，并趁同学低头玩手机时，用木凳猛砸同学的头部。因为她害怕同学醒后会告诉老师和家长，所以用菜刀、啤酒瓶、割纸刀、剪刀杀死同学，并且砍断其头颅、手臂装入塑料袋中抛尸。

这两个女孩原本是好朋友，又是邻居，仅因为好朋友曾在男同学面前议论她长得胖，不及自己漂亮，便对好朋友心生嫉妒并怀恨在心。

为什么孩子们这么容易被别人的话伤害呢？心理学研究表明，受负面自我形象困扰的人，都有很强的比较意识，见不得朋友好，甚至也见不得兄弟比自己好。西方有句谚语：姐夫最大的担忧，是没有妹夫挣得多。而《圣经》上记载的人类第一起谋杀案，就是因为哥哥嫉妒弟弟得到上帝的宠爱，所以痛下杀手，用石头将弟弟砸死，然后就地掩埋。

关注孩子的优点

我们讲究谦虚的传统文化，使得妈妈们在评价自己的孩子时都倾向于关注缺点，而不是优点。比如妈妈们一般不对孩子说："你有这样的潜力。""你在这方面表现得很好。"而是说："你其他地方都还不错，但是这方面还得多努力。""英语考得还可以，但数学分数不高，得再努力。"

妈妈们这样说会产生什么后果呢？

这会使孩子觉得，自己擅长的事情得不到关注，而没做不好的事情总是挨批评，所以会觉得学习没有趣味。

反复经历这样的情况，孩子甚至会感到自卑，产生"我不行"的负面意识。这在心理学上叫作"习得性无助"。它产生的根源是，接连不断的打击，会使人觉得无论如何都不能改变现状，那还不如不做。这是典型的忽略偏误思考盲点。

积极心理学创始人塞利格曼做了一个经典的习得性无助实验。起初，他把狗关在笼子里给以疼痛难忍的电击，无论狗怎么逃，都跑不出笼子，避免不了被电击。这样多次被电击之后，即使在电击时打开笼子，狗也不会逃走。

事实上，它非但不逃走，反而在通电铃声响起时就倒在地上，绝望地等待痛苦的来临。

随后有很多实验也证明，这种现象在人身上也会发生。当一个人发现无论他做什么、怎样努力，最后都会失败时，他就会觉得自己没有能力控制局面。这种负面的自我形象会摧毁他的精神支柱，瓦解他的斗志，陷入绝望，最终放弃所有的努力。

所以，妈妈们努力为孩子树立正面的自我形象，是非常重要的。帮助孩子形成正面形象的简单办法，就是多关注孩子的优点。因此，妈妈们应将焦点放在孩子擅长的事情上，因为这能让孩子感到自信。

有了自信，孩子就不太计较别人的评论，遇到困难也愿意尝试，即使尝试失败了，也不会完全否定自己的能力，认为自己不行，而会认为下次能做好。因为自己有成功的机会，所以不但能接纳自己原来的样子，也能够宽容地对待别人。

妈妈的评价决定孩子的自我形象

我同事的儿子初一第一次期中考试,就考了全班倒数第二名。如果这是你的孩子,你会怎么说呢?

我听过好几位妈妈在孩子考试成绩不理想时,都这样骂孩子:"你是在干什么呢?我不是说过,放假的时候不要玩,认真学习,好好做考试的准备。班级里排倒数第二名,你说这像话吗?照这样下去,怎么可能考上你梦想的大学?"

但我同事却对她儿子说:"没关系。虽然这个名次和升中学时的成绩相比,你很难接受,但这只是个开始,你很快就能赶上的。"

她儿子自责地说:"可是在升学考试中成绩比我差的同学,这次却考了第一名。"

"他考第一有他自己的理由。虽然这次你考得不理想,但从现在起,一点点地提高,不要那么心急,一次考试提高一两名。这个学年结束时,你就进步不少了。"

我的同事之所以这样安慰孩子,是因为她知道,妈妈的评价会决定孩子的自我形象。像前面那种妈妈批评孩子,孩子的情绪可能会反弹:"当初是你不给我报补习班的,现在怎么能怪我?"或是:"我什么时候有时间玩了?你倒是忘得挺快的。暑假时天天接送我去补习班,我的努力你又不是没看见。其他同学考得好,那是因为人家上的是很贵的一对一家教。你只给我报便宜的补习班,却又要求我考一样的分数……"

如果不能从妈妈那里得到正面的评价,孩子就会夸大自己付出的努力,将责任推到其他方面。而得到安慰的孩子则主动接受现状,启动正面思考,从而开始认真学习。

为了帮助孩子建立正面的自我形象,妈妈们除了避免负面评价孩子,并且要多切合实际地称赞、认可孩子的表现。用妈妈的眼光,总能发现孩子的优点，所以不用担心孩子没有优点值得称赞。比如孩子学习成绩一般，妈妈们可以这样说："一想到十年后你长得阳光又帅气，妈妈就好激动、好自豪。妈妈真想快点看到那样的你。"或是"有你这样一个很特别的孩子，妈妈觉得很幸福。"这些话能提升孩子的自信；有了自信，自然就能产生正面的自我形象。

妈妈应该知道的

◇○ 妈妈往往只关注孩子的缺点，用孩子欠缺的方面去和别的孩子比较，因此对孩子的评价往往也是负面的。这会使孩子把注意力放在缺点上，从而产生自卑心理，甚至会觉得自己什么都不行。

◇○ 孩子建立自我形象的主要材料来自别人的评价，而且会按照这些评价给自己定位，然后做出符合这种定位的行为。所以你应多说说孩子做过的、做得好的事情，这样可以帮助孩子形成正面的自我形象。

◇○ 自我形象正面的孩子不容易被别人的话伤害，遇到困难也会积极地挑战，即使失败了也能接受自己，给自己的事情善后。

告诉孩子：别着急吃棉花糖

"不得了啦，我女儿刚上初三，竟然和同班的男生谈恋爱，还私订了终身。"一位妈妈带着哭腔在电话里跟心理老师说。"都怪我，以前我告诉她，交异性朋友可以，只要不亲密接触就行。"

在每一所中学附近，妈妈们都能看到成双成对的小恋人。他们手牵着手地走，分开前会无所顾忌地接吻。有一天，我在等公交车时，两个穿着校服、十三四岁的男孩站在我旁边聊天：

"你老婆长得真不错啊。你们谈多久了？"
"五天了。"
"kiss 了没有？"
"还没呢。"
"都五天了，还没 kiss？她到底爱不爱你啊？"

这完全不同于妈妈们那一代所谓的异性交往。即使开明的妈妈，如果听到这种话，也可能禁止孩子和异性交往。

但妈妈们正确的做法，是告诉孩子：别着急吃棉花糖。

别着急吃棉花糖是一位心理学家通过实验得出的结论。这位心理学家在斯坦福大学的附属幼儿园找了一些孩子，让他们单独坐在房间的桌子前，桌子上放着一个碟子,碟子里装了一颗对小孩来说十分诱人的棉花糖。研究者告诉孩子,自己要出去一趟,如果等他回来再吃碟子里的那颗棉花糖,就会再得到另外一颗棉花糖。结果,那些坚持15分钟,直到研究者回来才吃棉花糖的孩子,成年后的成就更大,身体也更健康。

对于青春期的孩子来说,爱情就像棉花糖那样诱人,而我们调节自我控制力的大脑部位要到青春期后期、甚至成年初期才能完全成熟,所以多数孩子都会忍不住提早尝尝爱情的滋味。

罗密欧与朱丽叶效应

得知孩子恋爱后,妈妈们通常采用的办法,就是禁止孩子继续恋爱。但这种方法有用吗?在莎士比亚的悲剧集中,有个故事对妈妈们管教早恋的孩子很有启发价值。这个故事的情节是罗密欧和朱丽叶两个青少年相爱了,但他们这两个家族是世仇,所以双方父母都极力反对这对小恋人相爱。

为了反抗父母，这对小恋人选择了自杀殉情。

虽然并不是所有的少男少女在妈妈们的强烈反对下都会做出如此极端的行为，但心理学研究表明，如果父母对孩子的恋情干涉越多，孩子会爱得越深、越坚定；而当父母的干涉减少时，孩子的恋爱感觉反而会冷淡下来。心理学家把这种现象叫作"罗密欧与朱丽叶效应"。

这种逆反心理现象普遍存在于青少年身上。因此妈妈们无条件地反对孩子谈恋爱，只会得到与期望相反的结果。不少妈妈得知孩子谈恋爱后，就一边责骂孩子"你懂什么，这么小就谈恋爱"，一边侮辱孩子的恋人。

> **发现孩子早恋时，妈妈们常犯的错误：**
> 1. 强烈反对、禁止来往。这会诱发罗密欧与朱丽叶效应——越反对，孩子爱得越深。
> 2. 诋毁孩子的恋人及其父母。这会使孩子认知失调，进而对妈妈产生心理防御。

我问过一些这样做的妈妈，得到的答案是："这样警告后，孩子就会提出分手，专心学习。'我妈妈说了，不能和你交往了。谈恋爱的事要等上了大学再说。'"这只是妈妈们的一厢情愿，孩子们根本不是这样想的。

如果妈妈明确反对谈恋爱，多数孩子会在表面上同意分手，但会悄悄告诉恋人："以后我们得小心了，因为我妈妈知道了。"孩子不会因为妈妈们的反对，就停止和恋人继续交往，只是改变了见面的方法——通常会发展成炽热的地下恋情。总之，面对妈妈们的反对，孩子不但不会提出分手，反而会因抗争双方父母而结合得更紧密。

有一位妈妈告诉我，她现在都不敢管女儿了，因为她所在的小区一位妈妈反对上初中的女儿谈恋爱，女儿就和男朋友相约离家出走了，去了外地的小旅馆同居了一个月才回家。而另一位妈妈说，她的朋友因为反对女儿谈恋爱，女儿竟然在她的饭里下毒。

一定要告诉孩子

如果孩子恋爱了,妈妈们该怎么办呢?

知道孩子正在谈恋爱后,妈妈们不要马上反对,而要将自己最担心的问题明确地告诉孩子。

对多数妈妈来说,孩子谈恋爱最担心两个问题:一是如何控制因亲密接触而产生的性冲动,二是谈恋爱学习成绩下滑怎么办。

相对于男孩的妈妈更关注谈恋爱对学习成绩的影响,女孩的妈妈对这两个问题都很关心,尤其关注因亲密接触可能引起的性行为。由于妈妈这一代性教育的缺位,所以很多妈妈并不擅长和女儿交流这个问题。一般要么是避而不谈,要么是蜻蜓点水,一带而过。很少有妈妈带着亲密的语气询问女儿和异性朋友去了哪儿,亲密接触到了何等程度。

正确的做法是,当女儿开始谈恋爱时,妈妈要首先将以上两个担心告诉她,然后可以这样对她说:"你有了能产生特殊感觉的男孩,妈妈很高兴。你的这份感情单纯,没有任何目的,所以很珍贵。但是,太单纯了容易受到伤害,因为你的朋友不一定有你这样单纯的心。所以你的心灵可能会受到意想不到的伤害。"

妈妈们一定想不到,你觉得不应有的亲密接触,但孩子本人觉得很自然。因此,妈妈们要明确告诉孩子亲密接触的界限、如何克制性冲动,以及性冲动可能导致哪些后果、产生哪些责任,比如意外怀孕。

孩子可能会说:"他承诺过能控制自己的。"

遇到这种情况,妈妈们可以给孩子讲一个关于自我控制力的实验。这个实验是这样的:心理学家先让一群烟民评估自己的自我控制力,然后据此随机将他们分成两组观看一部电影。他们在看电影的时候可以选择把烟放在任何地方,隔壁房间、旁边的桌子上、拿在手里或叼在嘴里,但有一个要求:看电影时不许吸烟。那些认为自己能控制不吸烟的人,喜欢将烟放在身边，拿在手上，甚至用嘴叼着。结果，这些自称自我控制力超强的人，不知不觉点着烟的比例，是觉得自己无法控制自己而采取措施的人的三倍。这说明，自认为最能控制自己的人，最容易在诱惑面前低头。

这个实验能让孩子明白：男朋友越是豪言壮语地说，喜欢你，就不会伤害你，所以在一起也能控制性冲动，就越危险。我的堂嫂是一名妇产科护士。她告诉我，尤其是刚开学时，每周她都会见到来医院做流产手术的中学生。她对有个女孩印象特别深，因为这个女孩不到一年时间做了三次流产手术。每次她都哭个不停，说她妈妈肯定会杀了她，男朋友则在旁边一脸愧疚地说，都怪他没控制好自己，说以后一定会控制好自己的冲动。

此外，妈妈还应明确告诉孩子："少男少女交往，如果没有规定接触的界限，引爆性行为这颗炸弹只是早晚的问题。所以，妈妈希望你能为自己的行为负责，并且希望你告诉妈妈你能负责的程度、负责的方法，以及为了负责愿意付出的牺牲。"

当孩子回答这些问题时，妈妈应要求孩子写下来。因为这一方面是孩子在写的过程中，会再次权衡这样做是否可行，另一方面这相当于是孩子和妈妈签订的协议，所以孩子在性冲动时会更能克制自己。

因此，女儿恋爱过程中的性问题，妈妈们不仅不能避而不谈，还要直接告诉她："谈恋爱时都免不了想亲密接触。当你的朋友想拥抱你，想亲吻你，或是向你提出性要求时，你可能还没有准备好。因为你担心拒绝他会伤害他，担心他会因此而离开你，所以你不敢拒绝或是犹豫不决。这时，他可能会说一些怀疑你的话，比如质问你是不是真的爱他；既然爱他，为什么又不能答应他的要求。遇到这种情况，你要坚信，如果他爱你，就会忍耐。如果你还是无法决定，可以向妈妈说出你的感受。"

> **孩子早恋时，妈妈的正确做法：**
> 1. 要孩子详细列出控制因亲密接触产生性冲动的方法。
> 2. 要孩子写出如何防止谈恋爱影响学习的具体措施。
> 3. 告诉孩子无法处理恋人的性要求时可以告诉妈妈。

妈妈这样明确而具体地告诉女儿后，在她以后遇到这种情况而无法处理时，就会向妈妈寻求帮助。因为遇到这种问题时，孩子经常犹豫："要不要告诉妈妈呢？"为了让孩子坚定告诉妈妈的决心，妈妈们要事先告诉孩子："当你受到伤害的时候，最好先和妈妈说说；朋友的话虽然能让你产生共鸣，但往往无法提供实质性的帮助。"不过，如果妈妈们平时就摆出一副坚决反对她谈恋爱的姿态，那么，即使这样对女儿说了，也不会有用的，更何况她有了男朋友也会对妈妈隐瞒的。

　　如果孩子还没有开始谈恋爱，那就告诉孩子，别着急吃棉花糖，尽量晚一些和异性交往，因为陪伴一生的人需要慢慢寻找。和孩子保持通话，告诉孩子，如果遇到心仪的异性，可以随时告诉妈妈。

妈妈应该知道的

◇〇 你禁止孩子早恋，只会使孩子隐瞒实际情况，并因你的禁止而和恋人更加亲密。孩子不再和恋人来往，不过是将恋情转移到了地下。
◇〇 你最好先告诉孩子，有比谈恋爱更值得她去做的事情，比如和好朋友分享友情、为未来而努力。
◇〇 你应告诉孩子亲密接触的严重后果，恋人声称爱你所以能控制自己，是危险的，因为越是说能控制冲动的人，越控制不住自己。

不只教知识，
也要教人生课程

有一次，一所中学邀请我为新生和家长们做一次青少年心理报告。校长的意思是希望我帮助学生们适应新的环境。考虑到这个主题讨论得比较多，老师们也都听过，所以他们基本都能帮助新生解决适应问题。

因此，我决定讲讲英国的人生课程情况。之所以选择这个主题，是因为父母和老师都只注重教知识，忽略了给孩子做人生准备教育。

什么才是更重要的？

如果我问妈妈们："对于孩子而言，知识和人生教育，什么才是更重要的？"答案会非常有趣：在公开场合妈妈们会认为人生教育对孩子更重要，但在私人空间却认为孩子的主要任务就是学习，所以知识更重要。妈妈们的后一种态度才是她们的真实看法。有几位妈妈甚至这样对我说："孩子还小，当前的任务就是学好知识，跟他谈人生还早着呢。"

在这次心理报告开讲之前，我就随机询问了几位妈妈和学生："对于学生来说，你觉得什么是最重要的？"总体来看，妈妈和孩子们普遍觉得，学生的首要任务是学好知识，其他都是次要的；孩子成绩好，妈妈少操心。

接着，我给他们讲了一起发生在高三学生身上的惨案。一位法官的儿子因为受不了父母派姐姐陪读承受的压力，于是花了六十万元雇用了两名凶手，半夜潜入自己家中杀死了爸爸和姐姐。姐姐为了保护弟弟，被害前拼命将弟弟反锁在屋内。她哪里知道，弟弟才是真正的凶手。

虽然大家都看过相关报道，但我在这种场合讲出来时，大家还是相当震惊。学生说父母管得太严，天天让人盯着受不了；妈妈们说孩子太冷血，是个变态狂，一家人都白疼他了。但奇怪的是，这个学习成绩中等的孩子，在班主任眼里没有任何青春期孩子的叛逆迹象，同学们也认为他随和、人缘好，并不是个心理变态的家伙。可是他为什么对自己的亲人那么残忍呢？我让学生和家长们先思考这个问题。

人生课程是什么？

目前国内的中小学还没有开设人生课程，所以妈妈们可能还不知道人生课程是什么。但只要看了英国中小学的人生课程，就能明白这个问题。

在英国，五岁到十八岁的孩子都要一直学习人生课程，目的是让孩子们学习家庭关系、财务管理、身心健康以及性问题等青春期都会经历的主题，以培养孩子们的自信心和责任感。

有些学校将这门课程分为两大方面：一是提高个人幸福感。这在国内中小学教育中基本不提，我们强调孩子吃苦，因为儒家文化强调，只有吃得苦中苦，方为人上人。学习的目的不是为了幸福，而是为了获得地位或别人的认可。因此，从本质上讲，我们的教育是一种功利教育，不是人性教育。当人们极度不幸福时，就可能做出过激的行为。

人生课程的另一方面，是通过讨论青春期孩子在生活中可能发生的各种主题，让孩子们学会批判性思考、决策的方法，教会孩子自己做决定。这也是国内教育较少提及的。很多西方国家在中学都开设有哲学课，像在法国，哲学还是"高考"必考科目，题目像"工作，仅仅是为了做个有用的人吗？"其主要目的，就是培养孩子的思考方法。反观我们国家，即使是到了大学，只要不是哲学专业，也没有把哲学当成必修课。所以，不少学生大学毕业后都只学到了丰富的知识，却没学会思考。

不会思考，就很难做出正确的决策。举一个简单的例子：你是一个部门的会计员，忽然接到上级一个电话，对方要你做一笔假账。这种违背原则的事情，原本你可以当场否决。但生活中很多人却不会做出这种决定，而是无原则地服从。

学习人际关系很重要

在人生课程中，人际关系占有重要篇幅。最开始是帮助孩子解决孤立和被孤立问题，随着青春期的到来，重点就转移到男女同学对待感情的问题上，比如指导女儿学会拒绝老男人的诱惑，比如被无良校长和老师性侵犯后该怎么办，也要学会拒绝恋人的性要求，同时还要学会避孕的方法，甚至详细到晚上出去玩时该注意什么，怎样才能避免喝下被人下了药的酒，朋友向自己推荐毒品时该怎么应对。对于高年级的学生，还要学习如何应对职场中的人际关系。

这些必不可少的人生准备，妈妈们习惯了用血的代价来换得教训，比如孩子被老男人性侵犯后才告诉孩子该怎么办；女儿谈恋爱意外怀孕后只是骂女儿，甚至找男孩父母的麻烦，陪女儿去医院都觉得丢脸。孩子毕业后进入职场，人际关系再慢慢摸索、积累，因此在入职头三年经常成为办公室政治的牺牲品。

有个大学生连续三年拿到了国家奖学金,毕业后顺利进了一家大型国有企业,同学们都羡慕他找了份好工作。一年后他辞职不干了,考上了国家公务员。这更是让很多同学羡慕。让人意想不到的是,两年后他患上了抑郁症,因为这几年来他一直都饱受办公室政治之苦。无论是选边站,还是保持中立,最后都会成为同事们打压或排挤的靶子,因为他不会处理职场中错综复杂的人际关系。他虽然有丰富的学识,但根本没有展示的机会。

因此,为了让孩子的人生更完美,妈妈们不但要重视孩子的知识教育,同时也不要忽视孩子的人生准备教育。指导孩子学习思考、正确决策,孩子将受益一生。

妈妈应该知道的

◇◯ 人生课程更注重培养孩子的幸福感和个人能力,引导孩子独立思考、自己决策。
◇◯ 青春期学习的行为和习惯是成年后构成自我的重要因素。所以,帮助孩子养成独立思考的习惯,就能帮助孩子健康成长。
◇◯ 你不可放松孩子的人生教育,因为孩子只有学会了处理人际关系,才能减轻人际交往中的压力,也才能更好地展示自己的才华。

以努力分数衡量孩子

一个周末的傍晚,我去拜访朋友,在门外就听见她教训儿子:"看看你这点分数,还想我给你买 iPad?以后连电脑都不许碰,手机要上交,不许带到教室里去。真是三天不打,你就上房揭瓦!"

等我进去后,她仍不解气地说:"快回房间去写作业。每次都考这点分数,真给我丢脸。"我这位朋友是初中语文老师,儿子就在她的班上就读,所以只要儿子考试的分数不如她意,她就会觉得儿子丢了她的脸。

我了解她的儿子,是个很不错的男孩,懂礼貌,也比较擅长处理同学关系,并且学习也很好。可是我朋友总觉得自己是老师,如果儿子只考了第二名,她怕别人说她:连自己的儿子都没教好,还配当什么老师!

努力分数制度

在当今应试教育的大环境下,不以学业为衡量标准,而提倡以孩子的努力为衡量标准,可能得不到部分妈妈的支持。但如果妈妈们忽略这种衡

妈妈过度重视分数，可能导致孩子考试中选择作弊

量方法，将不利于孩子的成长。因为成绩第一并不意味着人生第一。在人生中学业教育的确很重要，但除了成绩，还有很多东西也需要重视，比如人际关系、生活态度等。有心理学家在梳理众多高校谋杀案时发现，由于中小学阶段人际关系教育的缺位，有些大学生无法处理好室友关系。比如，集体消费时是 AA 制还是轮流做东，很多大学生都会选择前者。但前者会使关系疏远。如果夫妻或恋人实行 AA 制，最终的下场无一例外都是分手。

在我当年的大学同学中，有宿舍集体吃火锅都 AA 制的，结果是毕业了大家各奔东西后，十多年都没有联系一次，哪怕是过节时一条问候短信也没有。为什么会这样？根源就是青春期只注重学业教育，而忽视人际关系和生活态度的教育。

在美国某些中学里，采用努力分数制度来衡量孩子们。比如知名私立中学圣三一珀林中学有个非常有名的"101 努力系统"（Effort System 101），就是用学业成绩、生活态度、人际关系中的七个指标来衡量学生。比如，在我们的衡量标准中占绝对地位的考试分数，在这里的努力分数里只占20%，甚至不及课堂表现所占的比例。而妈妈们平时很不重视的体育和宿舍生活，也分别占了不小的比例。

美国圣三一珀林中学的 101 努力系统

项目	比例	所处等级
☆ 考试分数	20%	1 2 3 4 5
☆ 课堂表现	30%	1 2 3 4 5
☆ 出勤情况	10%	1 2 3 4 5
☆ 学习计划	10%	1 2 3 4 5
☆ 课外活动	5%	1 2 3 4 5
☆ 体育水平	10%	1 2 3 4 5
☆ 宿舍生活	15%	1 2 3 4 5

☐1号组　☐2号组　☐3号组　☐4号组　☐5号组

这套评价系统每六周评估一次，届时每名学生都会收到从1到5标示的某一个努力组。比如说，考试成绩为C的学生，如果在课堂上表现很好，在宿舍也是模范，对室友很亲切友好，上课不迟到，体育训练也认真，人们对他的期待全能做到，那么他就会进入1号努力组，可以享有学校能给出的所有特权，享受最多的自由。相反，考试成绩为A的学生，如果不参加课外活动或者对室友不友好，哪怕他聪明绝顶，也进入不了1号努力组，享受不到相应的权利。总之，这套衡量标准不是看学生有多聪明，而是看学生有多努力，有多少责任感。

更重视人性教育的制度

妈妈们可能担心，采用这套衡量标准，影响了孩子的考试分数怎么办？

如果最后考不上好的大学,那一切努力都是白费。但是,除非你的孩子永远都保持前几名,否则他的努力很容易被你和老师忽略,从而导致孩子感觉你的评价不公正。比如一名初二男生说,进入初中时,他的成绩属于中等水平,经过一年的努力,他争取到了前十名左右。尽管他付出了双倍的努力,但妈妈还是不满意,老师也没有注意到他的进步,都说他就知道玩,不爱学习。

像这个男生的情况很普遍,学习成绩不算很好,课堂上很认真,学习也很努力,但总是得不到妈妈和老师的好评。所以,他讨厌妈妈和老师,也讨厌这所学校的评奖制度,从来都只关注前三名,因此他觉得所有人都只重视学习最好的几个人,这让他感到很受挫。

即使你的孩子就是班上的前三名,你也要用努力分数来衡量他。虽然在班上他不会产生挫败感,但升入重点高中或是考入名牌大学后,他很可能产生严重的挫败感。

我有个表哥从小成绩优异,妈妈激励我们时,经常拿他来比较。当年,他顺利考入了北京一所顶尖大学的建筑系学习桥梁设计,但不到一年就退学了。由于家里经济困难,成绩是他唯一的支撑,而进入大学后,他发现同学们个个都不比他差,他以往引以为傲的成绩,现在只勉强算是中等偏上。巨大的心理落差,使他失去了继续学习的动力。

从退学到现在已经很多年了,但他还没有走出这个阴影。他既不出去找工作,也不出去参加任何社交活动,甚至连吃饭上厕所,我们都不知道他是怎么做的。

上大学之前,作为优秀生的他一直是同学们学习的榜样,所以没有努力去学习理解和照顾别人的情绪。当他自信的支撑点断裂后,他的整个人生就走向了崩溃。

如果他以前习惯了努力分数标准的衡量,进入人才济济的大学后,就不会产生巨大的心理落差,更不可能从中学生们都梦寐以求的名牌大学退学。因为这种衡量标准可以让没能适应校园生活的人找到上学的乐趣,发现自己的优点，认识自己的价值，并且会为了提高它们而更加努力。从表哥的身上，我看到分数至上主义对孩子人性的危害。

妈妈应该知道的

◇○ 很多妈妈都把考试分数作为衡量孩子的唯一标准，这种不重过程只看结果的做法，很容易使孩子养成作弊、说谎等不良习惯。但在孩子的一生当中，人际关系、生活态度、责任感等也非常重要。
◇○ 在包括学习态度、课外活动等多种指标综合评定孩子的努力分数制度中，学习成绩只占了很小的一部分。这一方面可以促使孩子全面发展，另一方面可以培养孩子的良好习惯。
◇○ 努力分数可以让成绩一般但努力的孩子更自信，也更有动力，而且可以让孩子充分展现优点，体现自己的价值。孩子找到了乐趣，就不需要你督促他学习，这在一定程度上也缓和了孩子和你的矛盾。

特别附录：与孩子对话

01 培养孩子完成作业的习惯
习惯表达：又想玩，作业写完了？吃了饭赶快写作业。妈妈不在时不要玩游戏或干别的。一会儿妈妈会检查的。

替代方案：学了一天，很累了吧？吃完饭好好休息一会儿，然后再写作业。

02 当孩子考试失利时
习惯表达：你要是上不了重点高中/好大学，妈妈都觉得没脸见人了。好好学习，给我们家争口气吧。

替代方案：妈妈知道你努力了，考得好当然是好事，但偶尔一次成绩不理想也是正常的。你只要努力了，认真地准备了，你就不会感到后悔。

03 当孩子觉得某科目很难，不想学习时
习惯表达：什么叫没有用？只有你一个人在学吗？你同龄的孩子们都在做这样的事。

替代方案：很辛苦吧？好像妈妈也特别讨厌过这个，但挺过去就好了。

04 想纠正孩子的粗心习惯时
习惯表达：你看看你，如果不是粗心，怎么可能这么简单的题目都做错了？告诉我，要我说多少遍，才能纠正你这个马里马虎的坏习惯？

替代方案：只错了一个啊。你真了不起。

05 如果孩子学习不好
习惯表达：学习不好就什么话都不要说。

替代方案：如果学习也好当然很好，但现在妈妈觉得你哪儿都好。

06 想激励孩子努力学习时
习惯表达：你看看人家某某，年纪比你还要小，每次考试都是第一名。

替代方案：虽然有时你的考试成绩有所波动，但总体上你越来越厉害了。

07 如果孩子学习时看手机

习惯表达：你就不能认认真真地学习一阵子吗？

替代方案：如果你安心下来学习，效果会好得多，也不用花那么多时间写作业了。

08 如果孩子讨厌去学校

习惯表达：你是学生，任务就是去学校学习，为什么讨厌学校？

替代方案：你不想去学校肯定是有原因的。能告诉妈妈为什么今天不想上学吗？

09 叫孩子起床时

习惯表达：快点起床。非要坚持到我大声吼你吗？

替代方案：不管什么时候起床，不想起床的心情都是一样的。现在也好，十分钟后也好。现在就起床然后以好心情开始一天怎么样？

10 当孩子要昂贵的手机时

习惯表达：要苹果手机？学生干吗要用那么贵的手机？班上其他同学在用，你怎么不拿考试成绩和他比？

代替方案：妈妈希望你连一部手机都能带有自己的特点。这就是能拒绝平凡的勇气。

11 当孩子吃饭时玩手机

习惯表达：吃饭的时候能不能把手机放一放？每天都是这样手机不离手！要是你把玩手机这股劲放在学习上，成绩能像现在这样差吗？

替代方案：吃饭的时候最好把手机放在房间里，学习的时候最好交给妈妈保管。如果有紧急电话妈妈会告诉你的。

12 培养孩子用完东西放回原处的习惯

习惯表达：用完东西之后就不能放回原位吗？说过多少次了，用了东西要放回原处。你用一次就找不到了。

替代方案：家人一起用的东西，用完之后就像你没有用过一样放回原位。你用过浴室也整理得像没有用过一样，你应该有这样的习惯。

13 孩子被人欺负时

习惯表达：你没长手吗，打不过不知道用砖头、棍子啊。下次再打不过就别回来。

替代方案： 可以先告诉老师，如果老师管不了，加强身体锻炼，勇敢保护自己。我们不惹事，但绝不怕事。以后遇到这种事一定要告诉妈妈啊，任何时候妈妈都是你最坚实的后盾。

14 孩子欺负别人时

习惯表达： 整天就知道打架，你能不能给妈妈省点心？

替代方案： 妈妈理解你打人是有原因的，但武力是无能者最后的手段。最厉害的人，从来不用武力就能让别人心服口服。妈妈相信你也能做到。

15 想让孩子打扫房间时

习惯表达： 你多大了，自己的房间每天还要妈妈帮你收拾？

替代方案： 妈妈知道你学习时间紧，没时间收拾自己的房间。但你可以试着利用休息时间来整理房间，那样既能得到放松，又能让房间保持舒适。

16 让孩子保持洗澡习惯

习惯表达： 每次洗澡都是进去冲一下就出来，你就不能认真洗干净点吗？身上都臭了。

替代方案： 妈妈知道洗澡很麻烦，但保持良好的个人卫生习惯是别人真正接纳你的首要条件。

17 当孩子做事拖延时

习惯表达： 我看你这一辈子都改不了做事拖拖拉拉的毛病。

替代方案： 这些事最后还是得做的，不如现在就动手，做完了心里没有挂念。

18 发现孩子抽烟时

习惯表达： 你是不是学抽烟了？谁说青少年可以抽烟？

替代方案： 妈妈知道你原本也不想抽的，只是你的朋友都抽，所以你就抽了。其实你不抽烟同样受朋友欢迎，因为你的朋友中也有很多是不抽烟的。

19 提醒孩子注意交友时

习惯表达： 看你那些朋友都是些什么人啊？不三不四的。

替代方案： 妈妈能理解你为什么交这些朋友，其实有些人你也不太喜欢。

20 孩子说班上好多同学谈恋爱时

习惯表达： 你不会是想偷偷搞对象了吧？

替代方案：肯定有你喜欢的女孩了，只是担心谈恋爱妈妈会不高兴，会像其他同学的妈妈那样，知道了会臭骂他，甚至暴打他一顿。妈妈向你保证，妈妈不会那样做的。妈妈只是有点好奇，她是如何博得你的好感的。

21 发现孩子早恋时

习惯表达：别打着交朋友的幌子搞对象！你这么小，懂什么爱情？

替代方案：妈妈当年也和你一样，对同学有好感，但等到后来遇到了你爸爸，才知道那不是爱。如果你真觉得那人很好，可以带来妈妈帮你把把关。妈妈可是过来人哦。

22 发现孩子看色情影视或浏览色情网站时

习惯表达：不学好，整天看这些下流的东西。真不知你脑子里装了些什么？

替代方案：青春期对性好奇很正常，但看这类东西并不能帮助你解决困惑。如果你需要帮助，可以告诉妈妈；不好意思对妈妈说，也可以告诉爸爸。

23 发现孩子说谎时

习惯表达：你这个骗子，连妈妈都敢骗！

替代方案：如果你愿意真诚地和妈妈交流，那妈妈是非常感激的。

24 翻看孩子日记被发现时

习惯表达：我是你妈妈，看看日记有什么错？

替代方案：妈妈只是想多了解你在生活和学习遇到了什么困难，但看日记之前，妈妈应该先征得你的同意。妈妈向你道歉，你能原谅妈妈吗？

25 纠正孩子着迷玩手机的习惯

习惯表达：天天就知道玩手机！除了玩手机，你还能干点别的吗？

替代方案：现在的手机上有很多东西的确很吸引人，但妈妈相信你能抵御它们的诱惑。

26 如果孩子着迷手机游戏

习惯表达：考试得了多少分，还想玩游戏？

替代方案：妈妈知道你喜欢玩游戏，因为游戏的诱惑实在很大。但是妈妈希望你能抵御这种诱惑，并且妈妈也相信你能做到。

27 纠正孩子崇拜影视体育明星

习惯表达：拿钱去买什么明星海报，你不可以买本书学习啊？

替代方案：妈妈在你这个年龄也喜欢过明星。但后来发现他们属于另一个世界，我还是得学习和生活，所以就不那么喜欢他们了。

28 交友不慎犯错时
习惯表达：我早就说过那人不好，你就是不听妈妈的。现在出事了，好了？

替代方案：没关系的，这不是什么坏事！现在犯点错，得个教训可以避免以后犯大错。

29 孩子表明不愿和你交流时
习惯表达：跟我没话可说？我是你妈妈，你不跟我说，你跟谁有话可说？

替代方案：妈妈知道这个时期的孩子都有些话不想和妈妈说，但其实说出来才更能得到妈妈支持。

30 纠正孩子爱发脾气的习惯
习惯表达：动不动就发脾气，你就不能体谅一下妈妈的难处？

替代方案：妈妈有时也有想发火的冲动，但后来发现，克制几秒钟气反而全消了。

31 当孩子表达不满时
习惯表达：开口闭口都是抱怨，哪来那么多不满？

替代方案：妈妈想知道你遇到了什么麻烦，告诉妈妈要怎样做才能帮助你。

32 当孩子表达你重男轻女时
习惯表达：谁说妈妈重男轻女了？我什么时候慢待你了？

替代方案：妈妈都一样爱你们，但是我女儿好像得到的爱很少。到这儿来，现在妈妈只抱我女儿。

33 当孩子骂人时
习惯表达：谁让你骂人的？

替代方案：妈妈知道你的朋友们经常这样说，但在这种场合说是不对的。妈妈希望你记住了。

34 如果孩子太爱打扮
习惯表达：打扮，打扮，整天就知道打份，要是把这心思放在学习上，那我才佩服呢！

替代方案：妈妈知道你希望自己更漂亮，但太爱打扮有时同学不能理解你。

35 孩子又要零用钱时

习惯表达：零用钱省着点用，不知道妈妈赚钱很辛苦啊？

替代方案：看来这个月有什么特别的事情。是不是借给朋友了？如果很难用零用钱解决就随时和妈妈说，因为还没有困难到你为钱费心的地步。

36 当孩子想要尝试时

习惯表达：反正你是做不成的，别费心了。

替代方案：不管怎么样都要试试。不行的话，那时候再放弃也不晚啊。放弃，不管多晚都显得太早了。

37 想要孩子帮忙时

习惯表达：没看见妈妈正忙着吗？你去弄弄这个。为什么这件东西还放在那儿？

替代方案：你能帮帮妈妈吗？妈妈一个人做有点忙不过来。能把这个放到那边去吗？好的，你帮了妈妈，所以妈妈觉得轻松多了。谢谢你，我的好孩子。

38 当孩子想表达他的独特时

习惯表达：没什么特别的。原来就是这个？

替代方案：真独特啊。原来我儿子/女儿这么与众不同。

39 想让孩子干活时

习惯表达：你那么有力气不干重活，谁干？妈妈干？

替代方案：活太重了而且很难，不是谁都能干的，所以妈妈才让你帮助的。如果是谁都能干的活，妈妈就不拜托你了，自己就干了。

40 当孩子犯错时

习惯表达：我说没说过别那么干？不听老人言，吃亏在眼前，看你以后还敢不敢随心所欲的。

替代方案：如果你说不会听妈妈的话，妈妈也没有强迫你的想法。妈妈只是希望你知道，按你的期望做出决定是你的自由，但结果可能不是你想象的那样。

图书在版编目（CIP）数据

青春期孩子的正面管教 / 王莉著. -- 贵阳：贵州人民出版社，2019.12

ISBN 978-7-221-15555-9

Ⅰ.①青　Ⅱ.①王　Ⅲ.①青春期—家庭教育　Ⅳ.①G782

中国版本图书馆CIP数据核字(2019)第207433号

青春期孩子的正面管教

王莉/著

出　　品：	京贵传媒
选题策划：	祁定江　余　雨
监　　制：	余　雨
责任编辑：	陈思宇
封面设计：	李彦生
图片支持：	shutterstock
出版发行：	贵州人民出版社
社　　址：	贵阳市观山湖区会展东路SOHO办公区A座
邮　　编：	550001
印　　刷：	天津行知印刷有限公司
开　　本：	787mm×1092mm　1/16
印　　张：	20.5
字　　数：	250千字
版　　次：	2019年12月第1版
印　　次：	2019年12月第1次印刷
书　　号：	ISBN 978-7-221-15555-9
定　　价：	49.80元

本书如有印装质量问题，请与我们联系调换（010-6580 1127）。
版权所有　侵权必究